Bruno Bauch

Studien zur Philosophie der exakten Wissenschaften

Verone

Bruno Bauch

Studien zur Philosophie der exakten Wissenschaften

1st Edition | ISBN: 978-9-92500-059-3

Place of Publication: Nikosia, Cyprus

Erscheinungsjahr: 2015

TP Verone Publishing House Ltd.

Nachdruck des Originals von 1911.

Bruno Bauch

Studien zur Philosophie der exakten Wissenschaften

Verone

Studien zur Philosophie der exakten Wissenschaften

Von

Bruno Bauch

Vorwort.

Diese Schrift will nichts anderes sein, als was sie ihr Titel bezeichnet: keine Philosophie der exakten Wissenschaften, sondern lediglich Studien zu einer solchen. Wie die „Studie" auf dem Gebiete der Kunst kein fertiges Bild, so kann die Studie auf dem Gebiete der Wissenschaft kein System irgendeiner Wissenschaft bedeuten, so können Studien zur Philosophie der exakten Wissenschaften nicht das Weltbild der exakten Wissenschaften in extenso zeichnen wollen. Wie im besonderen die hier vorgelegten Studien zur Philosophie der exakten Wissenschaften für mich selbst die Prolegomena zu einer umfassenderen Untersuchung, und zwar auch nur zu einem Teile eines größeren Werkes sind, so möchten sie auch dem Leser, Kantisch gesprochen, als „Vorübungen" für das hier bezeichnete Problemgebiet dienen und wenden sich in erster Linie an solche, die das Bedürfnis nach einer solchen Vorbereitung auf den hier behandelten bestimmten Wissenschaftszusammenhang haben. Deshalb habe ich mich mit Absicht einer gewissen Einfachheit und Elementarität der Darstellung befleißigt und oft nur angedeutet, was eine umfassendere Untersuchung noch durchführen wird.

Wenn ich soeben von einem bestimmten Wissenschaftszusammenhange und einem bestimmten Problemgebiet sprach, so kommt darin,

wie ich denke, doch schon deutlich genug zum Ausdruck, daß ich das hier betretene philosophische Gebiet nicht dem Gebiete der Philosophie überhaupt
gleichsetze. Daß ich eine solche Gleichsetzung nicht
anstrebe, brauche ich also an dieser Stelle wohl einfach bloß zu sagen, um Glauben zu finden. Habe ich
mich doch mit Kant eingehend genug beschäftigt, um
nicht bloß auf ihn, sondern auch um nicht etwa auf
eine von Kant selbst überholte Position vor ihm
zurückzugehen. Und schon der erste Abschnitt meiner
Arbeit wird wenigstens die notwendigste Aufklärung
nicht schuldig bleiben. Hier wird ebenso deutlich
werden, wie ich das von vornherein also als speziell
angesehene Problem fasse. Jetzt brauche ich darum
nur soviel zu bemerken, daß ich nicht mit der ab-
geschmackten Forderung auftrete, als solle die Philosophie der exakten Wissenschaften eine Philosophie
sein, die die exakten Wissenschaften „haben" oder
„sein" müßten. Vielmehr muß die Philosophie die
exakten Wissenschaften haben, nämlich als Objekt
haben. Man dürfte das populär vielleicht auch so
ausdrücken, daß die exakten Wissenschaften ganz wohl
ohne die Philosophie, aber die Philosophie, wenigstens
in ihren Disziplinen der Methoden- und der Erkenntnislehre, nicht ohne die exakten Wissenschaften aus-
kommen könne. Diese selbst methodologische Unterscheidung zwischen dem Genetivus subjectivus und
dem Genetivus objectivus sollte nach Kants Kritiken
auch in philosophischer Beziehung (die bloß gramma-
tikalische Unterscheidung macht hier nicht viel aus)
so selbstverständlich sein, daß man darüber nicht
weiter zu reden brauchte. Freilich sind Kants Hauptwerke nicht einmal ihren Titeln nach schon allgemein

verstanden. Lediglich aus diesem Grunde mag der Hinweis auf eine so trivial einfache Unterscheidung nicht überflüssig sein.

Noch bemerke ich, daß die drei kleineren mitt-leren Abschnitte bereits vor dem Erscheinen dieser Schrift anderweitig veröffentlicht worden sind; den zweiten hatte ich der inzwischen eingegangenen „Phi-losophischen Wochenschrift" zum Abdruck übergeben, der dritte und vierte ist in den von Vaihinger und mir herausgegebenen „Kant-Studien" erschienen. Ohne, wie ich glaube, verbessernde Änderungen, die zwar in keinem Punkte einen Wechsel in irgendeiner syste-matischen Grundüberzeugung bedeuten, ist übrigens keiner dieser Abschnitte geblieben.

Zum Schluß möchte ich auch diesmal meinem ver-ehrten Verleger, Herrn Winter, für sein freundliches Entgegenkommen, das er mir wiederum für alle meine Wünsche bezeigt hat, aufs beste danken.

Halle a. S., im März 1911.

Bruno Bauch.

Inhalt.

VIII

Über das Verhältnis von Philosophie und Naturwissenschaft.

I. Zur Entwicklung des Problems.

Auf den ersten Anfängen des Geisteslebens innerhalb unseres Kulturkreises bilden jene Bestrebungen, die auf den Namen der Wissenschaft und Wissenschaftlichkeit insoweit Anspruch machen dürfen, um in der Geschichte und im geschichtlichen Bewußtsein gebucht zu werden, eine fast ungeschiedene Einheit. Erst im Laufe der Entwicklung differenziert sich diese Einheit zu verschiedenen Wissensgebieten. Aber auch diese Differenzierung vollzieht sich zunächst mehr aus rein technischen Bedürfnissen, mehr aus der Schwierigkeit heraus, des stetig anwachsenden Wissensstoffes Herr zu werden, als aus der scharf und bestimmt gefaßten Einsicht in die sachlich-logische Verschiedenheit der Wissensgegenstände und in den logischen Unterschied sowohl der Voraussetzungen, wie des Verfahrens der Bearbeitung jener Gegenstände. Insbesondere gehören die ersten Versuche, zu einem allgemeineren Naturverständnis zu gelangen, wie sie etwa in Jonien vorliegen, ebenso der Geschichte der Naturwissenschaft, wie derjenigen der Philosophie an. Der Begriff des Elements als des, obwohl mathematisch, so doch stofflich nicht weiter zerlegbaren Stoffes und der des Atoms werden hier ebenso entdeckt, wie derjenige des Wissenschaftsprinzips überhaupt. Indes, die Differenzierung

setzt bald ein. Und dennoch, wie immer sie auch fortschreiten möge, wie immer auch in der wissenschaftlichen Weiterbildung und Entwicklung, nun selbst mit
begrifflichem Bewußtsein, das Gebiet der exakten
Wissenschaft und dasjenige der Philosophie ausein-
andertreten mögen, so bezeichnen doch im Laufe
dieser selben Entwicklung beider Erkenntnisgebiete
nicht selten die Höhepunkte auf dem einen zugleich
auch solche auf dem anderen. Was Platon für die
elementare mathematische Analysis bedeutet, ist bekannt, mag die alte Streitfrage, ob er nun auch ihr
eigentlicher Entdecker ist oder nicht, entschieden
werden, wie sie wolle. Und was er durch sein analytisches Verfahren überhaupt für die exakte Wissenschaft bedeutet, das ist von einem der ersten Heroen
dieser Wissenschaft, von keinem Geringeren nämlich
als von Galilei, mit der größten Bewunderung und
Verehrung gleich zum Beginn der Neuzeit anerkannt worden. Aristoteles aber wird noch heute von
Hertwig als der „Vater der Naturwissenschaft" genannt.
Wie wenig seine Zoologie etwa unseren heutigen An-
forderungen genügen mag, wie wenig wir nach der
unvergleichlichen Bereicherung des zoologischen Wissensstoffes, insbesondere aber nach der Aufschließung
des ganzen Bereiches der Protozoen, im einzelnen uns
etwa die Aristotelische Einteilung des Tierreichs an-
zueignen imstande sind, daß selbst solchen zoologischen
Spezialproblemen, wie dem der Einteilung des Tier-
reich, auch schon bei Aristoteles ausgezeichnete Einzelbeobachtungen und wertvolle Überlegungen zugrunde
liegen, das wird auch heute noch wohl von jedem
Zoologen ebenso anerkannt, wie die Menge des zoologischen Wissensstoffes bei Aristoteles sonst, so ver-

kehrt immerhin jene modernen Tendenzen sein mögen,
die der modernen Entwicklungslehre diejenige des Aristoteles prinzipiell unterschieben wollen. Des Aristoteles Entwicklungsgedanke als solcher behält aber auch
seinen Wert. Und, um noch ein Beispiel aus dem
Altertum heranzuziehen, gerade derjenige, der in der
modernen Mechanik kein ganzer Fremdling ist, wird,
wenn er in den Fragmenten des Demokrit liest, nur
mit der ehrlichsten Bewunderung anerkennen, mit
welcher Präzision hier etwa das Gesetz von der Erhaltung des Stoffes ausgesprochen, und mit welcher
Bestimmtheit hier aus dem Naturgeschehen nicht nur
alle Ursachlosigkeit, sondern auch alle Zweckursäch-
lichkeit ausgeschlossen wird.

Daß aber, um auch am Gegenstück nicht ganz
achtlos vorüberzugehen, der tiefste Tiefstand der
exakten Wissenschaft zu Zeiten des Mittelalters mit
dem tiefsten Tiefstand auch der Philosophie zusammenfällt, das weiß heute jedermann.

Hinwiederum einen dem Mittelalter entgegengesetzten Anblick und die größte Verwandtschaft mit
dem Altertum bietet die Neuzeit dar. Galilei, der der
Physik neue Bahnen weist und in letzter Linie doch der
Begründer der modernen Mechanik ist, ist ebenso bahn-
brechend für die philosophische Methodenlehre. Descartes, der Begründer der analytischen Geometrie, ist
auch der Begründer der Erkenntnislehre der Neuzeit.
Newton und Leibniz, die beiden großen Antipoden
hinsichtlich des Problems der Analysis des Unendlichen, die Begründer der Infinitesimalrechnung, haben
auf dem Gebiete der Philosophie, der eine in Beziehung auf Naturphilosophie, der andere in Beziehung
auf Erkenntnistheorie und Metaphysik eine der Stellung

Galileis und Descartes' analoge Bedeutung. Und Kant
verknüpft Naturwissenschaft und Philosophie nicht
bloß in seiner erkenntnistheoretischen Fragestellung
nach der „Grundlegung" der Naturwissenschaft, sondern in lebendiger Betätigung. Mag im einzelnen von
der naturwissenschaftlichen Leistung Kants mehr abbröckeln als von seiner philosophischen, daß er als
der erste in der neueren Zeit der Biologie ihr Programm
gestellt, daß er die Gesetze der Variabilität, der Umbildung und Entwicklung der Lebewesen zum mindesten
bezeichnet hat, das wird ihm die Geschichte der Biologie ebensowenig vergessen, wie die Geschichte der
kosmogonischen Theorien die seinige vergessen wird.
Und wenn sich das kosmogonische Bild von Kant bis
zu Arrhenius auch erheblich geändert hat, so wird
in der logischen Analyse des kosmogonischen Problems
die Kantische Lösung immerdar eine selbst logisch
notwendige Durchgangsetappe bezeichnen, dank gerade
dem Umstande, daß abermals Kant in der Neuzeit einer
der ersten, ja mit solcher Präzision vielleicht der erste
war, der in der physikalischen Wirklichkeitsanalyse
vom Mechanismus zum Dynamismus hinüberzuführen
suchte. Mag kleinliche Kantinterpretation auch mit
Recht im Einzelnen noch soviele Abstriche und Ab-
züge machen, mit ebensoviel Recht wird im Prinzipiellen das berufenste Anerkennungsurteil eines
Helmholtz seine Geltung behaupten trotz aller Kant-
exegeten.

Selbst dem, der die Geschichte nur aus der Vogel-
perspektive zu betrachten vermöchte, müßte es also
doch zum mindesten als ein ganz sonderbarer Zufall
erscheinen, daß geschichtlich eben gewisse Höhepunkte
auf dem Gebiete der exakten Forschung solchen auf

dem Gebiete der Philosophie und umgekehrt, so innig
korrespondieren, daß sie sich oft mit denselben historischen Repräsentanten namentlich belegen lassen,
kurz daß in so vielen Fällen, und zwar besonders her-
vorstechenden — sie ließen sich leicht noch vermehren —, dieselben historischen Erscheinungen auf
dem einen Gebiete ebenso epochemachend sind, wie
auf dem anderen. Eine subjektive Erklärung dafür
liegt jedem, der sich bei einem „Zufall" nicht zu be-
ruhigen vermag und das, was auf den ersten Blick
als Zufall erscheint, selbst als Notwendigkeit zu verstehen sucht, nahe: Historische Erscheinungen sind
Individuen, und ihre Bedeutung für die Geschichte
beider Wissensgebiete erklärt sich aus ihren Interessen
und Begabungen eben für beide gemeinsamen Gebiete.
Aber gerade diese Gemeinsamkeit wird in letzter Linie
doch nicht bloß in subjektiven Dispositionen liegen
können, da diese ja Dispositionen eben für objektive
Wissensgebiete sind, sie wird also in einer objektiven
Beziehung beider Wissensgebiete selbst ihren objektiven Grund finden müssen. In der Tat, wenn Philosophie die Selbstverständigung und Selbstbesinnung
des Wissens selber sein will, und das muß sie sein,
soll anders sie selbst den Anspruch auf wissenschaftlichen Wert und wissenschaftliche Bedeutung erheben
können, dann ist sie von vornherein an die Wissenschaft gewiesen. Und es wird zu ihren ersten Aufgaben
gehören, sich ihrerseits auf die logischen Grundlagen
und auch auf die logische Struktur der exakten Wissenschaften selbst zu besinnen.

II. Die Bedeutung des Begriffs der Wissenschaftsvoraussetzung für das Verhältnis von Philosophie und Naturwissenschaft.

Schon in dem Problem der Voraussetzungen der exakten Wissenschaften wird ebenso das ausdrückliche und systematische Verhältnis von Philosophie und Naturwissenschaft deutlich, wie im historischen Prozeß implizite eine Beziehung beider Gebiete deutlich wurde. Wenn wir hier nun jenem systematischen Verhältnis nachgehen, so soll das nicht bedeuten, daß wir ein System jener Voraussetzungen aufstellen wollen.[1] Das wäre nur in dem umfassenden Zusammen-

---

[1] Das ist in unserer Zeit, wenn auch in sehr verschiedener Weise bereits mehrfach geschehen. Das entscheidende Verdienst, hierin für die Gegenwart systematisch vorangegangen zu sein, gebührt in erster Linie wohl O. Liebmann und A. Riehl. Beide haben, jeder auf eigene und selbständige Weise, jener vor allem in seiner „Analysis der Wirklichkeit", dieser in seinem „Philosophischen Kritizismus" die philosophische Behandlung der Prinzipien naturwissenschaftlicher Erkenntnis für die Gegenwart wirklich systematisch angebahnt und fruchtbar gemacht. Eine große Reihe anderer Denker haben den Zusammenhang von Philosophie und exakter Forschung weiter verfolgt, so vor allem Cohen in seiner Logik, nachdem er in seinen historischen Arbeiten über Kant seinem eigenen System vorgearbeitet hatte. In der allerneuesten Zeit vereinigt sich eine Anzahl derartiger, wenn auch im einzelnen sehr verschieden gerichteter Bestrebungen besonders in der Sammlung „Wissenschaft und Hypothese". Hierher gehören sowohl das gleichnamige Werk Poincarés, wie dessen Werk über den „Wert der Wissenschaft", ferner der Reihenfolge der Bände nach Volkmanns „Erkenntnistheoretische Grundzüge der Naturwissenschaften", Enriques' „Probleme der Wissenschaft", Natorps „Die logischen Grundlagen der exakten Wissenschaften", das grundlegendste Werk dieser Sammlung. Von Arbeiten außerhalb dieser Sammlung aus neuester Zeit seien besonders hervorgehoben: Cohn, „Voraussetzungen und Ziele des Erkennens", Becher, „Philosophische Voraussetzungen der exakten Naturwissenschaften", und Kern, „Weltanschauungen und Welterkenntnis".

hange einer allgemeinen Wissenschaftslehre möglich.
Ja, es soll uns nicht einmal auf die Einzeldarstel-
lung einer bestimmten Wissenschaftsvoraussetzung als
solcher ankommen. Vielmehr handelt es sich uns darum,
den allgemeinen Zusammenhang beider Wissensgebiete als solchen einleuchtend zu machen, freilich
ohne in allgemeinen Abstraktionen hängen zu bleiben,
sondern jenen Zusammenhang aus der konkreten
wissenschaftlichen Erkenntnis selbst zu verstehen. Deshalb kommt es auch von vornherein darauf an, daß
der die systematische Verbindung beider Wissensgebiete herstellende Begriff der Voraussetzung der Wissenschaft eben selbst wissenschaftstheoretisch genommen
wird. Wir erkennen damit also zwar schon in der
Fragestellung Voraussetzungen der Wissenschaft an.
Aber wir betonen, daß diese Voraussetzungen der
Wissenschaft selbst wissenschaftlich sind und, was
implizite in der ganzen Untersuchung liegt, sich als
solche zu bewähren haben, indem sie in der Wissenschaft selbst ihren Wert dokumentieren. Also, um
durch den Gegensatz zu illustrieren, im Sinne jener
Voraussetzungen, um die es sich etwa in dem von
Zeit zu Zeit immer wieder einmal entfachten Partei-
kampfe um die „voraussetzungslose Wissenschaft"
handelt, ist logischerweise hier nicht die Rede.
Zwischen Voraussetzung und Voraussetzung ist eben
ein ganz gewaltiger Unterschied. Die Gegner der
„voraussetzungslosen Wissenschaft" sind Gegner der
Wissenschaft überhaupt, weil sie un-, ja antiwissen-
schaftliche Voraussetzungen fordern. Hier aber wird
gefragt nach den Voraussetzungen, die die Wissenschaft als Wissenschaft garantieren, also nicht un- oder
antiwissenschaftlich, sondern im Gegenteil Wissen-

schaftsvoraussetzungen im Sinne logischer Grundlagen
der Wissenschaft sind. Diese sind nicht schulmeister-
liche Vorschriften, die von außen unter, wer weiß,
welchen ihr fremden Gesichtspunkten an die Wissenschaft herangetragen werden, sondern logische Gesetzmäßigkeiten, die in der Wissenschaft selbst wirksam
sind und sie als Wissenschaft fundamentieren und
konstituieren.

Wenn wir also im Begriffe der Wissenschaftsgrund-
lage überhaupt auch das systematische Bindeglied
zwischen Philosophie und Naturwissenschaft im besonderen erkennen, so kann das nicht heißen sollen,
daß die Philosophie die Naturwissenschaft irgendwie
zu bevormunden oder zu reglementieren habe. Dann
wäre die Philosophie für die Naturwissenschaft bloß
ein lästiger Hemmschuh, den möglichst weit von sich
zu schleudern die Naturwissenschaft immer am besten
täte, wie sie ja schon einmal zu ihrem Heile eine gewisse spekulative Tyrannis von sich abgeschüttelt hat.
Die Naturwissenschaft kann ihren Gang nehmen, un-
bekümmert um die speziell philosophischen Probleme;
eine allzu ängstliche, philosophisch-kritische Beobachtung dieses ihres Ganges kann sie unter Umständen
leicht am eigenen aktiven Fortschritt, an der unbe-
fangenen naturwissenschaftlichen Wirklichkeitserkenntnis hindern. Sie kann, sie braucht sie aber nicht
mit Notwendigkeit zu hindern. Daß die Philosophie
auch befruchtend auf naturwissenschaftliche Anschauungen wirken kann, das beweist in der Physik die
klassische Mechanik genau ebenso, wie z. B. etwa
die moderne Relativitätstheorie, in der fraglos die philosophische Substanzkritik physikalisch wirksam geworden ist. Und wenn diese sich vielleicht etwa unter

philosophischem Einflusse immer weiter zur eigentlichen Relationstheorie im logischen Sinne durch- und
weiterbilden sollte, wozu sie Lorentz, Einstein, Min-
kowski, Planck, von exakten Fragestellungen her, bereits auf den besten Weg gebracht haben, dann würde
die Philosophie der Physik sogar einen recht ansehn-
lichen Dienst erwiesen haben. Freilich darf die physikalische Relativitätstheorie, so wie sie in der Gegenwart, inbesondere durch die soeben genannten Forscher
ausgebildet worden ist, nicht etwa mit dem philosophischen Relativismus auf eine Stufe gestellt werden.
Dagegen ist im Namen und im Interesse der Relativitätstheorie Verwahrung einzulegen. Wenn Forscher,
wie Abel Rey, der Gefahr einer solchen Gleichstellung
oft kaum entgehen, so ist es vom physikalischen wie
vom philosophischen Standpunkte aus mit um so
größerer Genugtuung zu begrüßen, wenn andere, hier
verdient besonders Max Planck genannt zu werden[1],
zwar nicht mit geringerer Energie die Relativitätstheorie, über die mechanische Anschauung hinaus-
gehend, vertreten, ohne sich aber darauf schlechter-
dings festzulegen, aber auch ohne die mechanische
Auffassung etwa als wertlos beiseite zu schieben, da
sie ja in Wahrheit, so mit echt philosophischer Besonnenheit und logischer Schärfe besonders eben bei
Planck, lediglich auf einen allgemeineren und höheren
Standpunkt übergeführt werden soll, und daß das
auch dem Physiker nur als das eine, der Wissenschaft
allein würdige Ziel vorschwebt: „Dem Lichte der Wahr-

---

[1] Vgl. „Acht Vorlesungen über theoretische Physik", besonders
S. 110ff., und „Die Stellung der neueren Physik zur mechanischen
Naturanschauung", S. 29ff., wie die ganze Abhandlung über „Die
Einheit des physikalischen Weltbildes".

heit entgegen!"[1] Ein Ziel, für das gerade der philosophische Relativismus keinen Sinn haben kann, so
daß gerade ihm die Relativitätstheorie im tiefsten
Grunde unverständlich bleiben muß. Wenn also auch,
wie diese Beispiele zeigen können, ein aktives Zu-
sammenarbeiten von Philosophie und Naturwissenschaft durchaus möglich ist, so ist nichtsdestoweniger
ein solcher in der aktuellen Wissenschaftsgeschichte
durchaus möglicher Zusammenhang für die Naturwissenschaft nicht auch logisch und systematisch notwendig. Sie kann ihre Resultate zeitigen auch ohne

---

[1] „Stellung d. neueren Phys.", S. 33; vgl. auch „Theor. Phys.",
S. 126 f. Hier wird auf der einen Seite deutlich, was zu dem
Mißverständnis geführt hat, als sei die Relativitätstheorie das in
der Physik, was in der philosophischen Erkenntnistheorie der
phänomenalistische Relativismus sei, weil, wie Planck sagt, „das
Prinzip der Relativität gilt nicht nur für die Vorgänge in der
Physik, sondern auch für die Physiker selber, insofern als ein bestimmtes System der Physik in Wirklichkeit nur für einen bestimmten Physiker und für einen bestimmten Zeitpunkt existiert".
Auf der andern Seite aber wird ebenso deutlich, daß in Wahrheit
die Relativitätstheorie mit dem philosophischen Relativismus doch
eben nur mißverständlicherweise zusammengeworfen werden kann
und in Wirklichkeit nichts mit ihm zu tun hat. Denn es heißt bei
Planck unmittelbar weiter: „Aber wie in der Relativtheorie, so
gibt es auch im System der Physik «Invarianten»: Begriffe und
Sätze, welche ihre Bedeutung für alle Forscher und für alle Zeiten
behalten, und diese Invarianten aufzufinden wird immer das erste,
ja das eigentliche Bestreben der physikalischen Forschung sein."
Der philosophische Relativismus aber kann von „Invarianten" überhaupt nicht reden. Er kommt über den historisch bedingten
Augenblick nicht hinaus, während dem echten Forscher aber alle
historische Arbeit mit Planck nur dadurch historisch sein kann,
daß sie zugleich Arbeit „für die Ewigkeit" ist. Übrigens ist die
Abwehr eines solchen Mißverständnisses für den Physiker, der sich
davor selber schützt, weniger notwendig, als für den Philosophen,
dem, wie gerade der philosophische Relativismus beweist, die
schlimmsten Verstiegenheiten manchmal noch nicht schlimm und
verstiegen genug sind.

besondere Einwirkungen der Philosophie; und sie
könnte dieser eventuell entraten. Erst wenn sie sich
auf die Struktur und den Ertrag ihres Verfahrens besinnt, was ihr freilich ebenfalls ansteht, kommt sie
mit der Philosophie in Konnex. Der Philosophie ihrerseits wird dieser Zusammenhang nicht nur heilsam
sein, sie wird ihn sogar nie entbehren können. Das
nicht bloß in dem negativen Sinne, daß sie sich durch
die Beziehung auf die Naturwissenschaft vor aben-
teuerlichen Ausschweifungen der Phantasie bewahrte,
sondern in dem positiven Sinne, daß sie dadurch ihre
fest umschriebenen und scharf umgrenzten Aufgaben
und Probleme gewinnt. Sie hat dabei selbst die Naturwissenschaft ruhig ihren Gang gehen und ihre Erkenntnisse sich erarbeiten zu lassen. Aber sie wird
diesen Gang und diese Erkenntnisse zu verstehen und
zu begreifen suchen müssen. Es ergibt sich daraus,
daß gerade diese Aufgabe der Philosophie in ihrer
historischen Entwicklung erst relativ spät erwachsen
konnte. Das Naturerkennen, sofern es nicht bloß mit
einem Zusammenraffen von Einzelbeobachtungen identisch ist, sondern selbst den strengen methodischen
Gang der Wissenschaft eingeschlagen hat, mußte
historisch bereits vorliegen, damit es zum Probleme
der Philosophie selber in dem vorhin bezeichneten
Sinne werden konnte. Darum ist für den historischen
Werdegang die Naturwissenschaft für diese Aufgabe
der Philosophie im Sinne der Fragestellung nach den
logischen Voraussetzungen und der durch diese bedingten logischen Struktur faktisch und tatsächlich
selbst schon vorausgesetzt. Aber diese Voraussetzung
der Naturwissenschaft für die Philosophie ist ebenso
eine faktische und historische Voraussetzung, wie jene

logischen Voraussetzungen eben logische und systematische Voraussetzungen sind. Beide Gesichtspunkte
sind voneinander scharf zu trennen. Ihr Unterschied
kommt auch nicht allein für das Verhältnis von Philosophie und Naturwissenschaft, sondern auch für das
von Philosophie und Wissenschaft ganz allgemein, also
z. B. auch zur Geschichtswissenschaft in Betracht,
also für jene ganze philosophische Disziplin, die als
Wissenschaftstheorie bezeichnet werden kann, und
innerhalb deren das hier in Rede stehende Problem
wieder ein Partialgebiet bestimmt. Wie historisch die
Wissenschaft überhaupt bereits vorliegen muß, damit
eine logische Theorie der Wissenschaft, d. h. eine
Theorie, die die logische Struktur und die logischen
Grundlagen der Wissenschaft zu eruieren hat, geschichtlich entstehen kann, so muß im Besonderen auch die
Wissenschaft von der Natur ebenfalls bereits vorliegen,
ehe die philosophische Besinnung auf deren logische
Struktur und deren logische Grundlagen einsetzen kann.
Als wissenschaftstheoretische Disziplin geht also die
Philosophie der Naturwissenschaft nicht voran, noch
gar erzeugt sie diese aus sich selbst, wie eine phantastische Naturphilosophie einst gemeint hat, sondern
sie folgt ihr nach, um sich lediglich auf deren systematische Bedingungen, die als solche aber eben keine
historischen sind, zu besinnen. Die Philosophie ist,
historisch-zeitlich genommen, metaphysikalisch (was
selbstverständlich nicht soviel heißen soll, wie metaphysisch); sie ist, logisch-systematisch genommen, pro-
physikalisch. Die Aufgabe der Philosophie ist also
eine bescheidene und beschränkte. Aber gerade durch
diese Beschränkung kann die Philosophie auch ihrer
Aufgabe Meister werden und selber als Wissenschaft

auftreten. Die systematisch-logischen Bedingungen und
Struktur der Naturwissenschaft ermitteln, heißt also
nicht, um einem solchen Mißverständnis von vornherein ja mit allem Nachdruck vorzubeugen, dieser
auch zeitlich vorangehen oder sie gar erzeugen wollen.
Das zeitliche Nachfolgen hinwiederum dient lediglich
der Ermittelung jener systematischen Bedingungen.
Keineswegs aber soll es etwa alle einzelnen Inhalte
und Ergebnisse der Naturwissenschaft zum Inhalte der
Philosophie machen, als ob überhaupt die Philosophie
von irgend einer oder gar allen Einzelwissenschaften
je die unübersehbare und nicht zu bewältigende Fülle
der Einzelresultate sich zu eigen machen sollte und
könnte, um daraus jene Art von System der Weltanschauung zu zimmern, die nicht mehr Wert hätte,
als ein Kartenhaus. Über die Anmaßungen solcher
„Universalwissenschaft" sind wir hinaus. Die Philosophie will das, was die anderen Wissenschaften geleistet haben, und zwar gut geleistet haben, nicht
in verschlechterter Auflage noch einmal leisten;
und sie könnte es auch nicht, selbst eben
in verschlechterter Auflage nicht. Und wenn sie
sich auch mit einem Eklektizismus des Zusammen-
raffens naturwissenschaftlicher Resultate begnügen
wollte, so wäre selbst dieser bloße Eklektizismus im
ganzen, wie in jedem einzelnen seiner Züge, immer
schlechter als jede einzelne naturwissenschaftliche
Leistung, selbst die einfachste. Es bliebe auch so bei
einem schlechteren und ohne jeden Eigenwert erfolgenden Nachmachen des durch die Naturwissenschaft unvergleichlich besser Vorgemachten, weil wissenschaftlich eigenwertig Geleisteten.

Beschränken wir dagegen die Aufgabe der Philo-

sophie in dem vorhin bezeichneten Sinne, so verliert
sie zwar an Extensität ihrer Ansprüche. Aber dieser
Verlust ist für sie selbst ein reiner Gewinn. Das nicht
allein, weil er als Verlust eben bloß ein Aufgeben von
Ansprüchen ist, die an sich doch unerfüllbar sind, sich
also als leere Anmaßungen herausstellen, sondern vor
allem positiv, weil, was sie extensiv an Einzelinhalt-
lichkeit verliert, sie an Intensität des prinzipiellen Verhältnisses zur Naturwissenschaft gewinnt durch die
strengere und bestimmtere Präzision ihrer Aufgabe,
durch die sie hingewiesen wird sowohl auf die Prinzipien naturwissenschaftlicher Erkenntnis, wie auch
auf deren Methode. Der Zusammenhang mit der Naturwissenschaft stellt sich für die Philosophie somit in
zwei ihrer Disziplinen her, in der Methodologie einerseits, in der Erkenntnistheorie andererseits. Ich weiß
sehr wohl, daß damit weder die ganze Aufgabe der
Methodologie, noch diejenige der Erkenntnistheorie erschöpft ist, daß beide vielmehr, wie ja übrigens schon
angedeutet, ebenso auf die historischen Wissenschaften
verwiesen sind, wie auf die Naturwissenschaften, und
daß speziell für die philosophische Arbeit der Gegenwart aus der Beziehung auf die Geschichte die frucht-
barsten Impulse erwachsen sind. Der bloße Hinweis
auf die Werke Diltheys, Rickerts, Windelbands genügt, um das zu illustrieren. Aber auch gerade dadurch
wird die immer schärfer werdende Zuspitzung und
begriffliche Bestimmung der philosophischen Probleme
nur um so deutlicher. Und wenn deshalb also mit dem
Verhältnis von Philosophie und Naturwissenschaft nun
auch weder der Umfang der einen dieser beiden philosophischen Disziplinen, noch derjenige der anderen
als erschöpft ausgegeben werden soll — auf einen

vorkantischen Standpunkt falle ich also keineswegs
zurück —, so wird doch innerhalb beider sowohl ein bestimmtes Problem scharf abgegrenzt, wie insbesondere
gerade von der Naturwissenschaft her auch das wechsel-
seitige Verhältnis und der gegenseitige Zusammenhang
beider philosophischer Disziplinen selber deutlich wird.

III. Das Verhältnis in Methodik und Grund-legung.

Wenn in der Klimax der logischen Disziplinen von
der elementaren und formalen Logik her über die Methodenlehre zur Erkenntnislehre hin nun auch die Methodenlehre selber gegenüber der Erkenntnistheorie die
elementarere ist, so ist diese doch die fundamentalere
und wird in letzter Linie rücksichtlich des Verhältnisses zur Naturwissenschaft zwecks tiefster Fundamentierung ebenso gefordert, wie ihrerseits die Methodenlehre imstande ist, nicht nur die allgemeine Bedeutung der erkenntnistheoretischen Bestimmungen,
sondern auch diejenige der formal-logischen Elemente
für das naturwissenschaftliche Erkennen ebenso deutlich zu machen, als sie zu zeigen vermag, daß gerade
die bloß formalen Bedingungen zu einer spezifisch
inhaltlichen Bestimmung des naturwissenschaftlichen Interessengebietes nicht ausreichen, und daß
darum der eigentliche Inhalt der Methodologie nie und
nimmer aus der formalen Logik, sondern allein aus
der lebendigen Betätigung der Wissenschaft, für unseren
Problemzusammenhang aus der der Naturwissenschaft
erwachsen kann. Ebendarum bleibt auch das Verhältnis von Philosophie und Naturwissenschaft spezifisch bestimmbar nur durch Methodologie und Erkenntnistheorie, weil die Naturwissenschaft zur ele-

mentaren und formalen Logik kein anderes Verhältnis
hat als das Erkennen überhaupt und allgemein und
die formalen logischen Gesetze für die Naturwissenschaft keine anderen sind als etwa für die Kunstge-
schichte oder die Jurisprudenz, oder auch für die all-
tägliche Erfahrung des praktischen Lebens.

Es ist darum kein Zufall, daß die elementare
Logik bereits im Altertum durch Aristoteles auf einen
hohen Grad der Ausgestaltung gebracht werden konnte,
während gerade im Beginn der Neuzeit mit dem Er-
starken der exakten Wissenschaften Methodologie und
Erkenntnislehre, jene durch Galilei und seine wissenschaftliche Begründung der Induktion — Galilei, dieser
eminente exakte Forscher, nicht, wie die Philosophie-
geschichte vielfach glaubt, Bacon, ist in Wahrheit der
methodologische Begründer der Induktion —, diese
durch Descartes, der als exakter Forscher nicht bloß
nach den fundamenta geometrica, sondern auch nach
den fundamenta cognitionis überhaupt und schlechtweg fragen lehrte, einen Aufschwung nahmen, der zugleich einen Abschluß ausschloß, gerade weil hier
beide auf die scientiae, die Wissenschaft, verwiesen
wurden und ihnen mit dem stillstandlosen Fortgange
und der lebendigen Weiterbildung dieser selbst die
Aufgabe des unbegrenzten Fortganges gestellt wurde.

Wenn aber von den für das Verhältnis von Philosophie und Naturwissenschaft in Betracht kommenden
Disziplinen die elementarere Methodenlehre im Aufbau dieses Verhältnisses eben wegen ihres elemen-
tareren Charakters an den Anfang tritt, so macht sie
doch, gerade durch ihr Hineinragen in die Erkenntnistheorie, ihren Einheitszusammenhang mit dieser insbesondere an der Hand der Naturwissenschaft deutlich.

Denn, wenn irgendwo, so muß es an der Naturwissenschaft deutlich werden, daß die Methode als wissenschaftliches Verfahren keine bloße Technik und Dressur, keine Summe von äußerlichen Regeln bloßer Kunstfertigkeit, sondern innere logische Struktur einer Wissenschaft selber ist. Im physikalischen Institut kann ein geübter Techniker ein Experiment eventuell mit ebensoviel, ja unter Umständen mit noch mehr äußerer Kunstfertigkeit ausführen, als der Physiker, vorausgesetzt — aber auf diese Voraussetzung kommt alles an! —, daß dieser ihm die nötigen Anordnungen gegeben hat. Das heißt: Nicht bloß deuten, verstehen und begreifen, sondern auch schon richtig anordnen wird es doch nur der Physiker können. Denn es kommt in der Wissenschaft alles auf die richtige Fragestellung an, weil von ihr auch die Lösung abhängt. So wahr nun das Experiment in letzter Linie für den Naturforscher eine Frage an die Natur ist, ebenso wahr wird es sinnvoll nur angeordnet werden können aus einem logischen Einheitszusammenhange heraus, der in der wissenschaftlich physikalischen Erkenntnis als solcher zur Darstellung gelangt. In dem wissenschaftlichen Grundmittel des Experiments ist also implizite schon eine logische Wissenschaftsstruktur vorausgesetzt, nicht allein, was sich fast von selbst versteht, für die Deutung und das Verständnis des ausgeführten Experiments, sondern selbst schon für seine planvolle Anordnung, die auch als solche, also auch schon ohne das Resultat des Experiments, bereits ein Deuten und Begreifen wiederum voraussetzte. Am deutlichsten bringen wir uns das wohl zum Bewußtsein, wenn wir nicht bloß an die als Übungen im Laboratorium tagtäglich wiederholten Versuche denken,

sondern auch einmal an ihre erstmaligen und ursprünglichen Anordnungen, die Entdeckungen zeitigten, die
für ihre Zeit neu waren; also z. B. etwa an die ganz
bestimmten und bekannten konkreten elektromagne-
tischen Versuche, die Oerstedt 1820 oder an die, die
Ampère 1822 ausführte. Auf Grund der Methoden-
struktur unterscheiden wir darum selbst verschiedene
wissenschaftliche Methoden. Weil aber diese Unterscheidung zugleich eine solche nach den Prinzipien
und Voraussetzungen der Wissenschaft ist, insofern
diese Voraussetzungen und Prinzipien selbst die Struktur der Methode bedingen, so wird es ganz offenbar,
wie Methodenlehre und Erkenntnislehre auf die Naturwissenschaft und aufeinander selbst weisen und ebenso
im Wechselzusammenhange stehen, wie die Prinzipien
und Voraussetzungen der Wissenschaften einerseits und
ihren Methoden andererseits.

IV. Zum Methodenproblem.

Wenn wir, um gleich auf das Fundamentalste zu
exemplifizieren, die Wissenschaften unter methodo-
logischem Gesichtspunkte in deduktive und induktive
unterscheiden, so kann diese Unterscheidung keine
radikale Spaltung bedeuten. Denn mögen Induktion
und Deduktion als solche selbst logisch unterschieden
bleiben, so wird die Methodologie nichtsdestoweniger
nachweisen können, daß im konkret lebendigen Wissen-
schaftsbetriebe beide Methodenmomente sich durchdringen. Die logisch berechtigte Unterscheidung von
Deduktion und Induktion reißt, selbst wenn sie zu der
weiteren Unterscheidung in deduktive und induktive
Wissenschaften führt, diese keineswegs zusammenhangslos auseinander. Denn wenn manche wissen-

schaftlichen Disziplinen, wie etwa die euklidische Geometrie, deduktiv verfahren, so verfährt doch keine
bloß induktiv ohne deduktive Momente, ganz davon
abgesehen, daß, wovon später noch zu handeln sein
wird, auch die deduktiven Disziplinen, wie etwa gerade
auf geometrischem Gebiete (rein deduktiv verfährt
eigentlich bloß Euklid), über die rein deduktive Position selbst hinausführen. Es hat also jedenfalls methodologisch einen sehr guten Sinn, wenn Tyndall
gerade in der naturwissenschaftlichen Forschung eine
stetige Verbindung beider Methoden erblickt.[1] Aber
nicht nur in der konkreten Forschungstätigkeit durchdringen sich beide. So deutlich unterschieden sie
logisch sind, so fallen sie doch auch nicht radikal auseinander, sondern vereinigen sich logisch methodisch
selbst in der analytischen Methode als deren einzelne
Momente, die eine als „resolutives", die andere als
„kompositives" Moment. Der Unterschied beider Momente wird damit keineswegs verwischt.[2] Sie behalten

---

[1] Farady und seine Entdeckungen. Eine Gedenkschrift. Autori-
sierte deutsche Übersetzung. Herausg. v. H. Helmholtz, S. 42.

[2] Entschieden zu weit gegangen also ist es, wenn Ernst
Cassirer in seiner Theorie der Induktion, die er in dem Werke
„Substanzbegriff und Funktionsbegriff", S. 313 ff., entwickelt, gerade deshalb, weil Deduktion und Induktion beide der exakten
Wissenschaft „gleich unentbehrlich" sind, die Unterscheidung geradezu für „falsch und künstlich" erklärt. Hier scheint mir ein
Mangel an Unterscheidung zwischen dem vorzuliegen, was Kant
als „Bedeutung" und als „Gebrauch" einander gegenüberstellt.
Gerade weil beide, Induktion und Deduktion, der exakten Wissenschaft im Gebrauche unentbehrlich sind, folgt, daß ihre Trennung
nicht „künstlich", sondern logisch ist; so sehr sie als Methodenmomente, wie ich im folgenden selbst betont habe, aufeinander
hinweisen und sich durchdringen. Sonst würde ja auch die von
Galilei getroffene und von Cassirer ebenso wie von mir festge-
haltene Unterscheidung des „resolutiven" und des „kompositiven"
Momentes in der analytischen Methode hinfällig. Mich haben

in der analytischen Methode selbst ihren Eigenwert
eben als Methodenmomente und machen in dieser Vereinigung vielmehr gerade den Einheitszusammenhang
der Erkenntnis deutlich. Von hier aus gewinnt unsere
Aufgabe selbst eine nähere inhaltliche Präzision. Es
ist insbesondere die Induktion, die diese Präzision
leisten hilft, indem auch von ihr aus die philosophisch
interessanteren und tieferen Probleme ˙ erwachsen.
Denn die Deduktion bewegt sich lediglich in den Bahnen
des Syllogismus, geht von allgemeinen Sätzen aus,
um von ihnen bloß in den Formen des Schlusses besondere Sätze abzuleiten, derart, daß sofern einerseits
die Prämissen richtig sind, andererseits das Ableitungs-
verfahren in richtiger Unterordnung stattfindet, auch

Cassirers Ausführungen zu einer Änderung meiner in diesem Kapitel
niedergelegten und auch bereits vor der Kenntnisnahme seines
Werkes, bis auf diese Anmerkung, vollständig niedergeschriebenen
Auffassung an keinem Punkte veranlassen können: Die Differenz
noch weiter zu erörtern, ist hier nicht der Ort; zumal da ich im
letzten Kapitel noch Gelegenheit haben werde, auf Cassirers Werk
zurückzukommen. Soviel sei indes hier noch bemerkt, daß mir
diese Differenz viel weniger wichtig ist, als mir die Übereinstimmung
erfreulich ist, hinsichtlich der doch die ganze Induktion beherr-
schenden Beziehungen zwischen dem Allgemeinen und dem Besonderen, in denen ich mich mit Cassirer von den gemeinsamen
Grundlagen der kritischen Philosophie Kants her größtenteils eins
weiß; vor allem aber in der Bekämpfung der Auseinanderreißung
des Allgemeinen und Besonderen, zu der ein gewisser logischer
Formalismus heute noch neigt. Darüber brauche ich hier kein Wort
mehr zu verlieren. Worauf es ankommt, wird aus allem folgenden
deutlich. Bemerkt sei nur im voraus noch, worauf ich im folgenden
selbst eingegangen bin, daß gerade mit Rücksicht auf die exakte
Forschung die Einheitsbeziehung vom Allgemeinen und Besonderen
für die Gegenwart nächst Lotze wohl zuerst und seit Kants Kr. d. U.
und Hegels Logik am klarsten und deutlichsten Otto Liebmann,
worauf bei Cassirer ein Hinweis fehlt, herausgearbeitet hat; wenn
auch in anderer Weise als es bei Cassirer und auch als es bei mir
selbst geschehen ist, so doch zu verwandtem Ziele und zu verwandtem Resultate.

Richtiges erschlossen wird. Wenn dagegen in der Logik das Verfahren der Induktion dahin bestimmt zu werden pflegt, daß sie vom Besonderen zum Allgemeinen fortschreite, also gerade den der Deduktion entgegengesetzten Weg gehe, so erheben sich hier sofort die Fragen, mit welchem Rechte sie diesen, vom Syllogismus nicht verbürgten Weg zu gehen vermöge, und wie wir auch zu solchen für die Deduktion immer schon vorausgesetzten allgemeinen Sätzen gelangen können, so daß in letzter Linie die zweite Frage auch gleich zu der weiteren Frage nach dem Rechtsgrunde nicht zwar des deduktiven Verfahrens als solchem, das einfach den Weg des Syllogismus nimmt, sondern vielmehr nach den Voraussetzungen auch der Deduktion führt. Eine Frage, in der Deduktion und Induktion sich selbst systematisch verbinden und die in letzter Linie ihre Antwort nur wird finden können durch den Hinweis auf die beide Methodenmomente vereinigende analytische Methode.

Wenn wir uns zunächst an die übliche Formulierung, wenigstens als Ausgangspunkt, halten, daß die Induktion vom Besonderen zum Allgemeinen fortgehe, um ein Merkmal, das an einzelnen Exemplaren angetroffen werde, zum allgemein begrifflichen zu erheben, so zeigt sich sofort, daß mit dieser Formulierung herzlich wenig erreicht ist. Indes, wenn sie auch nimmermehr die wahre logische Struktur der wissenschaftlichen Induktion zu charakterisieren vermag, was sie nach dem Urteil mancher Logiker freilich leisten soll, so kann sie uns doch zur Gewinnung eines Problems dienen. Denn das ist ja eben noch die Frage, mit welchem Rechte wir ein am Einzelnen gewonnenes Merkmal zum begrifflichen erheben. Wenn ein Kind,

das viele weiße, aber noch nie in seinem Leben einen
andersfarbigen Menschen gesehen und nie etwas von
einem gehört hat, urteilt: alle Menschen sind weiß, so
geht es ebenso vom Besonderen zum Allgemeinen fort,
wie der Physiker, der nach einer Reihe von experi-
mentellen Versuchen am Wärmetrog urteilt: der mitt-
lere lineare Ausdehnungskoeffizient des Eisens ist
0,000012. Und doch ist zwischen beiden Urteilen ein
so radikaler Unterschied, wie er eben nur zwischen
einem falschen und einem richtigen Urteile bestehen
kann. In beiden Fällen aber, sowohl im Falle des
kindlich falschen, wie in dem des wissenschaftlich
richtigen Urteils, liegt ein Fortgehen vom Besonderen
zum Allgemeinen. Nur ist jenes eine bloß voreilige
Verallgemeinerung, dieses die wissenschaftlich gültige
Verallgemeinerung im wirklich induktiven Urteil. Das
Fortgehen vom Einzelnen zum Allgemeinen kann also
lediglich eine äußere Ähnlichkeit zwischen beiden,
darum auch nur die Außenseite der Induktion, nicht
ihren eigentlich methodischen Charakter anzeigen, und
es fragt sich, was diesen nun eigentlich bestimmt und
von einer bloß voreiligen Verallgemeinerung unterscheidet. Man wird nicht glauben dürfen, daß die formale Unterscheidung zwischen vollständiger und un-
vollständiger Induktion, je nachdem alle oder nur einige
Exemplare auf ein Merkmal hin beobachtet worden
sind, die Frage lösen könne. Wollte der Physiker
warten, bis er alle Eisenstäbe der Welt auf ihren mitt-
leren linearen Ausdehnungskoeffizienten bestimmt
habe, so hätte er diesen bis zum heutigen Tage noch
nicht bestimmt und würde ihn in alle Ewigkeit nicht
bestimmen können. Wollte der Zoologe warten, bis
er alle Protozoen daraufhin beobachtet habe, um ur-

teilen zu können, daß sie sich durch Zellteilung vermehren, so könnte er wiederum ad Graecas Kalendas
sein Urteil vertagen. Und weil es beiden, sowohl dem
Physiker wie dem Zoologen, in allen übrigen Stücken
genau so erginge, so hätten wir bis zum heutigen Tage
weder eine wissenschaftliche Physik noch eine wissenschaftliche Zoologie und würden nie eine haben, wie
auch sonst keine Wissenschaft, in der in Wahrheit
eine einzige eben wissenschaftlich exakt angestellte
Induktion mehr Wert hat als Tausende von unwissen-
schaftlichen Beobachtungen.

Faktisch aber haben wir eine wissenschaftliche
Physik und eine wissenschaftliche Zoologie, wie alle
die anderen Wissenschaften sonst, die sich der Induktion bedienen. Also kann diese nicht in jenem äußeren
Fortgang vom Besonderen zum Allgemeinen beschlossen
sein. Achten wir nämlich nicht bloß auf den äußeren
Fortgang als solchen, sondern auf die innere methodische Struktur der Induktion, so zeigt sich, daß auch
jener seinen Sinn und seine Möglichkeit erst empfängt
durch ein strenges logisch-gesetzmäßiges Gefüge derart, daß die Induktion nicht bloß fortschreitet vom
Besonderen zum Allgemeinen, sondern daß sie das
allein tut, aber auch tun kann und tun darf, unter
Voraussetzung eines Allgemeinen, das für sie den
Sinn einer allgemeinen inneren Gesetzlichkeit hat, auf
Grund deren erst jener äußere Fortgang möglich wird.
Also wohlgemerkt: die Induktion hat ein Allgemeines
nicht bloß zum Ziele, sondern sie hat, ebensogut wie
die Deduktion, ein Allgemeines zur logischen Voraussetzung. Diese Voraussetzung eines Allgemeinen auch
für die Induktion kann man in der Tat als das deduktive Moment der Induktion bezeichnen. Aber man

wird doch darum nicht sagen dürfen, daß die Induktion mit der Deduktion zusammenfalle, wie man nicht
sagen darf, daß die Deduktion, weil man an ihr in
der Beziehung eines Besonderen auf ein Allgemeines
ein induktives Moment sehen kann, selbst Induktion
sei. Am Verständnis jenes Allgemeinen als Voraussetzung für die Induktion hängt aber auch das Verständnis der ganzen Induktion selbst. Wenn in der
Physik durch Induktion irgendwelche Merkmale, etwa,
um auf die soeben gewählten Beispiele zurückzukommen, das des linearen Ausdehnungskoeffizienten
des Eisens, bestimmt werden, oder wenn in der Zoologie irgendwelche Merkmale, etwa solche der Fort-
pflanzung der Protozoen, sei es der elementarsten uns
dadurch bekannt gewordenen Zellteilung der Rhizo-
poden, sei es der Reduktionsteilung der Wimperin-
fusorien, der Amphimixis usf., ermittelt und als solche
im induktiven Urteile angegeben worden sind, so hat
diese Angabe logisch zur Voraussetzung die Subsumption der beobachteten Exemplare unter ihren wissenschaftlichen, sei es physikalischen, sei es zoologischen
Begriff; und in diesem Begriffe liegt weiter eine ganz
bestimmte logisch-objektive Funktion vor. Ich sage
gleich: logisch-objektive Funktion. Denn es kommt
gar nicht darauf an, daß diese logisch-objektive Funktion im Bewußtsein des Forschers etwa subjektiv-psy-
chologisch im Momente seiner Untersuchung repräsentiert worden ist oder nicht. Sonst könnte man
freilich auch bei den Urteilen eines Kindes, das von
andersfarbigen als weißen Menschen, das von Rück-
bildungen der Vogelflügel oder sonstigen rudimentären
Organen keine Ahnung hat, und darum urteilt: „Alle
Menschen sind weiß", oder „alle Vögel können fliegen",

meinen, hier liege eine logische Subsumtion vor,
während es sich lediglich um die Unterordnung, um
eine eben nicht wissenschaftlich präzisierte, bloß psychologische Allgemeinvorstellung handelt, was aus den
Beobachtungen der Kinderstube auch schon dadurch
deutlich wird, daß das sprechen lernende Kind auch
umgekehrt gern alles Vogel nennt, was es in der Luft
„herumfliegen" sieht, sei es nun, um die in der Logik
wie in der Psychologie gleich beliebten Beispiele auf-
zuführen, ein wirklicher Vogel, sei es ein Papier-
schnitzel, das Blatt eines Baumes, vielleicht auch ein
geworfener Stein etc. Die logisch-begriffliche, objektive
Subsumption ist es darum, was die wissenschaftliche
Induktion zunächst charakterisiert. Würde also das
allgemeine Merkmal, das zu induzieren ist, als In-
duktionsallgemeines zu bestimmen sein, so würde
der logisch-wissenschaftliche Begriff, unter dem sub-
sumiert werden muß, damit die Induktion möglich
wird, sich als das Subsumtionsallgemeine präzisieren. Indes ist damit unser eigentliches Problem
noch nicht gelöst. Aber es hat sich näher bestimmt
und präzisiert sich nun zu der Frage, welche Funktion
die Subsumtion im wissenschaftlichen Sinne und damit auch der subsumtionsallgemeine Begriff selbst
haben müsse, um die Induktion zu ermöglichen.

Meines Wissens ist Kant der erste gewesen, der
gerade mit Rücksicht auf die Naturwissenschaft, insbesondere auf die Biologie, ein wirklich aufhellendes
Licht auf das Problem geworfen hat. Er weist hin
auf die „für uns faßliche Ordnung von Gattungen,
Arten" etc. bis „zu den Individuen"[1], auf jene Klimax

---

[1] Kr. der Urteilskraft, S. 185 (nach Reclam, S. 23). Wo ich
Kant zitiere, gebe ich die Seitenzahlen nach der Berliner Akademie-

also, durch die die Natur für uns faßlich und begreiflich wird. Er erhebt zugleich die für alles Naturerkennen notwendige Voraussetzung der Faßlichkeit und
Begreiflichkeit der Natur, auf die wir später unter
besonderem Hinweis auch auf die physikalische
Forschung, wo uns die Formulierung in genau wört-
licher Übereinstimmung und in der gleichen logischen
Exaktheit z. B. bei Hermann Helmholtz und Ferdinand
Braun, etwas weniger scharf auch bei Poincaré, be-
gegnen wird, noch einmal zurückkommen, zum Problem und gibt diesem die bedeutsamste Lösung. Als
Grundbedingung zunächst freilich gerade der Begreiflichkeit der lebendigen Natur fordert Kant, „daß es
in ihr eine für uns faßliche Unterordnung von Gattungen
und Arten gebe, daß jene sich einander wiederum
einem gemeinschaftlichen Prinzip nähern, damit ein
Übergang von einer zur anderen und dadurch zu einer
höheren Gattung möglich sei"[1], wie er auch für die
Arten einen kontinuierlichen „Übergang von einer
Spezies zur andern", eine „Kontinuität der Formen"[2]
fordert, wofür, wenn sie in der natürlichen Entwicklung verloren gegangen sind, die „Zwischenglieder
. . . zu suchen"[3] doch immerhin Aufgabe der Forschung
bleibt. Das Prinzip des Hinaufsteigens von verschiedenen Einzelnen zum Allgemein-Gleichartigen, „bis
endlich die höchste Gattung der allgemeine und wahre
Horizont ist, der aus dem Standpunkte des höchsten
Begriffs bestimmt wird und alle Mannigfaltigkeit als

Ausgabe an, füge in Klammern aber die Seitenzahl der Reclam-
Ausgabe zur leichteren allgemeinen Orientierung bei.

[1] Ebenda.
[2] Kr. d. r. V., S. 436f. (Reclam, S. 574f.).
[3] Ebenda; vgl. Kr. d. U., S. 186 (Reclam, S. 24).

Gattungen, Arten, Unterarten unter sich faßt", bezeichnet Kant als das Prinzip der Homogeneität. Das Prinzip des Hinabsteigens vom Allgemein-Gleichartigen
zur niederen Varietät des Besonderen bezeichnet er
als das Prinzip der Spezifikation.[1] Beide findet er vereinigt in dem Prinzip des „continuum formarum", dem
Prinzip der Kontinuität, dem er folgende bedeutsame
Formulierung gibt: „Es gibt nicht verschiedene ursprüngliche und erste Gattungen, die gleichsam isoliert und voneinander (durch einen leeren Zwischen-
raum) getrennt wären, sondern alle mannigfaltigen
Gattungen sind nur Abteilungen einer einzigen obersten
und allgemeinen Gattung und aus diesem Grundsatze
[der bis hierher entwickelte Grundsatz lautet: non natur
vacuum formarum], dessen unmittelbare Folge: datur
continuum formarum, das ist alle Verschiedenheiten
der Arten grenzen aneinander und erlauben keinen
Übergang durch einen Sprung, sondern nur durch alle
kleineren Grade des Unterschiedes, dadurch man von
einer zur anderen gelangen kann; mit einem Worte,
es gibt keine Arten oder Unterarten, die einander (im
Begriffe der Vernunft) die nächsten wären, sondern es
sind noch immer Zwischenarten möglich, deren Unterschied von der ersten und zweiten kleiner ist, als dieser
ihr Unterschied voneinander."[2] Es ist in letzter Linie
die lex continui, hier als continuum formarum, als
generelles Kontinuum, was den Übergang vom Niederen
zum Höheren und vom Höheren zum Niederen, was
also Homogeneität und Spezifikation selbst ermöglicht
und die Natur für uns faßlich und begreiflich macht.
Immerhin ist damit noch nicht des Problems letzte

---

[1] Kr. d. r. V., ebenda.
[2] Kr. d. r. V., S. 436 f. (Reclam, S. 573 f.).

Lösung gewonnen. Dem forschenden Verstande drängt
sich vielmehr hier gleich ein neues Problem auf. Daß
die Natur in ihren Ordnungen mit den logischen Gesetzen des Verstandes in solcher Weise zusammen-
treffe und eben darum für ein erkennendes Bewußtsein
begreiflich werde, ist so wunderbar, daß es uns, wie
Kant sagt, selbst zunächst als ein „glücklicher Zufall"
erscheinen muß.[1] Weil wir aber die Möglichkeit der
Wissenschaft nicht auf Wunder und Zufall gründen
können, so verwandelt sich der Wissenschaft diese
Tatsache selbst in ein Problem, das gebieterisch seine
Lösung heischt. Sie hier schon zu geben, geht nicht
an. Sie kann zum Schluß dieses Kapitels freilich auch
nicht in extenso gegeben, aber doch wenigstens angedeutet werden. Zunächst aber müssen wir von hier
aus von der Bedeutung dieses philosophischen Problems auch für die Naturwissenschaft handeln. Diese
ist es, von der aus sich seine ganze Tragweite in besonderer Weise ermessen läßt.

Als Kant diese Gedanken ausgesprochen und im
Zusammenhange damit nicht nur der Biologie ihre Aufgabe gestellt, sondern — wie auch Häckel[2], ohne freilich im übrigen Kant durchaus gerecht zu werden,
weil er ihn im Sinne einer von Kant selbst abge-
wiesenen Zweckerklärung interpretiert, sehr richtig
hervorgehoben hat — auch die Prinzipien der Variabilität, der Selektion der Lebewesen sowohl im domesti-
zierten wie im Naturzustande, des Kampfes ums
Dasein als Mittel zur „Perfektionierung" und der Anpassung bezeichnet hatte, da mußte Kant in seiner

[1] Kr. d. U., S. 184 (Reclam, S. 22).
[2] Vgl. besonders Natürliche Schöpfungs-Geschichte, S. 90ff.,
150f. und 346ff.

Zeit zu tauben Ohren reden. Verstehen konnte ihn
jene Zeit nicht. Wenn sie sich überhaupt gerade auf
diese Gedanken hätte einlassen wollen, so wären sie
ihr höchstens als müßige Fragesucht erschienen. Der
faule, behagliche und sich mit einem gewissen Stolze
so nennende „gesunde Menschenverstand" mit all der
schönen Aufgeklärtheit des 18. Jahrhunderts bemerkte
eben gar nicht, was die Natur in ihrer Kontinuitäts-
klimax von „Gattungen, Arten, Unterarten" etc. im
Grunde genommen Erstaunliches war und erstaunte
im Dünkel der Aufklärerei und Alleswisserei auch
nicht über jenen „glücklichen Zufall" des Zusammenstimmens der Ordnungen des Erkennens mit denen
der Natur. Auf einen Goethe freilich machten die
Kantischen Einsichten Eindruck, und zwar einen ge-
waltigen. Aber allgemeines Wissenschaftsgut der Zeit
konnten die Goetheschen Gedanken zunächst ebensowenig werden, wie die Kantischen. Beide konnten
in ihrer tiefsten Bedeutung erst gewürdigt werden, ja
sie konnten diese tiefste Bedeutung eigentlich erst ent-
falten, als ihnen die Naturwissenschaft späterer Generationen mit eigenen Entdeckungen, mit einzigartigen
und großartigen Einsichten entgegenkam, als die Biologie in die sicheren Bahnen der Wissenschaft ein-
lenkte und sich als wissenschaftliche Biologie fundierte.
Durch sie wurden nun gerade die von Kant allein auf
dem Wege der Wissenschaftskritik gewonnenen Erkenntnisse selbst in der lebendigen Wissenschaft vom
Lebendigen bewährt. Das geschah in erster Linie durch
die gewaltige wissenschaftliche Tat Darwins. Wie
immer man über sie im einzelnen denken mag, ihren
prinzipiellen Wert wird sie weder für die Naturwissenschaft noch für die Philosophie verlieren. Man

braucht im Darwinismus noch lange keine Weltanschauung zu sehen. In der Tat hat ja auch dem Begründer der modernen biologischen Entwicklungslehre
nichts ferner gelegen, als eine solche geben zu wollen.
Für das, was mancher seiner begeisterten Jünger im
Überschwang dieser Begeisterung sich auch an Phantastereien und Schwärmereien geleistet hat, trifft doch
den Meister nicht die Schuld. Der aber wollte Naturforscher sein und bleiben, und er war und blieb ein
solcher ersten Ranges; er wollte in seiner Lehre die
Wissenschaft vom Lebendigen fundamentieren, und er
hat sie fundamentiert; und zwar so, daß, soviel, wie
bereits zugestanden, an Einzelheiten von ihr auch mag
fallen gelassen werden müssen, sie doch im Prinzipiellen ihren Wert behält und behauptet, so sehr,
daß kein Biologe, er mag noch so sehr im Gegensatz
zu ihr stehen, um die wissenschaftliche Pflicht herum-
kommt, sich mit ihr wenigstens auseinanderzusetzen.
Was uns aber an Darwin für unseren Zusammenhang
hier interessiert, das ist der Umstand, daß er, genau
wie auch Kant, die wunderbare Ordnung der Natur
in ihren Gruppen, Gattungen, Arten, über die der gemeine Menschenverstand, als wäre sie etwas Selbst-
verständliches, hinwegzusehen und hinwegzuhuschen
pflegt, ins wissenschaftliche Bewußtsein erhebt. Er
sagt einmal: „Es ist eine wirklich wunderbare Tatsache, obwohl wir das Wunder aus Vertrautheit damit
zu übersehen pflegen, daß alle Tiere und Pflanzen
zu allen Zeiten und überall so miteinander verwandt
sind, daß sie Gruppen bilden, die anderen subordiniert
sind, so daß nämlich, wie wir allerwärts erkennen
können, Varietäten einer Art einander am nächsten
stehen, daß Arten einer Gattung weniger und ungleiche

Verwandtschaft zeigen und Untergattungen und Sek-
tionen bilden, daß Arten verschiedener Gattungen einander noch weniger nahe stehen, und daß Gattungen
mit verschiedenen Verwandtschaftsgraden zueinander
Unterfamilien, Familien, Ordnungen, Unterklassen und
Klassen zusammensetzen."[1] Es gehört, wie ich kürzlich
auch anderwärts[2] betont habe, zu Stadlers großen
Verdiensten um die Kantische Philosophie, daß er,
selbst mit einer gründlichen naturwissenschaftlichen
Bildung ausgestattet, den Zusammenhang der Kantischen Philosophie mit der modernen Biologie ins
rechte Licht gerückt hat. Und gerade von der soeben
auch wieder von mir zitierten Darstellung Darwins
aus hat er ihn scharf beleuchtet.[3] Ich habe sodann[4]
darauf hingewiesen, wie das, was Darwin „eine wirklich wunderbare Tatsache" und geradezu ein „Wunder"
nennt, genau dem entspricht, was Kant als „glücklichen
Zufall" bezeichnet. Vor allem aber kam es mir noch
darauf an, nicht nur, wie Stadler, die hier zum Ausdruck gelangende Auffassung Darwins zu dem
Kantischen Prinzip der Homogeneität in Parallele zu
setzen, sondern auch zu dem grundlegenderen und
umfassenderen, Homogeneität und Spezifikation ver-
einenden Prinzip der Kontinuität, in dem sich erst
die volle Gewähr für die Induktion, derentwegen ja
hier zunächst dieses Problem erörtert wird, erweisen
läßt, während Stadler, falls ich ihn recht verstehe, die
Theorie der Induktion, selbstverständlich zwar nicht

---

[1] Entstehung der Arten (nach der Übersetzung von Carus),
S. 448.

[2] Immanuel Kant, S. 189 f.

[3] Kants Teleologie und ihre erkenntnistheoretische Bedeutung,
S. 104 f.

[4] A. a. O., S. 190 ff.

ohne die „Voraussetzung der Begreiflichkeit der Natur", auf die auch er jene gründet, aber doch unabhängig vom Kontinuitätsprinzip, für darstellbar zu
halten scheint. Jedenfalls fußt er nicht auf diesem[1],
worauf es uns nun für das Weitere ankommt. Weiter
habe ich[2] auch auf die innige Übereinstimmung hingewiesen, die zwischen Kant und Darwin gerade hinsichtlich des Kontinuitätsprinzips insofern besteht, als
beide die Grundsätze „datur continuum formarum" und
„natura non facit saltum" in gleicher Weise zu vielen
Malen übereinstimmend betonen. Auf der Kontinuität
der Entwicklung aber gründet Darwin ebenso seine
Abstammungslehre, wie Kant zum ersten Male den
Gedanken einer „wirklichen Verwandtschaft" und einer
„stufenartigen Annäherung einer Tiergattung zur
anderen", vom „Menschen bis zum Polyp, von diesem
sogar bis zu Moosen und Flechten, und endlich zu
der niedrigsten uns merklichen Stufe der Natur, zur
rohen Materie"[3], ins Auge faßt. So ermöglicht auch
für Kant die Kontinuität die mechanische Erklärung
der „großen Familie von Geschöpfen" nach Gesetzen
der Umbildung der Lebewesen, so daß wir in dieser
Erklärung nicht nur die Möglichkeit gewinnen, zu verstehen, wie z. B. „gewisse Wassertiere sich nach und
nach zu Sumpftieren und aus diesen nach einigen
Zeugungen zu Landtieren ausbildeten"[4], sondern selbst
auf einen einheitlichen „Urstamm"[5] zurückzugehen
vermöchten.

---

[1] Vgl. Stadler, a. a. O., S. 74 ff.
[2] A. a. O., ebenda.
[3] Kr. d. U., S. 418 f. (Reclam, S. 308).
[4] A. a. O., ebenda (Reclam, S. 309).
[5] A. a. O., S. 420 (Reclam, S. 310). Also vier Jahre vor
Darwins Großvater, Erasmus Darwin, hat Kant die „wirkliche Ver-

Diese Kontinuität der Formen, das continuum formarum als generelles Kontinuum[1] ist es nun aber,
was die Subsumtion und damit die Induktion ermöglicht. Aber die Kontinuität ermöglicht sie nicht bloß
für die biologische, sondern für die Naturwissenschaft
überhaupt, wenn sich auch im Begriffe vom Kontinuum
damit gleich selbst ein Unterschied auftun wird. Ich
kann hier keine ins einzelne gehende Darstellung dieses
Begriffes geben. Aber soviel dürfte hier doch schon
deutlich werden, daß durch die herkömmliche Unterscheidung von logisch-mathematischem und physikalischem Kontinuum die Bedeutung des Kontinuitäts-
begriffs keineswegs ausgemessen ist, und daß insbesondere die landläufige Auffassung des physikalischen Kontinuums ein Unrecht an der Physik ist.
Sie ist so sehr von jenen subjektivistischen, positi-
vistisch-relativistischen Momenten der Empfindungs-
daten beherrscht, die für die physikalische Forschung
zwar notwendigerweise Ausgangspunkt sind, aber ihren
Sinn und Inhalt keineswegs bestimmen, daß der Begriff
des physikalischen Kontinuums gar nicht erreicht wird.
Man bleibt in dem groben sinnlichen Kontinuum

---

wandtschaft" der Arten ausgesprochen; und sechs Jahre bevor
Goethe sie dichterisch als „geheimes Gesetz" nur anzudeuten
wagte: „Alle Gestalten sind ähnlich, doch keine gleichet der
anderen. Und so deutet der Chor auf ein geheimes Gesetz." Sein
„Urtypus" ist nur das Bild für den Kantischen „Urstamm".

[1] Daß dieses über die Frage, ob fluktuierende Variation oder
Mutation nicht entscheidet, daß diese Entscheidung vielmehr der
empirischen Forschung vorbehalten bleibt, braucht wohl kaum besonders betont zu werden. Daß aber sowohl fluktuierende Variation,
wie Mutation dem Prinzip des Kontinuums der Formen gemäß sind,
in ihm als allgemeinerem Prinzip also vereinigt werden können,
geht wohl schon aus dem Gesagten hervor, wie es auch aus dem
Folgenden noch deutlich werden wird.

stecken, das in Wahrheit eben kein Kontinuum ist,
jedenfalls nicht als physikalisches Kontinuum bezeichnet werden sollte, da ein solches durchaus logisch
und darum auch logisch unantastbar ist, was gerade
das sinnliche Empfindungskontinuum, mit dem ein
anthropomorphistischer Relativismus das physikalische
Kontinuum identifiziert, nicht ist; eben auch nach der
positivistischen Theorie nicht. Es wäre darum vielleicht besser, anstatt bloß zwischen logisch-mathematischem und physikalischem Kontinuum zu unterscheiden, zunächst zwischen reinem und empirischem Kontinuum zu unterscheiden und von
der Gliederung des reinen Kontinuums in bestimmte Spezifikationen[1], unter denen sich auch
dem physikalischen Kontinuum sein logischer Ort
anweisen ließe, auch die Beziehungen zum empirischen Kontinuum zu gewinnen. In der Biologie, wo
wir von Arten, Gattungen, Ordnungen, Unterklassen,
Klassen, Unterstämmen, Stämmen etc. beständig zu
reden gewöhnt sind, wird die Funktion des Kontinuitäts-

---

[1] Obwohl selbst auf dem Gebiete der Mathematik, wie schon
Georg Cantor in seinen „Grundlagen einer allgemeinen Mannigfaltig-
keitslehre", S. 46, bemerkt hatte, was auch in gewissem Sinne heute
noch gilt, der Kontinuitätsbegriff noch nicht zu einer einheitlich systematischen Darstellung gelangt ist und darum „eine feste
Bedeutung nicht angenommen hat", können wir doch von der
Mathematik her zu dem im Texte Bemerkten eine Parallele gewinnen. Wenn wir danach das mathematische Kontinuum selbst
als eine Spezifikation des reinen Kontinuums auffassen würden,
so geht das der von Kantor für das mathematische Gebiet bezeichneten Gliederung parallel, wonach man von dem mathematisch
genommenen, selbst allgemeinen Kontinuum, das „frei ist von jedem
Hinweis auf das, was man die Dimension eines stetigen Gebildes
nennt", ... „zu den spezielleren Kontinuis mit bestimmter
Dimension ordnungsmäßig hinkommt".

prinzips als continuum formarum fürs erste vielleicht besonders deutlich. Jede Bezeichnung irgendeines Tieres oder irgendeiner Pflanze ist, logisch betrachtet, immer schon eine Subsumtion unter einen Begriff als Subsumtionsallgemeines. Weil aber in der Wissenschaft das Subsumtionsallgemeine wirklich ein Begriff und nicht, wie bei der voreiligen Verallgemeinerung, eine bloße Allgemeinvorstellung ist, eben darum wird die Induktion möglich und kann im wissenschaftlichen Sinne verallgemeinern. Denn der wissenschaftliche Begriff — übrigens ist keine logische Theorie so reformbedürftig wie die Theorie vom Begriff, und sie kann gerade von der exakten Forschung her die bedeutsamsten Impulse für ihre Reform gewinnen — ist immer ein Begriff von Etwas, und als solcher wieder ist er weder eine bloße, wenn auch allgemein gehaltene Vorstellung, noch eine bloße Abstraktion, wie es ein gewisser logischer Formalismus annimmt. Die exakte Forschung könnte, eben weil sie exakt ist, mit bloßen Abstraktionen und bloßen Allgemeinvorstellungen nichts anfangen; ebenso nicht die Philosophie, die ihre Aufgabe selber wissenschaftlich faßt. In Wahrheit operiert darum mit ihnen weder die exakte Forschung noch eine sich selbst verstehende Philosophie. Die sogenannte Allgemeinvorstellung ist, ganz abgesehen von den Schwierigkeiten, die ihr auch psychologisch anhaften, weil sie in Wahrheit doch immer ein Besonderes zum Inhalte hat, wenn auch dieses nur auf unbestimmte Weise, ohne allen logischen Wert. Den Begriff aber charakterisiert gerade seine logische Bestimmung, seine Bestimmtheit und Präzision. Wenn man darum auch sagen könnte: so gut wie der Begriff immer der Begriff von Etwas ist, ebensogut ist auch

jede Vorstellung immer Vorstellung von Etwas, so ist
dieses Etwas, der Inhalt von beiden, doch auch etwas
Grundverschiedenes: das einemal ein logisch-gesetz-
licher Bedeutungsinhalt, das anderemal ein psychologischer Bewußtseinsinhalt. Und gerade wegen
seiner logisch-gesetzmäßigen inhaltlichen Bedeutungs-
bestimmtheit unterscheidet sich der Begriff eben als
logisches Moment auch von einer bloßen Abstraktion,
nicht bloß von einer Vorstellung und sei diese auch
eine sogenannte Allgemeinvorstellung, die ja von vornherein nur als psychologisches Moment in Betracht
käme. Wie der Begriff selbst nie bloße Form ist, weil
er immer einen Inhalt hat, so ist dieser Inhalt kein
bloß subjektiver Vorstellungsinhalt, sondern objektiver
Gesetzesinhalt für das unter ihn subsumierbare Konkrete. Der Begriff ist darum nie „bloß abstrakt", nie
„bloße Abstraktion", sondern gerade der Begriff des
unter ihn fallenden Konkreten. Von anderen Ausgangspunkten her und auf andere Weise scheint mir
Otto Liebmann doch zu demselben Ziele gelangt zu
sein, wenn er nicht nur die Bedeutung der Platonischen
Idee in einen guten und sinnvollen Zusammenhang
mit dem naturwissenschaftlichen Gesetzesbegriff zu
bringen, sondern auch eine originelle Synthese von
Platonismus und Darwinismus zu vollziehen vermocht
hat, indem er das γένος und εἶδος faßt als das „Naturgesetz" oder den „Komplex von Naturgesetzen", dem
gemäß „stets und überall beim Eintritt gewisser Bedingungen" ein Geschöpf des vom Begriff um-
schlossenen Gattungstypus in natura rerum auftreten
muß. Hier ist die Gattung im naturwissenschaftlichen
Sinne weder als leere Abstraktion, noch als geheim-
nisvolles Wesen oder Ding, sondern eben als gesetz-

liche Bestimmung gefaßt.[1] Genau so ist dem Biologen
die Art, Gattung etc. mehr als ein bloßes Wort und
eine allgemeine Vorstellung, ohne daß er sie darum
zu einem mystischen Wesen, einer geheimnisvollen
Macht, Kraft oder sonst einem Ding oder Unding hypostasiert. Vielmehr bedeutet sie ihm als ein Begriff
den Inbegriff einer bestimmten Gesetzmäßigkeit, und
zwar spezifisch biologisch gewendet, einer bestimmten
Lebensgesetzmäßigkeit. Wann und wo sie in der Natur
erfüllt ist — daß sie immer und überall erfüllt sei,
ist damit nicht gesagt —, dann und da müssen
die vom Begriff einer Art oder Gattung etc. um-
faßten empirischen konkreten Lebenserscheinungen
gegeben sein, und umgekehrt können diese empirischen konkreten und tatsächlichen Lebenserscheinungen nur gegeben sein, wo und wann jene Lebensgesetzmäßigkeit erfüllt ist. Und allein auf Grund von
deren Voraussetzung können die Lebewesen selbst empirisch erforscht werden. In ihr hat die Induktion
ihr Fundament. Sie darf zu einem induktionsallgemeinen Merkmal fortschreiten, weil im subsumtionsallgemeinen Begriff zugleich ein zwischen den konkreten Tatsachen vermittelnder allgemeiner Zusammenhang vorliegt, so daß das zu induzierende Merkmal
in diesem allgemeinen Zusammenhange selbst gegrün-
det sein kann. Die logische Möglichkeit dieser Gründung und somit das methodische Recht der Induktion
ist dadurch gewonnen. Über die Bewährung der Wirklichkeit des generellen Merkmals kann aber immer
nur die konkrete Tatsächlichkeit Aufschluß geben. Die

---

[1] Gedanken und Tatsachen, I, S. 238. Vgl. außerdem das
ganze gedankenreiche Kapitel über „Platonismus und Darwinismus"
in der „Analysis der Wirklichkeit", S. 317 ff.

Bewährung steigt in ihrem wissenschaftlichen Werte um so höher, je mehr sie sich in der Tatsächlichkeit herausstellt. Man kann diese Form der Induktion, die, um das gleich zu bemerken, in letzter Linie nie zu einer absoluten Gewißheit, aber doch bis zu einer an diese grenzende Wahrscheinlichkeit zu führen vermag, wegen ihrer Struktur genereller Kontinuität, selbst als generalisierende Induktion bezeichnen, um sie von einer noch zu erwähnenden und eine höhere Gewähr bietenden Induktionsform, die man als die eigentlich exakte Induktion bezeichnen könnte, zu unterscheiden.

Die generelle Induktion beruht auf dem kontinuierlichen Gesetzeszusammenhange der tatsächlichen Individuen in ihrem Begriffe. Indes ist sie auch damit noch nicht erschöpft. Wir betonten soeben schon, daß zwar nur dann und da, wo uns in der Biologie tatsächlich bestimmte Lebewesen gegeben seien, auch die ihnen zum Grunde liegende Gesetzmäßigkeit erfüllt sein müsse, und daß jene nur auf Grund der Voraussetzung dieser Gesetzmäßigkeit erforscht werden könnten, daß aber jene Gesetzmäßigkeit nicht schlechthin immer und überall erfüllt und die von ihr bedingten Lebewesen gegeben zu sein brauchten. Das ist, seit die Konstanz der Arten in der Biologie aufgegeben ist, ein ohne weiteres einleuchtender Gedanke. Die Biologie bleibt auch nicht stehen bei einer bloßen Klassifikation und Spezifikation. Sie sucht vielmehr auch, wie das von Kant und Darwin in gleicher Weise bezeichnet worden ist, den Übergang von einer Spezies zur anderen zu verstehen und induktiv zu ermitteln. Damit aber fordert sie nicht bloß einen kontinuierlichen Zusammenhang der Individuen innerhalb einer Spezies, sondern

auch einen solchen von Art zu Art, von Art zu Gattung,
Gattung zu Gattung etc. Das besagt erst im eigentlichsten Sinn das continuum formarum als generelles
Kontinuum, das als die allgemeinste Subsumtionsbe-
dingung nun auch letzte Bedingung der generellen Induktion ist. Wenn nun auch im empirisch Faktischen
keine der gegebenen Arten oder Gattungen von der
anderen lediglich durch differentiale, unendlich kleine
Unterschiede charakterisiert ist, sondern immer durch
endliche, deutlich wahrnehmbare Differenzen, so fordert doch die kontinuierliche Entwicklung selbst einen
stetigen Prozeß der Differenzierung. Das reine Kontinuum der Entwicklung ist also zwar in der empirisch kontinuierlichen Entwicklung als solcher nicht
wahrnehmbar und könnte schon mit logischer Notwendigkeit seinem Begriffe nach nicht wahrnehmbar
sein, weil eben das reine Kontinuum, wie auch der
differentiale Unterschied des Grades der Varianz ihrem
Begriffe nach überhaupt der Sphäre der Wahrnehmbar-
keit entrückt sind. Darin hat z. B. die de Vriessche
Mutationstheorie ebenso ihren logischen Rechtsgrund,
wie die Gegnerschaft gegen alle Entwicklungstheorie
von hier aus zu einer logisch unberechtigten, falschen
Fragestellung verleitet wird. Aber trotzdem muß jeder
empirischen konkreten Erscheinung, insofern sie eben
eine Entwicklungserscheinung ist, im reinen Kontinuum der Entwicklung allezeit ihr logischer Ort gewiesen werden können, wie das reine Kontinuum
selber an jeder Stelle den Schnitt zum Diskreten
gestattet. Von hier aus rechtfertigt sich die erstmals
von Kant erhobene, vorhin schon erwähnte Forderung,
zwischen den verschiedenen Spezies wenigstens „die
Zwischenglieder zu suchen", wie es sich erklärt, daß

diese Zwischenglieder im Empirischen nie restlos gegeben werden können, weil die Gegebenheit unendlich
sein müßte, alles Gegebene aber nur endlich sein kann,
wie aber eben darum selbst Zwischenglieder im Empirischen immer wieder entdeckt werden können. Für
dieses Kontinuitätsprinzip bildet das von Haeckel auf-
gestellte biogenetische Grundgesetz ebenso einen ins
Konkrete gewendeten Ausdruck, wie das Kontinuitätsprinzip zu zeigen vermag, daß anscheinend so verschiedene Theorien, wie Weismanns Keimplasmatheorie, in
der ja gerade „die Kontinuität des Keimplasmas als
Grundlage einer Theorie der Vererbung" aufgestellt
wird und de Vries' Mutationstheorie, die zwar in erster
Linie das Diskrete, aber dabei doch auch die „konstante Richtung der Auslese" betont, selbst unter
einem allgemeineren Gesichtspunkte vereinigt werden
können.[1] Denn im generellen Kontinuitätsprinzip liegt
für die Biologie nichts anderes gefordert als ein allgemeiner, kontinuierlicher, durchgängig gesetzlich bestimmter Zusammenhang der Lebewesen. Dieser Zusammenhang der Gestaltung des Lebendigen ist die
Grundvoraussetzung der wissenschaftlichen Begreiflichkeit des Lebendigen, da ohne ihn nicht einmal ein
Lebewesen könnte bezeichnet werden, geschweige
denn die Wissenschaft in der Erforschung von einem
zum anderen fortschreiten könnte.

---

[1] Von den Werken Weismanns sei für diesen Zusammenhang besonders hingewiesen auf: „Das Keimplasma, eine Theorie
der Vererbung", den als vierten in den Aufsätzen über Vererbung
und verwandte biologische Fragen" erschienenen Aufsatz über „Die
Kontinuität des Keimplasmas als Grundlage einer Theorie der Vererbung", und die Darstellung der „Keimplasmatheorie" im 17., 18.
und 19. Vortrage der „Vorträge über Deszendenztheorie", von de
Vries' Werken auf „Die Mutationstheorie" und „Species and
Varietis".

Indes ist das generelle Kontinuitätsprinzip, wie
es die biologische Wissenschaft fordert, bereits eine
komplexe Form des Kontinuitätsprinzips, wie es in
viel fundamentalerer Weise die Begreiflichkeit der
Natur überhaupt schon voraussetzt. Nur gleichsam aus
taktischen Gründen, um dem Problem beizukommen,
wurde hier von biologischen Gesichtspunkten ausge-
gangen, weil von den sogenannten beschreibenden Naturwissenschaften aus (wenn ich mich einmal der
wenig glücklichen Benennung im älteren Sinne bedienen
darf) die Klassifikation wenigstens auch einem allgemeineren Bewußtsein geläufig geworden ist, obwohl
in den Einzelheiten der biologischen Theorie gerade
die Probleme sich besonders komplizieren. Es ist
darum auch nicht etwa die Biologie allein, die die
Voraussetzung der Begreiflichkeit der Natur als Voraussetzung der Naturwissenschaft auf naturwissenschaftlichem Gebiete besonders deutlich zum Bewußtsein gebracht hat. Das ist, wie beiläufig bereits erwähnt wurde, ebenso von seiten der physikalischen
Forschung geschehen. Hier ist es wohl, worauf ebenfalls schon sehr treffend Stadler hingewiesen hat[1],
zum ersten Male Helmholtz gewesen, der zum Teil
direkt mit den Worten Kants „die Voraussetzung der
Begreiflichkeit der Natur" zum Ausgangspunkte gemacht hat, wenn er sagt: „jedenfalls ist es klar, daß
die Wissenschaft, deren Zweck es ist, die Natur zu
begreifen, von der Voraussetzung ihrer Begreiflichkeit
ausgehen müsse".[2] Mit der gleichen logischen Präzision begegnet uns, was ich vorhin schon andeutete,
die Bestimmung bei F. Braun, der einmal kurzweg

---

[1] A. a. O., S. 84.
[2] Über die Erhaltung der Kraft, S. 4.

von der „logischen Begreiflichkeit der Natur"[1] spricht
und ein anderes Mal geradezu sagt: „Wir gehen aus
von der logischen Erkennbarkeit der Natur."[2] Weniger präzise, sondern mehr in der Form des Bildes,
aber in einer gerade für das Kontinuitätsprinzip wich-
tigen und doch auch unbildlich zu fassenden Weise
hat auch Poincaré den Gedanken wenigstens implizite
mit den Worten bezeichnet: „Wenn die verschiedenen
Teile des Universums sich nicht wie die Organe eines
und desselben Körpers verhielten, so könnten sie
nicht aufeinander wirken, sie würden sich nicht
kennen, und wir insbesondere, wir würden nur eines
dieser Organe kennen."[3]

Daß also weiter auf physikalischem, chemischem
etc. Gebiete, kurz, um mich auch dieses Ausdrucks
der Kürze halber zu bedienen, auf dem Gebiete der
sogenannten erklärenden Wissenschaften, jeder induktiven Fragestellung logisch bereits eine Subsumtion
zugrunde liegt, dürfte nunmehr schon ohne weiteres
einleuchten. Das um so mehr, als wir die Biologie
zunächst lediglich der von hier aus allgemeiner bekannten Klassifikation wegen zum Ausgangspunkte
nahmen, in Wahrheit aber die Physik es mit unvergleichlich fundamentaleren Begriffen zu tun hat. Was
vorhin im allgemeinen von der Bedeutung des Begriffes gesagt wurde, das gilt also hier ganz besonders
und braucht nicht wiederholt zu werden. Es genügt,
jenes Allgemeine hier gleich in seiner spezifischen Bedeutung zum Bewußtsein zu bringen. Auf die funda-

---

[1] Über physikalische Forschung, S. 30.
[2] A. a. O., S. 16.
[3] Wissenschaft und Hypothese (deutsch von F. u. L. Linde-
mann), S. 147.

mentale Subsumtion, die in der Klassifikation aller physikalischer Prozesse in reversible und irreversible liegt, brauche ich kaum hinzuweisen und weise ich vielleicht besser nicht hin, weil diese Einteilung noch umstritten ist, obwohl sie in vielleicht gar nicht allzu ferner Zukunft nicht mehr umstritten sein wird, wenn nur die Physik in dem aussichtsreichen Bestreben beharrt, sich von den Beengungen positivistischer und relativistischer Art zu befreien, mit denen sie — das ist einer der Punkte, wo die Philosophie der Physik geradezu ein Hemmnis gewesen ist — solche philosophierende Physiker bedrängt haben, die also für die physikalische Wissenschaft kaum mehr bedeuten dürften als für die philosophische.[1] Halten wir uns an ganz einfache Verhältnisse, so zeigt sich: sobald wir auch nur von einem Falle oder einem Wurf reden, so subsumieren wir, wenn es sich hier auch nur um konkrete Phänomene, etwa eines Experiments an der Fallmaschine, der schiefen Ebene, einem Wurfmodell handelt, ebenso unter den allgemeinen Begriff der Bewegung, wie wir unter ihn die jenen konkreten Phänomenen wieder übergeordneten Begriffe des freien Falls im allgemeinen, der Beschleunigung etc. subsu-

---

[1] Hierzu lese man die ebenso herzerfrischenden, wie sachlich zwingenden Ausführungen eines ebenso philosophisch denkenden, wie hervorragend exakten Physikers, nämlich Plancks, der mit wahrem Verständnis den Geist Kants aufruft für „die Emanzipierung von den anthropomorphen Elementen", die der relativistisch-subjektivistische Positivismus in die Physik hineingetragen hat, und der mit zwingender Überzeugungskraft nachweist, wie das anthropomorphe Ökonomieprinzip wissenschaftlich gerade höchst unökonomisch, das heißt wissenschaftlich logisch durchaus unergiebig ist, da die wissenschaftliche Ökonomie eben doch etwas Höheres ist als die positivistisch-anthropomorphe. Vgl. besonders „Die Einheit des physikalischen Weltbildes", S. 34—37.

mieren. Mechanische Bewegung aber wird wiederum
ebenso unter den Begriff der Energie subsumierbar
wie Wärme, Licht, Magnetismus, Elektrizität. Ja in
letzter Linie erhebt sich die Physik zu einigen wenigen
Fundamentalbegriffen, wie Raum, Zeit, Bewegung,
Masse, Kraft, Energie, die selbst nicht ein bloßes
Aggregat und Nebeneinander für die physikalische
Forschung bedeuten, die sie selbst einer systematischen
Einheit zuzuführen strebt, sei es nun, daß sie diese
Einheit darin sieht, daß Kraft und Stoff, wie Helmholtz sagt, „nicht isoliert zu denken"[1] sind und darum
beide als Einheit gefaßt werden, in der zugleich auch
Raum, Zeit und Bewegung zu systematischer Einheit
verbunden würden, sei es, daß mechanische, Wärme-,
Licht-, magnetische, elektrische Energie in einem energetischen Einheitsbegriffe verbunden werden, wobei —
um ein bei Philosophen leicht unterlaufendes Mißverständnis abzuwehren — weder die mechanische Theorie
zu einem dogmatisch metaphysischen Materialismus, wie
wohl das Beispiel eines Helmholtz am deutlichsten
zeigt, noch die Energielehre zu einer dogmatischen
energetischen Metaphysik zu werden braucht. Gewiß ist
der dogmatischen Gefahr erster Art die Wissenschaft
vor einem halben Jahrhundert, derjenigen der zweiten
Art auch die Gegenwart nicht immer entgangen. Aber
sie ist weder vor einem halben Jahrhundert, noch in
der Gegenwart mit solchen dogmatischen Auswüchsen
zusammengefallen, die eben bloße Auswüchse waren
oder sind. Halten wir uns zum Verständnis der wissenschaftlichen Einheitstendenz an die wirklich und streng
wissenschaftliche Physik, die ohne solche Auswüchse
dogmatischer Metaphysik auftritt, so wird die Tendenz

---

[1] A. a. O., S. 14 u. 53.

zur Vereinheitlichung und auch deren logische Durchführung mit einer Deutlichkeit offenbar, die die philosophische Position systematischer Einheit gar nicht
besser bestätigen kann, als sie es tut. Sie zeigt: Wie
die Akustik in die Mechanik, so sind Optik und Magnetismus in die Elektrodynamik übergeführt worden;
und die Überführung der Mechanik und Elektrodynamik
in eine allgemeine Dynamik ist über das Vorbereitungs-
stadium wohl schon längst hinausgerückt, gestaltet sich
bereits mehr und mehr aus und findet im Energieprinzip selbst ihr Einheitsprinzip.

Gerade weil nun die Physik und in gewisser Weise
auch die Chemie mit unvergleichlich fundamentaleren
Begriffen zu arbeiten vermag als die Biologie, wird
jetzt noch deutlicher, daß die naturwissenschaftliche
Subsumtion unter allgemeine Begriffe, die auch für
diese Wissenschaftsgebiete die induktive Forschung
tragen und regeln, kein bloßes Abstraktionsverfahren
ist, und daß jene Begriffe, selbst wenn wir sie uns
durch Abstraktion zum Bewußtsein bringen — aber
das Bewußtsein vom Begriff und der Begriff selbst
sind voneinander streng zu unterscheiden! —, keine
leeren Abstraktionen sind, daß vielmehr jene Begriffe
sich selbst als Gesetze oder als Komplexe von Gesetzen darstellen. Nur auf Grund dieser ist es möglich, in dem Sinne zu verallgemeinern, daß wir zu
einem Induktionsallgemeinen fortschreiten, also ohne
daß diese Verallgemeinerung eben eine bloß voreilige
Verallgemeinerung wäre, sondern so, daß die Verallgemeinerung nur das Mittel zu einer objektiv gültigen
Erkenntnis ist. Wir dürfen z. B. im Experiment von
der Feststellung der elektrischen Leitungsfähigkeit oder
reziprok des Widerstandes eines bestimmten Platin-

drahtes, das heißt von einem bestimmten und als
solchen zunächst einzelnen Tatbestandes aus auf die
spezifische Leitungsfähigkeit oder reziprok den spezifischen Widerstand des Platins überhaupt schließen,
eben weil wir im Begriffe des Platins überhaupt keine
bloße Abstraktion, sondern einen bestimmten natürlichen Gesetzeszusammenhang anerkennen. Ohne einen
solchen gesetzmäßigen Zusammenhang im Begriffe
blieben alle Experimente eben bloß einzelne Tatsachen,
die für die Wissenschaft absolut wertlos wären, und
wenn wir sie zu Tausenden und Millionen sammelten.
Die Wissenschaft richtet sich aus ihnen auf. Das ist
gewiß. Aber sie kann sich nur aus den Tatsachen
errichten, indem sie jene eben nicht vereinzelt und
ohne alle Beziehung auf einander als bloßes Aggregat
stehen läßt, sondern in einen systematischen Einheitszusammenhang bezieht. Es ist merkwürdig, daß Poincaré den naturwissenschaftlichen Gesetzesbegriff nicht
für die Bedeutung des Experimentes fruchtbar gemacht
hat, wo er doch vom Experiment in der Induktion
fordert, daß es „uns etwas anderes als eine isolierte
Tatsache erkennen läßt", und wo er sehr richtig betont: „man stellt die Wissenschaft aus Tatsachen her,
wie man ein Haus aus Steinen baut; aber eine An-
häufung von Tatsachen ist so wenig eine Wissenschaft,
wie ein Steinhaufen ein Haus ist".[1] Da er aber im
Begriffe als Gesetze nicht den Rechtsgrund, von dem
aus der Bauplan entworfen wird und die Einheit, die
den Bau als Bau zusammenhält, bezeichnet, gelangt
er weder zu einer Abgrenzung der im Experimente vollzogenen wissenschaftlichen Verallgemeinerung gegen
eine bloß voreilige Verallgemeinerung, noch kommt er

---

[1] A. a. O., S. 143 ff.

über die Auffassung der Wissenschaft als eine Art
des „Katalogisierens" hinaus. Da hatte vor mehr als
einem halben Jahrhundert Helmholtz, dem die Wissenschaft ebenfalls mehr war als ein bloßer Tatsachen-
haufen, dem aber ein bloßes „Katalogisieren" kaum
etwas mehr bedeutet haben würde als ein „Steinhaufen", schon unvergleichlich tiefer gesehen, als er
zunächst nur beispielshalber bemerkte: „das Gesetz
der Brechung oder Zurückwerfung des Lichtes, das von
Mariotte und Gay-Lussac für das Volum der Gasarten,
sind offenbar nichts als allgemeine Gattungsbegriffe,
durch welche sämtliche dahin gehörige Erscheinungen
umfaßt werden".[1] Hier wird nicht bloß der Begriff
als Gesetz, sondern umgekehrt auch das Gesetz als
Begriff gefaßt. Eine Auffassung, die über die Methodologie freilich schon hinaus und auf die Erkenntnistheorie hindeutet. Wenn wir nun hier noch nicht das
erkenntnistheoretische Recht dieser Gleichsetzung, wie
sie Helmholtz vollzogen hat und die über die methodologische Struktur hinausgreift, auch schon für diesen
Zusammenhang erörtern können, so ist diese doch
darum von besonderem Werte, weil sie aus dem Gesetzesbegriffe alle mystischen Vorstellungen von geheimnisvollen Mächten, Kräften, Wesen, Dingen ab-
wehrt. Das wird hier um so deutlicher, als es sich
wirklich und durchaus um empirische, selbst durch
Induktion gewonnene Gesetze handelt, welche als Komplexe von Induktionsallgemeinen eine Mannigfaltigkeit
von subsumtionsallgemeinen Bestimmungen, wie z. B.
für das zuerst genannte Gesetz: Raum, Zeit, Bewegung,
Elastizität, Winkel, Größe etc., für das zweite Sub-

---

[1] A. a. O., S. 4.

stanzialität, Volumen, Dichte, Druck etc. zur Voraussetzung haben.

Weil aber diese Bedingungen in der Physik von
so fundamentaler Bedeutung sind, daß diese eigentlich
die naturwissenschaftliche Fundamentaldisziplin darstellt, eben darum gestaltet sich hier die generalisierende Induktion um zur eigentlich exakten Induktion,
die die allgemeine Naturgesetzlichkeit durch jene allgemeinen Begriffe zahlenmäßig zu präzisieren vermag.
Diese fundamentalen Bestimmungen erlauben hier eine
selbst scharf bestimmte Anwendung im Kausalgesetze. Ohne hier von diesem selber eine eingehende erkenntnistheoretische Darstellung geben zu
wollen, muß an dieser Stelle doch in methodologischer Absicht soviel bemerkt werden, daß das
Kausalgesetz eben Gesetz und als solches Begriff ist,
der die allgemeine objektiv-notwendige Gesetzlichkeit
der Natur überhaupt bezeichnet, nicht aber ein ge-
heimnisvolles Ding oder Wesen, keine mystische Kraft,
keine mythische Macht. Es ist nichts anderes als der
Begriff der allgemeingesetzlichen Bedingtheit der Naturerscheinungen als solcher. Wenn wir also im Zusammenhange mit dem ursprünglichen Namensge-
brauch der Kausalität auch fernerhin ruhig von Ursache und Wirkung sprechen, nachdem Hume gerade
den Kausalbegriff einer so eingehenden Kritik unterzogen, daß er eben durch diese seine Kausalitätskritik
Kant aus seinem „dogmatischen Schlummer" erweckt
hat, und nachdem Kant diesem Gesetz nun die eigentlich wissenschaftskritische Fassung gegeben, so geschieht dies selbst in dem von Kant erreichten kritischen Sinne. Die Ursache bedeutet nicht jene von
Hume abgewehrte qualitis occulta, die Bacon als be-

sondere „geheimnisvolle Natur" in die Natur selber
wieder einführen wollte, also nicht eine „secret na-
ture"[1], nicht eine „secret power"[2], die in der Wirkung
sich offenbarte und zur Erscheinung gelangte. Sie
steht vielmehr zur Wirkung lediglich in dem funktio-
nellen Bedingungszusammenhange der allgemeinen
Naturgesetzlichkeit, eben da die Kausalität die allgemeine Naturgesetzlichkeit selbst bezeichnet.[3] Wenn
Helmholtz im Jahre 1881 in dem ersten Zusatze zu
seinem, schon mehrfach herangezogenen epoche-
machenden Werke bemerkt[4], er sei bei der ersten
Abfassung der Erörterung über das Kausalproblem
„durch Kants erkenntnistheoretische Ansichten stärker
beeinflußt gewesen, als er es jetzt noch als richtig
anerkennen möchte", und er habe es sich erst „später
klar gemacht, daß das Prinzip der Kausalität nichts
Anderes sei als die Voraussetzung der Gesetzlichkeit
aller Naturerscheinungen", so ist das eines jener interessanten, in der Geschichte der Wissenschaft nicht
selten wiederkehrenden Beispiele der Selbsttäuschung
origineller Denker und Forscher über ihre eigene
wissenschaftliche Entwicklung. Denn in Wahrheit ist
gerade diese Helmholtzsche Auffassung des Kausali-
tätsprinzips zugleich diejenige Kants. Und Helmholtz
hat die kritische, von Kant geprägte Fassung dieses
Prinzips unabhängig von Kant schärfer und deutlicher
erreicht als zu der Zeit, wo er sich gerade unter dem
Einflusse Kants wußte, während sowohl seine Auf-

---

[1] Enquiry concerning human understanding, S. 38.
[2] A. a. O., S. 37 und S. 42.
[3] Vgl. Kritik der reinen Vernunft, besonders S. 166 ff. (Reclam,
S. 180 ff.).
[4] Über die Erhaltung der Kraft, S. 53.

fassung des Kraftbegriffs wie diejenige der Einzelur-
sache zu Anfang, wie zuletzt nicht das kritische, sondern noch ein dogmatisch-metaphysisches Gepräge
zeigen.[1]

Weil aber in rein methodologischer Hinsicht das
Gesetz der allgemeinen Gesetzlichkeit der Naturerscheinungen gerade in der Physik seine präziseste Anwendung finden kann, so begründet es die Induktion gerade
hier auch als exakte Induktion. Es besagt ohne jede
methaphysische Aspiration, in rein immanentem physikalischen Sinne lediglich die allgemeingesetzliche
Bedingtheit der Naturerscheinungen und gestattet uns,
die Naturerscheinung geradezu zu definieren als das
Allgemeingesetzlich-Bedingte. Weil auf Grund der
durchgängigen gesetzlichen Bedingtheit aber jede Änderung in der Bedingung wiederum eine solche im Bedingten selbst bedingt und umgekehrt sich von dieser
als variabler Funktion auf jene zurückschließen läßt,
so liegt im allgemeinen Kausalgesetze zugleich das
Gesetz, das dahin formuliert zu werden pflegt, daß
die gleichen Ursachen auch immer die gleichen Wirkungen haben. Das ist also dem allgemeinen Kausalgesetze gegenüber kein neues Gesetz, es ist in jenem
selbst schon enthalten. Denn wenn alle Naturerscheinungen allgemeingesetzlich bedingt sind, so daß
sich überhaupt die eine als Bedingung der anderen
auffassen läßt, jede Änderung in der einen aber selbst
eine Naturerscheinung ist, so muß auch die Änderung
in der einen eine solche in der anderen zur Folge

---

[1] Helmholtz' Beziehung zu Kant ist bereits mehrfach behandelt worden. Leser, die sich dafür interessieren, seien besonders aufmerksam gemacht auf die Schrift von A. Riehl: „Hermann
von Helmholtz in seinem Verhältnis zu Kant."

haben. Ist also A die Bedingung von B, so wird eine
Änderung von A etwa zu A_α auch eine solche in B
etwa zu $B_{\alpha'}$, kurz alle Veränderungen in A etwa zu
A_α, β, γ, ... auch solche in B etwa zu $B_{\alpha'}$, β', γ', ...
bedingen, wobei das Bedingen ebenso wie der Begriff
der Ursache im Verhältnis zur Wirkung lediglich das
allgemeingesetzliche Abhängigkeitsverhältnis im Sinne
der wissenschaftlich bestimmbaren und darum als ma-
thematisches Größenverhältnis darstellbaren Funktion
bedeutet.[1] Darum hat Galilei bereits die Naturgesetze
als inhaltlich bestimmte, besondere Kausalgesetze erkannt, die zur logischen Voraussetzung das allgemeine
Kausalgesetz und die mathematische Gesetzmäßigkeit
haben und ihren besonderen Inhalt aus der Erfahrung
gewinnen, also zwischen jenen allgemeinen logischen
Voraussetzungen — deren überempirischer Charakter
bei Galilei schon recht deutlich wird, wenn er sie
in seinem eigentümlichen Platonismus auch noch nicht
rein logisch, sondern zum Teil metaphysisch faßt —
und den besonderen empirischen Tatsachen selbst vermitteln. Wie sie jenen allgemeinen Gesetzen gegenüber besondere Gesetze sind, so sind sie den besonderen Tatsachen gegenüber selbst schon wieder allgemeine Gesetze und stellen zwischen ihnen den Zusammenhang her, den die Wissenschaft zu ermitteln
hat. Darum hat für Galilei auch die physikalische
Ursache lediglich den durchaus exakten und von
seinen metaphysischen Voraussetzungen unabhängig zu
fassenden Sinn der Größe der Wirkungsfähigkeit. Aus
diesem Grunde ist in der Tat Galilei, nicht aber Bacon
mit seinen phantastischen und mystischen „Naturen",
zu denen er die Ursachen hypostasiert, der eigentliche

---

[1] Vgl. dazu auch Lotze, Logik, S. 390 ff.

4*

und echte Begründer der wahrhaft wissenschaftlichen
Induktion.

Weil aber im Experimente das allgemeingesetzliche „funktionelle Abhängigkeitsverhältnis", wie
Liebmann es nennt[1], sich so darstellen läßt,
daß wir durch wissenschaftliche Isolation auch
jedem Veränderungszusammenhange nachzugehen vermögen, nicht bloß von der Änderung in der Anordnung des Experimentes auch eine solche in seinem
Resultate voraussehen, sondern auch von dieser auf
jene zurückgehen können, weil das Gesetz der allgemeinen Naturgesetzlichkeit ja gerade als alle Naturerscheinungen beherrschend alle Veränderungen, als
welche sich die Naturvorgänge darstellen, bestimmt,
so ist das Experiment das eigentliche Instrument der
exakten Induktion. Wann und wo immer das gleiche
Experiment (man braucht erst nicht hinzuzufügen: in
gleicher Weise, denn sonst wäre es nicht das gleiche
Experiment) ausgeführt wird, dann muß es auf Grund
der allgemeinen Naturgesetzlichkeit ebenso auch immer
das gleiche Ergebnis zeitigen, wie auf Grund dieser
allgemeinen Naturgesetzlichkeit jede Veränderung in
der Anordnung des Experiments eine solche im Ergebnis bedingt. Das eindeutig bestimmte Experiment
ist also stets eine gleiche Frage an die Natur, auf die
die Natur dem Forscher stets die gleiche Antwort gibt.
Eben darum ist ein einziges richtig ausgeführtes Experiment mehr wert als alle bloßen Tatsachen-Anhäu-
fungen. Das Experiment allein vermag ein bestimmtes
Naturgesetz wirklich exakt zu ermitteln, die bloß generalisierende Induktion auf die Form der exakten
Induktion überzuführen. Von der Physik und Chemie

---

[1] Gedanken und Tatsachen I, S. 74.

rückblickend auf die Biologie ergibt sich für diese, daß
die Biologie ganz sicher und im höchsten Sinn natur-
gesetzliche Bestimmtheit nur da erreicht, wo sie die
generalisierende Induktion selbst auf die exakte überzuführen, sich also des Experimentes zu bedienen
vermag.

Während die generalisierende Induktion lediglich
auf dem generellen Gesetzeszusammenhange in und
durch ihren generellen Begriff als einem generellen
Kontinuum, dem continuum formarum, beruht, gründet
sich die exakte Induktion auf die universelle Gesetzlichkeit der Natur überhaupt, die auch für jene generelle Kontinuität bereits Voraussetzung ist. Denn diese
ist nur eine besondere komplexe Form des allgemeinen
Naturzusammenhanges überhaupt, deren Komplexion
wegen ihrer Unmöglichkeit restloser Analyse in der
Biologie die Anwendung des Experimentes selbst auf
ihre fundamentalsten Faktoren einschränkt. Weil aber
die physikalische Forschung mit ihrer exakten Induktion sich auf der universellen Gesetzlichkeit der Natur
unmittelbar gründet und der allgemeine Naturzusammenhang selbst eine universelle Kontinuität zum Unterschiede von der bloß generellen bezeichnet, so können
wir, an welchem Punkte der Wirklichkeit wir uns auch
befinden, mit deren Erkenntnis beginnen und von einer
Erscheinung zur anderen fortschreiten. So vermögen
wir auch in dem schon erwähnten Bilde von Poincaré,
daß „die verschiedenen Teile des Universums" sich
zueinander verhalten müßten „wie die Organe eines
und desselben Körpers", da sie sonst „nicht aufeinander wirken" und „sich gegenseitig nicht kennen"
könnten[1], einen guten Sinn zu erblicken, wenn es auch

---

[1] A. a. O., S. 147; vgl. oben S. 42.

immer ein Bild bleiben mag. Auch das ist ein Bild,
wenn man den allgemeinen Naturzusammenhang, zu
dem die Forderung der Begreiflichkeit und Erkennbarkeit der Natur führt, als eine allgemeine Verwandtschaft der Naturerscheinungen faßt. Und so illustrativ
solche Bilder sein mögen, so schwer läßt sich bei
ihrem Gebrauch der Schein einer mystischen Natur-
metaphysik vermeiden. Am ehesten erlaubt das noch
das Bild von der Verwandtschaft, insofern sie sich
als logisch-begriffliche Verwandtschaft fassen läßt.
Ohne Bild gesprochen bedeutet der durchgängige Zusammenhang der Natur nichts Anderes, als eine nicht
bloß generelle, sondern universelle logisch bestimm-
bare Kontinuität der Erscheinungen, auf Grund deren
wir im Besonderen und Einzelnen gesetzmäßig bestimmte und damit wissenschaftliche Naturerkenntnis
zu gewinnen vermögen. Es ist, worauf Kant schon hingewiesen hat[1], ein allgemeines, funktionales Einheits-
system von Beziehungen alles Besonderen, das wir
voraussetzen müssen, wollen wir die einzelnen Dinge
wissenschaftlich erkennen. Und zwar müssen wir
diesen systematischen Einheitszusammenhang univer-
sell und kontinuierlich voraussetzen, da wir sonst an
die Stelle der Naturwissenschaft eine bloß subjektive
Abfolge von Wahrnehmungen setzen würden, die wir
aber nicht einmal auf ein Wahrgenommenes und ebensowenig auf ein Wahrnehmendes und überhaupt auf
keine Naturerscheinung beziehen könnten. Gäbe es
keinen objektiven universellen, kontinuierlichen Zusammenhang der Natur, so würde ich nicht nur kein

---

[1] Kr. d. r. V., S. 428ff. (Reclam, S. 504ff.) Und auf diese
„systematische Einheit" ist eigentlich die ganze Kr. d. U., Kants
reifstes und tiefstes Werk, gestimmt.

Experiment ausführen können, wodurch ich mich ja selber schon in einen Naturzusammenhang eingeordnet wüßte, ich würde auch weder von mir noch von einem Experimente, noch von sonst etwas überhaupt reden können. An die Stelle alles dessen träten subjektive Wahrnehmungsbilder, von denen man eigentlich auch nicht einmal sagen könnte, daß sie subjektiv sind. Sie wären eben bloße Wahrnehmungsbilder, nicht eigentliche Wahrnehmungen. Ich könnte nicht einmal sagen, daß die Sonne, die ich jetzt untergehen sehe, dieselbe sei, die ich heute früh aufgehen sah, und dieselbe, die ich morgen früh werde wieder aufgehen sehen. Ich könnte nur sagen: ich hätte drei aufeinander folgende Wahrnehmungsinhalte, von denen der erste mit dem dritten annähernd inhaltsgleich, beide aber vom zweiten ziemlich inhaltsverschieden wären. Aber eigentlich dürfte ich nicht einmal sagen, daß ich sie hätte. Sie folgten einfach aufeinander, ohne daß ich, streng genommen, auch das nur sagen, und ohne daß ich auch nur von mir reden könnte. Schopenhauers illusionistischer Satz: „Die Welt ist meine Vorstellung", wäre bei allem phänomenalistischen Subjektivismus immer noch zu objektiv und zu wissenschaftlich, so unwissenschaftlich er auch, nun selbst objektiv bewertet, sein mag.

Da aber diese universelle Kontinuität sich nicht gleichsam bloß nach einer Richtung erstreckt, wie etwa das Gestern zum Heute, das Heute zum Morgen, also nicht bloß im Sinn der zeitlichen Folge zu verstehen ist, sondern die Einheit der sowohl zeitlich wie räumlich, also in vierdimensionaler Mannigfaltigkeit bestimmten Erscheinungen betrifft, so scheint sich hier eine Schwierigkeit aufzutun. Auf der einen Seite er-

gibt sich mit Notwendigkeit die Forderung einer universellen gesetzlichen Bestimmtheit der Naturerscheinungen. Ohne sie wäre die Naturwissenschaft ein
sinnloses und unmögliches Unternehmen. Und dieser
Zusammenhang stellt sich nicht nur einlinig, etwa in
der Zeit dar, sondern — und das unterscheidet das
Naturgeschehen von einer bloßen Zeitfolge — ist zugleich nach unendlich vielen Richtungen der auch drei-
dimensional-räumlich bestimmten Erscheinungen von
einer zur anderen erstreckt. Denn ohne eine solche
Erstreckung ließe sich weder eine Erscheinung als
solche bestimmen, noch könnte die Wissenschaft von
einer zur anderen weitergehen. Sie vermöchte nicht
einmal ihre einfachste Lagebeziehung zu einander darzustellen, da gerade, damit sie auch nur als gleichzeitig angesehen werden können, sie selbst schon in
einem einheitlichen Zusammenhange gedacht werden
müssen, weil wir sonst hier wiederum auf bloße, und
zwar diesmal paarweise inhaltsgleiche und paarweise
inhaltsverschiedene Wahrnehmungsinhalte geführt
würden. Die allgemeine Gesetzlichkeit präzisiert sich
hier zum Gesetze allgemeiner Wechselwirkung, die
als solche aber selbst Gesetz ist und bleibt. Der kun-
dige Leser wird bemerken, daß ich damit wiederum
einen Grundgedanken Kants[1] berührt habe. Unabhängig von dem Kantischen Wortlaut, aber dem Geiste
und Sinn der Kantischen Philosophie getreu, habe ich
das, worauf es ankommt, in einer Formulierung ausgesprochen, die den Inhalt des Kantischen Gedankens
deutlicher zu machen sucht, als es bei Kant selbst
geschehen ist, und die ich mir deshalb unverkürzt
hierher zu setzen erlaube: Ohne die Voraussetzung

---

[1] Kr. d. r. V., S. 180 ff. (Reclam, S. 196 ff.)

durchgängigen Wechselzusammenhanges „wäre es gar
nicht möglich, verschiedene Erscheinungen als gleichzeitig zu bezeichnen, da das Als-Zugleich-Sein-Wahr-
nehmen ja nichts anderes bedeutet, als daß die Wahrnehmung des Einen der Wahrnehmung des Anderen
folgen kann und umgekehrt. Stünde hier nicht über
der Wahrnehmung ein objektives Gesetz, so wären
wir ja wieder nur auf ein Abfolgen von Wahrnehmungen verwiesen, ohne daß wir sagen dürften, daß
die Wahrnehmung des Einen der des Anderen und
umgekehrt folge, und ohne daß wir überhaupt von
dem Einen oder dem Anderen, das wahrgenommen
wird, sprechen dürften. Wir hätten überhaupt nur
Wahrnehmungen, die entweder inhaltlich verschieden
oder inhaltsgleich wären. Wie wir sie ohne das
Kausalgesetz nicht in eine notwendige Verknüpfung
ihrer Abfolge bringen könnten, so könnten wir sie
ohne das Wechselwirkungsgesetz nicht in das Verhältnis einer solchen Umkehrbarkeit der Ordnung
bringen, von dem wir sagen könnten, daß ein wahrgenommenes A dasselbe A sei, ob es vor oder nach
dem wahrgenommenen B und dieses wahrgenommene
B dasselbe B sei, ob es vor oder nach dem wahrgenommenen A wahrgenommen werde. Wir hätten statt
dessen nur die Wahrnehmungen W_1, W_2, W_3, W_4, von
denen W_1 und W_3 einerseits, W_2 und W_4 andererseits
sich inhaltsgleich, jedes Paar aber vom anderen verschieden wäre, ohne daß wir eben jene inhaltsgleichen
auf ein identisches Wahrgenommenes beziehen
dürften."[1] So wird allein auf Grund eines allgemeinen
universellen kontinuierlichen Zusammenhangs die induktive Erkenntnis auf der einen Seite möglich. Auf der

---

[1] Immanuel Kant, S. 100.

anderen Seite scheint aber eben derselbe universelle
Kontinuitätszusammenhang, der nicht bloß als continuum formarum, sondern als continuum universale
die exakte Induktion ermöglichen soll, doch gerade die
für die exakte Induktion unerläßliche Zuordnung im
einzelnen wiederum unmöglich zu machen. Denn eine
absolute Isolation des Einzelnen aus der unendlichen
Mannigfaltigkeit seiner Abhängigkeitsbeziehungen ist,
gerade wegen dieser, unmöglich. Allein, wie wir unbe-
sorgt etwa von der Messung der Bewegung von einem
Punkte zum anderen auf der Erdoberfläche reden, wenn
auch die Erde selbst unterdessen einige hundert oder
auch einige tausend Kilometer auf ihrer Bahn weiter-
geeilt sein sollte, also trotz eines allgemeineren Be-
wegungsverhältnisses noch eine besondere Zuordnung
vollziehen, so bleibt eine solche besondere Zuordnung
im Experimente, die von vornherein nur durch die
universale Kontinuität der gesetzmäßigen Abhängigkeit
möglich war, jetzt auch trotz dieser möglich. Nicht
als ob der sogenannte „reine Fall", daß alle „Neben-
ursachen" direkt ausgeschaltet oder wenigstens kompensiert werden könnten, in Wirklichkeit darstellbar
wäre, sondern nur so, daß er sich als ein Regulativ
der Untersuchung darstellt, wonach jene als ausgeschaltet oder kompensiert gedacht werden können. Das
aber ist möglich, weil sich jedes Naturgeschehen
ebenso als eine bestimmte Resultante alles Naturge-
schehens vor ihm, wie als bestimmende Komponente
für alles weitere Naturgeschehen betrachten läßt. Es
ist ebenso Folge des Naturprozesses vor ihm und Bedingung des gesamten Naturprozesses nach ihm, wie
es sich, um mit Liebmann[1] zu reden, als „reale Kon-

---

[1] Analysis der Wirklichkeit, S. 568. Gedanken und Tatsachen I, S. 19 u. S. 153; II, S. 215 f. Vgl. unten den 4. Abschnitt.

klusion eines objektiven Schlusses, dessen Major das
Naturgesetz, dessen Minor der nächst vorangegangene
Zustand des Objekts ist", darstellt, auch wenn das
Naturgesetz als solches immer nur induktiv ermittelt
werden kann.

Also auch darin zeigt sich das, was wir das deduktive Moment der Induktion genannt haben und auf
das gerade die exakten Forscher mit Nachdruck hinweisen, ohne daß in dieser Vereinigung der logische
Unterschied zwischen Induktion und Deduktion selbst
verwischt wird oder ganz verloren geht. Wir haben
schon bemerkt, daß z. B. Tyndall in der Arbeit der
Forschung eine kontinuierliche Verbindung induktiver
und deduktiver Methode erblickt. Indes so, wie bei Tyndall diese Vereinigung hingestellt wird, scheint sie nicht
eigentlich kontinuierlich, scheint sie mehr ein bloßes
Parallelgehen, nicht aber die innere logische Struktur
zu bezeichnen. Exakter und präziser dagegen wird
diese von Helmholtz bestimmt, wenn er es, um uns
seiner eigenen Worte zu bedienen, als Aufgabe der
physikalischen Wissenschaft bezeichnet, „die Gesetze
zu suchen, durch welche die einzelnen Vorgänge in
der Natur auf allgemeine Regeln zurückgeleitet und
aus den letzteren wieder bestimmt werden können".[1]
Hier erhalten wir klar zwei Momente bezeichnet, in
ihrer logischen Eigenbedeutung scharf gegeneinander
abgegrenzt wie deutlich aufeinander bezogen. Das
erste Moment ist die Ermittlung allgemeiner Gesetze.
Aber diese Ermittlung war, wie wir gesehen haben,
selbst nur möglich durch eine allgemeine Subsumtions-
gesetzlichkeit. Vermittels und auf Grund dieser können
wir in der Induktion zu allgemeinen Gesetzen auf-

---

[1] A. a. O., S. 3.

steigen. Als zweites Moment wird sodann durch die
Subsumtion auch wieder das Hinabsteigen zu den einzelnen Vorgängen und deren Bestimmung aus den allgemeinen Gesetzen möglich. Insofern bringt die Subsumtion selbst ein deduktives Moment in die Induktion,
nicht als ob Induktion und Deduktion selbst inein-
ander aufgingen und ihren eigentümlichen Charakter
verlören, auch nicht als ob beide einander parallel
gingen, sondern so, daß ein deduktives Moment in
der Struktur der induktiven Methode selbst enthalten
ist und erhalten bleibt, das auch in der wissenschaftlichen Forderung, daß sich die allgemeinen Gesetze
an den besonderen Tatsachen zu bewähren und zu
bewahrheiten haben, zum Ausdruck gelangt. Denn sie
sind ja eben immer allgemeine Gesetze für besondere
Tatsachen, sie sind nichts außer und neben den Tatsachen, etwa eine Tatsächlichkeit zweiter Art, wie die
Tatsachen nichts außer und neben den Gesetzen, etwa
als Gesetzlichkeit zweiter Art, sind. Die allgemeinen
Gesetze stellen sich in den Tatsachen dar, sie bestimmen diese, wie diese durch jene bestimmt sind.
Während die Deduktion, weil sie sich lediglich in den
Bahnen des Schlusses bewegt, der Induktion gegenüber verhältnismäßig selbständig bleibt oder höchstens
insofern mit ihr zusammentrifft, als auch ihre Subsumtion eben die Subsumtion eines Besonderen unter
ein Allgemeines ist, um von den allgemeinen Regeln
aus zu deduzieren, hat dieses ausgesprochen deduktive
Moment in der Induktion von vornherein selbst seinen
logischen Platz. Daher denn auch die Induktion von
einem viel umfassenderen Gebrauche ist als die Deduktion, die eigentlich auf einen Teil der formal-
logischen und auf gewisse, keineswegs alle, mathe-

matischen Disziplinen beschränkt bleibt. Ich sagte
schon: streng deduktiv verfährt eigentlich nur Euklid,
und ich kann hinzufügen: er tut es nach dem Schema
von Voraussetzung, Behauptung und Beweis so aus-
giebig, daß selbst ein Spinoza noch meinen konnte,
in diesem more geometrico den mos geometricus überhaupt zu besitzen, trotzdem doch schon ein Descartes
gelebt hatte und die Frage nach den fundamenta geometrica selbst, die eine andere Methode erforderte,
auch Spinozas Zeit nicht gänzlich fremd zu sein
brauchte.

Daß Induktion wie Deduktion solche allgemeine
Bestimmungen selbst schon zur Voraussetzung hat,
das haben wir bereits gesehen, wenn uns auch die
Frage, welcher Art diese Voraussetzungen sind, noch
nicht beschäftigt hat und nicht zu beschäftigen
brauchte. Das bloße „Daß" dieser Voraussetzungen
ist bei der Deduktion nun gerade darum ohne weiteres
klar und bedarf keiner besonderen Darlegung, weil
sie eben ohne weiteres vom Allgemeinen zum Besonderen syllogistisch fortschreitet. Bei der Induktion
aber wurde es darum deutlich, weil sie, lediglich von
außen gesehen, gerade den umgekehrten Weg geht,
dieser aber formal nicht ohne weiteres statthaft ist
und einer Rechtfertigung bedurfte, die wir in der
inneren logischen Struktur gerade durch ihre tatsächlichen allgemeinen Voraussetzungen zu geben ver-
mochten.

Von hier aus erheben sich nun aber die Fragen,
wie wir solche allgemeine Voraussetzungen nun selbst
zu ermitteln vermögen, mit welchem Rechte wir sie
machen, und welcher Art und welche sie sind. Für
die Entscheidung der ersten Frage würde selbst noch

die Methodologie zuständig sein, die anderen dagegen
wären bereits erkenntnistheoretischer Art, und die
exakte Forschung führte selbst so zur Verbindung beider
philosophischer Disziplinen; und zwar an der Methode,
die man als analytische Methode bezeichnet hat und die
wenigstens hinsichtlich des Verhältnisses von Philosophie und exakter Forschung zugleich zwischen Methodologie und Erkenntnislehre das Bindeglied darstellt
und zugleich deduktive und induktive Methode selbst
in ihrer eigenen logischen Struktur vereinigt. Nun
gab es freilich eine philosophische Richtung, und heute
gibt es sie bereits wieder, die mit kühler Verachtung
auf alle herabsieht, „die in der Analyse stecken
bleiben" und sich nicht aufschwingen zur Höhe und
zum Heile der alleinseligmachenden dialektischen Methode. Es ist dieselbe Richtung, der alle exakte Wissenschaft kaum Handlangerwert besitzt, für die im Staate
der Wissenschaft die Naturwissenschaft nicht einmal
auf Kündigungsfrist angestellt, sondern auch ohne
Kündigung aus dem Dienstbotenverhältnis entlaßbar
ist. Da in Wahrheit also zwischen dieser philosophischen Richtung und der Naturwissenschaft überhaupt kein Verhältnis besteht, rechten wir hier nicht
mit ihr. Denn für unser Problem kommt es gerade
auf ein solches Verhältnis an. Mit Absicht und Bewußtsein bleiben wir also „in der Analyse stecken"
und schämen uns weder der philosophischen noch der
naturwissenschaftlichen Gesellschaft derer, die es
ebenso gehalten haben. Diese zuerst nämlich von
Platon an der Hand der Mathematik eindringlich entwickelte und philosophisch begründete, sodann von
Galilei, Descartes, Leibniz, Newton und Kant gerade
in der Beziehung von Philosophie und exakter Wissen-

schaft fortgebildete analytische Methode geht, zunächst
wieder von außen gesehen, von einem bestimmten
Falle aus und zielt auf allgemeine Sätze ab wie die
Induktion, um sodann, wie die Deduktion, aus den
allgemeinen Sätzen den bestimmten Fall verstehen zu
können. Dieser ist im induktiven wie im deduktiven
Teile, wie wir der Kürze wegen beide Methodenmomente der Analyse nennen können, derselbe; nur in
jenem Ausgangspunkt, in diesem Zielpunkt. Auch die
allgemeinen Sätze sind in beiden Momenten dieselben,
aber umgekehrt im induktiven Zielpunkt, im deduktiven Ausgangspunkt und für das ganze Verfahren
Höhe- und Durchgangspunkt. Die innere logische
Struktur der analytischen Methode aber, die erst dieser
äußeren Form den bestimmenden Inhalt gibt, ist dadurch charakterisiert, daß in ihr der bestimmte Fall
eine andere Rolle übernimmt als in der bloßen Induktion und so einen fundamentalen Unterschied
zwischen der Induktion und der analytischen Methode
auftut. In dieser ist er nicht Tatsache, sondern Problem,
nichts Gegebenes, sondern etwas Aufgegebenes, eine
Aufgabe. Die analytische Methode geht also von einer
Aufgabe, einem Problem aus und verwandelt auch sogar Tatsachen geradezu zum Problem. Ihr Sinn ist,
kurz gesprochen, im weiteren nun der, daß sie ein
Problem zunächst bloß im Sinne der Zergliederung
auflöst, das heißt es in seine Problemfaktoren zer-
legt, sodann es auf allgemeine Bedingungen der Lösbarkeit zurückleitet, in denen die einzelnen Problemdaten ihre Einheit finden, um aus jenen Bedingungen
die Lösung derart abzuleiten, daß durch sie die Problemdaten in Problemdanden, das heißt in notwendige
Lösungsmittel verwandelt werden. Die einfachsten und

einleuchtendsten Beispiele liefert wohl die elementare
geometrische Konstruktionsanalysis, die, um ein aller-
einfachstes Beispiel zu wählen, etwa die Aufgabe, ein
Dreieck aus a, b—c, β—γ zu konstruieren, derart löst,
daß sie in diese Problemdaten das Problem zerglie-
dert, im Außenwinkelsatze und dem Satze, daß die
Spitze eines gleichschenkeligen Dreiecks senkrecht über
der Mitte der Basis liegt, sogenannte einfache Sätze
aufdeckt, die die Bedingungen der Lösung derart darstellen, daß sie jene Problemdata in Danda, das ist
hier notwendige Konstruktionsstücke für die Lösung
umzuwandeln ermöglicht, so daß die Aufgabe lösbar,
das Dreieck konstruierbar wird. Die immer weiter-
gehende geometrische Analysis führt, wie bereits Descartes gesehen und in der Gegenwart z. B. Hilbert
durchgeführt hat, durch die logische Analyse der Raum-
anschauung auf die Grundlagen der geometrischen Erkenntnis überhaupt[1], so daß zwar die Euklidische Geometrie deduktiv verfährt, aber nicht schlechtweg die
Geometrie, die vielmehr auch das, was für Euklid bereits Voraussetzung ist, ermitteln und auf seine Tragweite hin untersuchen kann. Auf analytischem Wege
begründet auch Galilei, um noch kurz auf ein anderes
Beispiel aus dem Gebiete der exakten Wissenschaft
hinzuweisen, die Fallgesetze, was ebenso gründlich
wie einleuchtend Riehl[2] und Hönigswald[3] ausführlich
behandelt haben. Galilei ging, um das wenigstens hier
ganz kurz zu bemerken, aus von der Fallerscheinung,
machte sie zum Problem und fragte nach den Be-

---

[1] Vgl. unten den 3. Abschnitt.
[2] Über den Begriff der Wissenschaft bei Galilei (Vierteljahrs-
schrift f. wissensch. Philos., 1891).
[3] Beiträge zur Erkenntnistheorie und Methodenlehre.

dingungen, unter denen sie überhaupt möglich wäre. Er betrachtete den Fall nicht als bloße Tatsache, sondern als physikalische Aufgabe, deren Lösungsmöglichkeit oder Bedingungen ihrer Lösbarkeit zu entdecken wären. Er fand sie, nach der Zerlegung des Problems in die Faktoren der Erdbeschleunigung, des Fallraumes, der Fallzeit, letzten Endes in dem Verhältnis der Fallräume zu den Quadraten der Fallzeiten. Hiermit hatte er die allgemeine Regel gewonnen, aus der der tatsächliche Fallvorgang erklärbar war, und die ihrerseits jederzeit selbst im Experimente darstellbar sein mußte, wie sie in der allgemeinen Raum- und Zeitgesetzlichkeit und den einfachsten mechanischen Grundgesetzen (von den drei sogenannten Newtonischen Grundgesetzen hat die beiden ersten bereits Galilei ausgesprochen) selbst ihre Fundamentierung erhielt.

V. Zum Grundlegungsproblem.

Um aber in der Erkenntnis vom Problem zu den Bedingungen seiner Lösbarkeit fortschreiten zu können, bedarf die Analysis selbst der Voraussetzung eines stetigen Zusammenhanges der als einzelnen zwar in sich bestimmten aber doch durchgängig aufeinander beziehbaren Erkenntnisinhalte. Ohne diesen Zusammenhang wäre überhaupt kein Erkennen möglich. Denn alles Erkennen ist Beziehung, Verknüpfung von Erkenntnisinhalten im Fortgange der Erkenntnis. „Relatio est fundamentum veritatis", hat schon Leibniz gesagt.[1] Damit wir aber in der Erkenntnis von einem Inhalte zum anderen übergehen und fortschreiten

---

[1] Dialogus de connexione inter res et verba et veritatis realitate (ed. Erdmann), S. 76 f.

können, müssen sie, obwohl alle in sich bestimmt, doch zugleich in durchgängigem Zusammenhange, das ist im Verhältnis der Beziehbarkeit aufeinander stehen. Dieses Prinzip des durchgängigen Zusammenhanges ist zugleich das Prinzip des stetigen und unbegrenzten Fortganges in der Erkenntnis und ·deren allgemeinste Grundlage, die wir als logisches Kontinuum ganz allgemein genommen ansprechen können, weil es die Möglichkeit des unbegrenzten Fortganges und Überganges des Denkens von einem Inhalt zum anderen bezeichnet. Dieses macht es auch erst möglich, daß, weil überhaupt etwas im Denken gesetzt und behauptet wird, ebendarum auch etwas anderes gesetzt und behauptet werden kann, sei es, daß wir von einer bestimmten Tatsache zu deren Bedingungen, sei es, daß wir umgekehrt von diesen zu jener im Denken fortschreiten, sei es, daß wir überhaupt einen Inhalt des fortschreitenden Denkens auf einen anderen und diesen entweder auf jenen oder wieder einen anderen usf. beziehen, so daß der unendliche Denkfortschritt selbst in der Wissenschaft überhaupt möglich wird. Die analytische Methode bringt es am unmittelbarsten zur Anwendung, insofern, wie ebenfalls schon Leibniz, in dessen Lehre dem Kontinuitätsprinzip gerade von der Mathematik her eine besondere Bedeutung erwächst, erkannt hat[1], die Analysis selbst nur objektiv werden kann auf Grund einer objektiven Synthesis im Sinne dieser logischen Kontinuität, der gemäß die in sich

---

[1] Am deutlichsten scheint mir das außer in der schon erwähnten Abhandlung noch in einigen kleinen Aufsätzen über die Kontinuität und die Methode der universalen Synthesis und Analysis bei Leibniz zum Ausdruck zu kommen. Vgl. dazu besonders Ernst Cassirer, „Das Erkenntnisproblem in der Philos. u. Wissensch. d. neueren Zeit", II, S. 69ff., u. „Leibniz' System", S. 175ff.

zwar bestimmten Denkinhalte, trotz ihrer Bestimmtheit
und Unterschiedenheit nicht zusammenhangslos und
beziehungslos aufeinander sind und auseinanderklaffen,
sondern in ihrer gradweise sich steigernden oder
mindernden Unterschiedenheit sich auch eine umgekehrt gradweise steigernde oder mindernde Verwandtschaft und Abhängigkeit anzeigt. Und wenn wir hier
auch nicht alle Prinzipien, die die Analysis zu ermitteln
vermag, darzustellen haben, weil wir kein erkenntnistheoretisches System geben, so bedarf dieses Prinzip
doch zum mindesten der Erwähnung, weil es das Prinzip und Gesetz der Analyse selber ist, und weil es
auch schon in dem Problem von Philosophie und Naturwissenschaft als solchem liegt und auch diesen Zusammenhang ohne weiteres beleuchten und verstehen hilft.

Geschichtlich ist es in erster Linie das mathematische Gebiet gewesen, auf dem das Prinzip zunächst nur implizite in der Begründung der analytischen Geometrie durch Descartes, sodann explizite vor allem in derjenigen der Analysis des
Unendlichen durch Leibniz — ohne Newtons Verdienste um die Infinitesimalrechnung schmälern zu
wollen, nenne ich hier doch gerade Leibniz, weil bei
ihm die rein logische Tendenz, auf die es für diesen
Zusammenhang in erster Linie ankommt, deutlicher
ist als bei Newton[1] — seine größte Fruchtbarkeit

---

[1] Am schärfsten tritt das wohl in der verschiedenen Auffassung vom Raume zutage, den Leibniz viel strenger mathematisch
im Sinne mathematischer Ordnung und Gesetzlichkeit faßt,
während in Newtons „absolutem Raume" noch durchaus metaphysisch-dogmatische Voraussetzungen stecken. Und weil doch
auch Leibniz' Symbolik heute in der mathematischen Wissenschaft
allgemein angenommen und verbreitet ist, so darf ich ihn wohl

entfaltet hat. Jene zeigte zunächst die Möglichkeit, anschauliche Gebilde auf begriffliche, und zwar algebraische und arithmetische Relationen überzuführen und umgekehrt diese in jenen anschaulich darzustellen. Diese vermochte die Anschauung selbst aus dem Begriff eben selbst zu begreifen, so daß sich das mathematische Kontinuum selbst als kontinuierlicher Übergang vom logischen zum universellen darstellt. Aus dem logischen Kontinuum erzeugen sich alle übrigen. Von hier aus erschließt sich aber eine für das Verhältnis von Philosophie und Naturwissenschaft ungemein weittragende Aussicht, mit der wir zugleich dieses Kapitel über jenes Verhältnis, das eben bloß ein Kapitel sein will, abschließen können. Weil die Analysis vom Problem zu den Bedingungen seiner Lösbarkeit fortschreitet, dieser Fortschritt aber nur durch einen synthetisch-kontinuierlichen Zusammenhang getragen werden kann, der das Gesetz und Prinzip der Analysis ist, darum nicht selbst wieder Analyse und analytisch sein kann, so ergibt sich auf der einen Seite sowohl der notwendige logische Zusammenhang jeder einzelnen Wissenschaft, auf Grund dessen wir vom Systeme dieser einzelnen Wissenschaft derart sprechen, daß jede ihrer Positionen mit allen übrigen muß zusammenbestehen können, wie der Zusammenhang aller Wissenschaften untereinander zum Systeme der Wissenschaft überhaupt, derart, daß jede Position in der einen Wissenschaft nicht bloß mit allen Positionen in dieser, sondern auch mit jeder Position jeder übrigen muß zusammenbestehen können, und daß nicht etwa ein für die eine gültiger Inhalt (es ist das Gesetz der

---

auch für diesen Zusammenhang in erster Linie heranziehen, ohne den Schein philosophischer Voreingenommenheit zu erwecken.

Inhaltssetzung schlechthin, nicht also bloß formal wie
das Widerspruchsgesetz), für die andere ungültig sein
dürfte und umgekehrt, so daß z. B. die Biologie nicht
etwa ein Schöpfungswunder zulassen dürfte, obwohl
es die Physik nicht zuläßt. Mit dem formalen Widerspruchsgesetze wird man den wundergläubigen Biologen in der Tat nie widerlegen, wohl aber mit der
Physik! Ist nun das Problem, für das die Bedingungen
der Lösbarkeit von der analytischen Methode ermittelt
werden sollen, nicht etwa dieser oder jener Einzelbe-
stand einer einzelnen Wissenschaft, sondern der Bestand dieser Einzelwissenschaft selbst, so werden wir
ebenso zu deren Grundlagen geführt, wie wir, wenn
wir den Bestand der Wissenschaft überhaupt zum Problem machen, zu den Grundlagen der Wissenschaft
überhaupt geführt werden, die die Wissenschafts- oder
Erkenntnistheorie aufzusuchen hat. Das ist das Eine,
was hier festzustellen war, ohne nun im einzelnen die
Untersuchung auf diese Grundlagen zu richten, von
denen hier zuletzt die Kontinuität in ihrer allgemeinen
Form ja ebenso nur allgemein charakterisiert war, wie
früher auch die Charakteristik ihrer besonderen Formen
als solcher doch auch nur allgemein gehalten sein
konnte, und wie das auch bei den bereits sonst zur
Erörterung gelangten Grundlagen der Kausalität und
Wechselwirkung der Fall war. Auf der anderen Seite,
und das ist das zweite, auf das hier noch hingewiesen
werden soll, macht gerade die logische Kontinuität
als verschiedene logisch notwendige Etappen der
wissenschaftlichen Analyse verständlich, was dem
Laien als ein bloßer Meinungswechsel innerhalb einer
Wissenschaft erscheinen mag, weil er den wissenschaftlichen Standpunkt nicht als logisch notwendige

Stufe im Fortgange des wissenschaftlichen Denkens begreift, sondern als bloß subjektive Ansicht der Forscher auffaßt.

Ein Hinweis darauf scheint mir für die Gegenwart bereits vorzuliegen, und zwar sowohl von seiten der exakten Forschung wie von seiten der Philosophie; von seiten der exakten Forschung bei Poincaré[1], von seiten der Philosophie bei Becher.[2] Beide illustrieren die Bedeutung des Wechsels physikalischer Theorien ganz übereinstimmend und, sogar an demselben Beispiele: an der Theorie des Lichtes. Die Ersetzung der Undulationstheorie durch die elektromagnetische Lichttheorie bedeutet nach ihnen in richtiger Übereinstimmung nur einen Wechsel in der bildlich bestimmten Anschauung, nicht in den begrifflich-mathematischen Relationen, die als solche ihren Wert und ihre Geltung behaupten. Diese aber sind die eigentlichen Bestimmungen der logisch-wissenschaftlichen Analyse. Und deren Aufgabe bleibt es, die komplexen Gebilde der Anschauung auf einfache begriffliche Beziehungen zurückzuleiten. Wir können das aber vom einzelnen naturwissenschaftlichen Theorem auf die gesamte Naturanschauung erweitern. Wenn die mechanische Naturanschauung z. B. durch eine energetische oder eine allgemeine dynamische ersetzt wird, so liegt

---

[1] A. a. O., S. 161f. Übrigens sind auch die oben (S. 9ff.) herangezogenen Ausführungen Plancks in demselben Sinne zu verwerten, wenn sie auch mehr implizite in dem, worauf es jetzt ankommt, gehalten sind. Dafür ist aber die von Planck durchgeführte Emanzipation vom Anthropomorphismus philosophisch viel fruchtbarer, als Poincarés durch seine mathematische Bequemlichkeitstheorie selbst noch stark anthropomorphistisch gefärbten Anschauungen sonst (vgl. unten den 3. Abschnitt).

[2] Philosophische Voraussetzungen der exakten Naturwissenschaften, S. 169ff.

auch hier eine begriffliche Reduktion vor, in der ein
bestimmter Standpunkt nichts anderes als eine Etappe
oder einen logischen Durchgangspunkt der logischen
Analyse bedeutet. Das scheint mir den eminenten philosophischen Wert der Relativitätstheorie gerade in
der Fassung Plancks zu bezeichnen. Die anschaulichen Momente der einzelnen wissenschaftlichen
Theorien und Standpunkte wandeln sich, ihre begrifflichen Bestimmungen bleiben als logische Momente
der Methode. Was Kuno Fischer hinsichtlich der Philosophien einmal auf Schillers:

„Welche bleibt wohl von allen den Philosophien? —
    Ich weiß nicht,
Doch die Philosophie, hoff ich, soll ewig bestehn".

geantwortet hat, läßt sich auch auf die naturwissenschaftlichen Theorien anwenden. Weil die Philosophie nichts ist ohne die Philosophien, so müssen,
soll jene „ewig bestehen" können, auch diese
„bleiben". Nur bleibt keine von ihnen ganz, sondern jede, wenn sie bleiben soll, ist die logische Vor-
etappe der, nicht historisch, sondern logisch, nächsten.
Ebenso ist die Naturwissenschaft nichts ohne die
einzelnen Theoreme und Theorien. Ohne sie wäre
sie ebenso eine bloße Abstraktion, wie die Philosophie
ohne die Philosophien. Darum muß auch von jenen
wie von diesen jede bleiben, sofern sie wirklich eine
logische Methodenetappe bezeichnet, soll Naturwissenschaft wie Philosophie bestehen. Das ist freilich nur
möglich, wenn die einen wie die anderen logische
Momente oder Etappen naturwissenschaftlicher und philosophischer Erkenntnis sind. Nur bleibt auch von
den naturwissenschaftlichen Theorien keine ganz. Was
nicht bleibt, das sind die anschaulichen Momente, was

bleibt, das sind die begrifflichen Beziehungen. Es wirkt um so befremdlicher, als Kuno Fischer die Auf- lösung der Schillerschen Aporie gerade von Hegelschen Gesichtspunkten her gewonnen hat, daß heute gewisse wieder erweckte hyperspekulative Tendenzen in der Philosophie nicht zwar mit dem Befremden des Laien, sondern mit souveräner Verachtung über den Wechsel der physikalischen Theorien absprechen, wo sie doch jede als logisch notwendige Etappe begrifflicher Ent- wicklung selbst begreifen könnten. Anstatt etwa die mechanische Naturauffassung einfach als mecha- nistische Metaphysik abzutun, ließe sie sich als me- thodische Etappe der Forschung durchaus verstehen und würdigen. Der Naturforschung der Gegenwart, auch soweit sie Mechanik ist, wird man mit einem souveränen Absprechen jedenfalls nicht gerecht. Meta- physizierende Materialisten gibt es unter den modernen Naturforschern von Rang keinen. Das charakterisiert gerade die logische Besonnenheit unserer Natur- forschung, daß ihr die Naturerscheinung nichts anderes als das Bedingte im Naturprozeß ist, und daß ihr die mechanische Betrachtungsweise der Erscheinungen nichts anderes ist als eine bestimmte Form der Me- thode der Erkenntnis allgemeiner funktionaler Be- dingungsbeziehungen.

Der Wechsel in der Anschauung wird so selbst als logisch notwendig begriffen auf Grund logischer Fundamente der Wissenchaft. Er verliert den Schein eines bloßen Meinungswechsels, den er für den Laien haben mag, und stellt sich als eine Notwendigkeit begrifflicher Entwicklung selber dar. Begriffe aber sind die eigentlichen Bedingungen für jene schon be- sprochene Begreiflichkeit der Natur, die für alle Natur-

forschung Voraussetzung ist. Welches nun auch immer
die fundamentalen begrifflichen Grundlagen im einzelnen sein mögen, soviel ergibt sich doch jetzt schon
mit Sicherheit: Keine Begreiflichkeit der Natur ohne
Begrifflichkeit. Eben darum konnte Helmholtz mit
Recht die Naturgesetze als Begriffe ansprechen. Jetzt
lernen wir dieses Recht selbst begreifen. Es liegt in
letzter Linie darin, daß sich für die Wissenschaftskritik die Natur selbst als „Inbegriff" darstellt und
zwar, wie Kant[1] ihn bezeichnet hat, als „Inbegriff aller
Gegenstände der Erfahrung". Den begrifflichen Grundlagen der Erfahrung, als deren Form, hat Kant die
empirischen Inhalte, als deren Material, gegenübergestellt, das als solches immer nur empirisch gegeben
werden kann. Aber damit es zu Erfahrungsurteilen
in der empirischen Wissenschaft verwendet werden
kann, sind bereits logische Grundlagen der Erfahrung
vorausgesetzt, die als solche nicht empirisch sein
können. Im einfachsten physikalischen Gesetze, wie
z. B. im archimedischen Prinzip liegen, obwohl alle
seine inhaltlichen Bestimmungen, wie Körper, Flüssig-
keitsmenge, Gewicht, Druck etc. lediglich empirisch
sind und darum das Gesetz selbst nur empirisch ermittelt werden kann, die Momente der Substanzialität,
Kausalität, Quantität etc. bereits vorausgesetzt. Weil
aber die vom Subjekte unabhängige Gegebenheit des
empirischen Materials selbst eine logisch notwendige Voraussetzung ist, durch die allein die Objektivität der naturwissenschaftlichen Erkenntnis garan-
tiert werden kann, so ist Kant selbst bereits dazu
geführt worden, die begriffliche Einheit von Form und

---

[1] Vgl. zum folgenden das 3. und 5. Kapitel meiner Schrift
„Immanuel Kant".

Material der Erkenntnis zu fordern. Dadurch allein
wird das, was er in dem Zusammenstimmen des empirischen Materials zu den Gesetzen der Erkenntnis
zunächst als „glücklichen Zufall" bezeichnet hatte, auf
die logisch-wissenschaftliche Notwendigkeit übergeführt, also der anfänglichen Zufälligkeit entrückt und
in der Einheit der Wissenschaft und Erkenntnis aufgehoben. Im wissenschaftlichen Naturbegriffe führt
also die Erkenntnislehre von vornherein hinaus über
alle mythisch-mystische Naturauffassung, der die Natur, wie etwa der dogmatischen Spekulation im Zeit-
alter der Renaissance bei G. Bruno, Campanella u. a. m.
als jenes Allwesen im Sinne der ihrem Namen entsprechenden Allgebärerin gilt, worin man sich nur liebe-
voll zu versenken brauche, um sie in der eigenen
inneren Anschauung zu verstehen. Ebenso aber führt
gerade der von Kant entdeckte wissenschaftskritische
Naturbegriff über den bei Kant selbst noch verbliebenen
Phänomenalismus hinaus, für den immer noch ein be-
griffsfremdes „An-Sich" verblieben war, von dem Kant
ja eigentlich selbst, damit auch sich selber korrigie-
rend und seine dogmatischen Residua überwindend,
aufs zwingendste nachgewiesen hatte, daß es zu der
sinnlosen Annahme führen müßte, als ob es in den
Begriff gleichsam durch mystische „Eingebung" auf
irgendeine Weise „hinüberwandern" müßte, um zur
„Erscheinung" gelangen zu können. Je kritischer die
Erkenntnislehre gefaßt ist, um so weniger wird sie
zum Phänomenalismus führen. Freilich von anderen
erkenntnistheoretischen Voraussetzungen aus, hat
übrigens jüngst Külpe[1] ebenfalls den Phänomenalis-

---

[1] Erkenntnistheorie und Naturwissenschaft. Vortrag gehalten
am 19. September 1910 auf der Versammlung deutscher Natur-

mus aus dem Verhältnis von Erkenntnistheorie und Naturwissenschaft zu verweisen gesucht, auf wie anderem Wege auch immer das bei ihm geschehen ist als hier. So wenig ich mir manche prinzipielle Differenz verhehle, ebensosehr bin ich mir der nicht minder prinzipiellen Übereinstimmung bewußt, die in der Abweisung aller phänomenalistischen Verflüchtigung der Wirklichkeit liegt. In Wahrheit wird auch durch die kritische Erkenntnislehre, wenn sie die Natur im Begriff wissenschaftlich gewährleistet sieht, die Wirklichkeit nicht zur subjektiven Vorstellung nach Schopenhauers Vorgang verflacht, sondern zur objektiv logischen Bestimmung vertieft.

---

forscher und Ärzte in Königsberg von Oswald Külpe. Vgl. besonders S. 36 ff.

Zum Problem der allgemeinen Erfahrung.

I. Die Aufgabe.

Das Altertum hatte unter dem Zeichen kühnster Spekulation gestanden, das Mittelalter vorwiegend dem Zwecke formaler Schulung gedient, als einen besonderen Ruhmestitel der Neuzeit preist man es, daß sie die lebendige Erfahrung in ihr Recht gesetzt, zu Ansehen und Geltung gebracht hätte. Der praktische Sinn der Engländer war es, der in Bacon den einzigen Sinn der Wissenschaft in der Erfahrung gesucht hatte, und diese nimmt sowohl unter den Motiven, wie unter den Zielen des modernen Denkens eine ganz hervorragende Stellung ein. Zwar dazu fehlte viel, daß Bacon sie in ihr Recht gesetzt hätte, aber zu Ansehen und Geltung hat er ihr verholfen, und in der Wissenschaft nach ihm hat sie sofort ihre große Mission angetreten. Eine unmittelbarere, eindringlichere und augenfälligere Darlegung ihres Wertes, als sie die Entwicklung des naturwissenschaftlichen Denkens gegeben hat, braucht nicht mehr verlangt zu werden. Hat dieses doch, wie Kant, der eigentliche Rechtsbegründer der Erfahrung, betont, seine Erfolge und Errungenschaften keiner anderen Bestimmung in höherem Maße zu verdanken als der allgemeinen Tendenz und Richtung auf die Erfahrung.

Und doch, wie wenig ist man sich im allgemeinen klar darüber, was der Name der mit Recht so viel

gepriesenen Erfahrung und ebenfalls mit Recht so ver-
langten Erfahrung bedeutet, was der Begriff der
Erfahrung selbst wissenschaftlich auszudrücken hat
und auszudrücken vermag. Man spricht von dem
Boden oder dem Felde der Erfahrung. Und wie alle
Bilder, so hat besonders dieses, selbst ein Kind des
Mißverständnisses, die Tendenz mißverstanden zu
werden und schiefe Auffassungen zu erzeugen. Nichts
ist bezeichnender dafür, als jener Gegensatz, in den
man die Theorie und die Erfahrung immer mehr gebracht hat und noch zu bringen pflegt. Von der Theorie
sagt man, ohne sich genauer darauf zu besinnen, inwieweit das auch gerechterweise von ihr gilt, sie habe das
Wissen allein aus dem subjektiven Denken erzeugen
wollen, während doch die wirklichen, realen und tatsächlichen Gegenstände des Wissens allein auf dem
fruchtbaren Boden der Erfahrung zu finden sind. Da
denkt man sich dann diesen fruchtbaren Boden der
Erfahrung mit ungezählten Bäumen der Erkenntnis be-
standen, auf denen die Früchte des Wissens wachsen
und reifen oder eigentlich schon immer gewachsen und
gereift sind. Das Denken soll dann nicht mehr die Rolle
und Aufgabe haben, diese Früchte des Wissens her-
vorzubringen, sondern es vertritt allein die Stelle des
Sammlers und Ordners. Es läßt sich entweder jene
Früchte geradezu in den Schoß fallen oder pflückt
sie höchstens, dann stellt es sie hübsch nach Verwandtschaft und Ähnlichkeit geordnet in bestimmte
Fächer, wie etwa der Gelehrte oder der Bibliothekar
seine Bücher oder wie der Kaufmann seine Waren.
 So denkt sich mancher naive und freilich auch
mancher wissenschaftliche Verstand sein Erfahrungswissen. Aber, wenn er sich überhaupt nur etwas dabei

denken könnte! Ja, wenn er sich nur denken könnte,
was für Voraussetzungen jenes sich-in-den-Schoß-
fallen-lassen, oder auch das Pflücken, oder auch das
Ordnen seiner Erfahrungsgewächse schon in sich
schließt. Vielleicht erschiene ihm die Rolle des
Denkens seinen Gegenständen gegenüber dann schon
erheblich weniger subjektiv, passiv und müßig, und
das Sammeln, Sichten und Ordnen möchte am Ende
doch schon das Aussehen einer schöpferischen Aktion
erhalten, worauf, wie es scheint, sogar schon die
Sprache mit ihrem Ausdruck, daß wir „Erfahrung
machen", hindeuten will.

Aber viel weiter gelangt die primitive Auffassung
vom Wesen der Erfahrung nicht, als zu der Vorstellung, daß eine von uns absolut unabhängige Wirklichkeit uns gegenüberstünde, die, wie man sich wohl
gelegentlich ausgedrückt hat, in unserem Bewußtsein
durch Sinnenreize Abdrücke hinterließe, wie unser
Finger oder ein Schlüsselloch im Wachs; Eindrücke,
die wir dann im Gedächtnis aufbewahrten, bis sie
endlich von neuen „verwischt" oder „überlagert"
würden. So machten wir ständig Erfahrungen und
immer wieder neue, die schließlich von den alten eine
ganze Menge verdrängten. Nur wenige könnten sich
behaupten; die vielleicht, die sich besonders tief ein-
gedrückt hätten. Worauf es für diese ursprüngliche
Ansicht ankommt, das ist die absolute Realität, die
von uns unabhängige Existenz der Außenwelt und die
adäquate Wiederholung und Verdoppelung im und
durch das Bewußtsein.

Ich sagte: diese ursprüngliche Auffassungsweise
gelange über dieses Existenzverdoppelungsprinzip nicht
sehr weit hinaus. Allein es hieße ihr Unrecht tun,

wenn man nun meinte, daß sie dabei gänzlich stehen bliebe. Vielmehr ist damit zwar das Grundprinzip, aber im Verhältnis zum Ganzen der Erfahrung, wie sie diese faßte, doch nur eine Seite von ihr charakterisiert, gleichsam das, was jener Ansicht als Voraussetzung der Erfahrung gilt.

Wenn das Kind „die Erfahrung macht", daß es sein eigenes Bild im spiegelnden Wasser sehen kann, so mag es über das eigentümliche Phänomen überrascht sein. Wenn es dann weiter sich und andere Dinge auf der Wasserfläche hat widerspiegeln sehen und nun „erfährt", daß es erst noch eine Frage sei, ob der am Himmel sichtbare Regenbogen sich im Wasser spiegele, so ist es vielleicht noch mehr überrascht. Und wenn es auch keine Ahnung von den Bedingungen der Reflexion, der Regenbogenwinkelstrahlung und des Parallelismus hat, so ist doch für das Kind eines eine Erfahrung wie das andere, so gut, wie für den Physiker, der diese Gesetze kennt, freilich eine Erfahrung anderer Art.

Was jedoch das Gemeinsame, abgesehen von der Möglichkeit der logischen Erklärung des Phänomens, ist, das ist eine ganz bestimmte Reihenfolge von unmittelbaren Wahrnehmungen, zu der eine ebensolche Reihenfolge von Realitäten in Korresponsion steht und endlich die mittelbare Reproduzibilität derselben Reihenfolge im Bewußtsein. Auf das letzte Moment legt die naive Ansicht das Hauptgewicht, unbewußter aber leicht erklärlicherweise, insofern sie ja hauptsächlich auf die praktische Verwertung der gemachten Erfahrung achtet, und so unterscheidet sie zwar nicht explizite, aber doch implizite ganz deutlich den Gegenstand der Erfahrung als an sich und überhaupt erste

Reihe, das Erfahrungmachen als an sich zweite, aber
subjektiv primäre Reihe und das Erfahrungbesitzen
als Potenz zur Reproduktion der zweiten als an sich
dritte, aber subjektiv sekundäre Reihe.

Wenn wir von Reihenfolgen sprechen, so ist das
jedoch noch nicht genau genug. Wir haben die Reihe
von der eigentlichen Reihenfolge oder richtiger: Abfolge der Reihe noch zu unterscheiden. Denn mit
der bloßen Unterscheidung der Reihen ist noch nichts
über die Abfolge des Mannigfaltigen, des zur Einheit
und Totalität der Reihe zusammengeschlossenen
Reihenmaterials bestimmt. Die Reihe als solche ist
nur die Form einheitlicher Zusammenschließung eines
mannigfaltigen M als Summe Σ von m . . . . . n
. . . . . o . . . . . p . . . . . etc. durch eine einheitge-
bende Funktion f, die eine über der bloßen Summa-
tion Σ stehende und auf das Einzel-Mannigfaltige
übergreifende Bestimmung darstellt. Ob nun, wenngleich in der ersten Reihe die Elemente in der Abfolge m, n, o, p etc. aufeinander zu stehen kommen,
das auch in der zweiten und dritten der Fall ist,
oder ob hier eine Variation stattfindet, das bleibt zunächst noch unausgemacht. Es ist bekannt, daß die
Materialanordnung der ersten Reihe in der zweiten
sich geradezu in der Zeit, in der wir anschauen (wonach die Reihe und die Anschauung der Reihe unterschieden werden muß), durch die verschiedenen Funktionen (f_1 und f_2) ihrer Verbundenheit umkehren kann,
so daß nun f_3 als eine organische Neuverknüpfung
von f_1 und f_2 selbst und deren Material erscheint.
Ich weiß, daß Sigwart[1] in seiner Logik nur auf die

---

[1] Wozu bei einer spezielleren Behandlung der tiefer als Sig-
warts Erörterung bohrende Abschnitt in Liebmanns Analysis der

beiden ersten Momente besonderen Nachdruck legte
und meiner Meinung nach darum den dritten erfah-
rungsbildenden Faktor, der nach dieser Darlegung aber
gerade das ist, was man Erfahrungswissen nennt,
nicht genugsam beachtete, vielleicht also auch mit
dieser Darstellung der Sache nicht einverstanden wäre.
Nichtsdestoweniger hat er selbst das, was ich als die
beiden ersten Erfahrungsreihen bezeichnete, in so
treffender Weise illustriert, daß seine Beispiele von
der Erteilung des Kommandos durch den Offizier und
seiner Ausführung durch die Truppe mit der zuerst
erfolgenden Wahrnehmung der zweiten und der zuzweit
erfolgenden Wahrnehmung des ersten sowie die in
der Wahrnehmung stattfindende Umkehr des Ablaufes
von der durch den Schuß erfolgten Explosionsdeto-
nation mit dem Aufleuchten heute schon sozusagen
logische Schulbeispiele geworden sind. Aber sie
können doch ebensogut die dritte Funktion der Verknüpfung, die jene beiden ersten aneinander erst orientiert, als Form des Erfahrungsbesitzes demonstrieren,
die deswegen nicht übersehen werden darf, weil sie
immer einen wesentlichen Bestandteil dessen bezeichnet, was wir Erfahrung nennen, und den festen
Niederschlag der beiden ersten im Bewußtsein bildet,
der nach deren Ablauf noch fortbestehen muß, sofern

Wirklichkeit (S. 87 ff.) über subjektive, objektive, absolute Zeit
zu vergleichen wäre, wie auch das Kap.: „Die Logik der Tatsachen oder Kausalität und Zeitfolge" (S. 187 ff.) in demselben
Werke. Hier wird m. E. das Verhältnis der zeitlichen Bestimmung
tiefer und schärfer herausgegriffen als bei Sigwart. Doch kann
ich hier darauf nicht eingehen, da es mir nicht so sehr auf eine
explizierte Darlegung der zeitlichen Anschauung der Reihe als auf
die Reihen selbst, ihr, um mit Kant zu reden, gerade „von der
Zeit nicht affiziertes" logisches Verhältnis zueinander ankommt
und ich ja auch durchaus nichts über die zeitliche Abfolge hier
ausmachen will.

Erfahrungswissen vorhanden und Wiedererkennen des
Einmal-Erkannten und seine Unterscheidung von dem
von ihm Verschiedenen stattfinden, sowie überhaupt
objektive Zuordnung der beiden ersten in der Rekon-
struktion möglich sein soll.

II. Die Erfahrungsgegenständlichkeit
als Problem.

Wir haben mit alledem aber erst das Material
für eine eigentliche Untersuchung kurz gekennzeichnet,
die etwas tiefer und kritischer zu dem Problem der
Erfahrung Stellung nehmen muß, als diejenige es tut,
der das alles Selbstverständlichkeiten sind, die man
höchstens voneinander unterscheiden, in denen man
aber keine Probleme mehr sehen müßte. Welche
Voraussetzungen aber gemacht werden, und daß daraus
ein Problem entspringt, darüber ist sich keine naive
Ansicht sonderlich klar. Geht man aber diesen Voraussetzungen nach, den Voraussetzungen selbst für
das, was dem unkritischen Standpunkte schon als
letzte Voraussetzung erscheint, so gelangt man eigentlich erst zum wissenschaftlichen Erfahrungsbegriff und
kann dann dessen Voraussetzungen selbst deutlich
machen. So nur kann man sich darüber klar werden,
was man tut, wenn man erfährt, und so auch kann
man erkennen, daß die Erfahrung nicht, wie man in
einem heute noch immer wenig erschütterten Dogmatismus meint, die absolut voraussetzungslose Betätigung des menschlichen Geistes ist, sondern — man
darf das getrost sagen, denn in ihr konzentrieren sich
eigentlich im gewissen Sinne alle übrigen — die voraus-
setzungsvollste. Es kommt, um einen Begriff von der
Erfahrung zu haben, darauf an, diese Voraussetzung

scharf zu durchschauen und klar zu erkennen. Ist man soweit, dann wird man fragen können, worin ihr Recht beruht. Das aber ist freilich eine Frage, die in vollem Umfange zu entscheiden nicht Aufgabe dieser Untersuchung sein kann. Ihre Beantwortung würde nicht mehr bloß den Begriff von der Erfahrung ermitteln, sondern diese selbst in ihrer logischen Möglichkeit vollauf zu begründen haben, was nur in einem umfassenden erkenntnistheoretischen Systeme geleistet werden könnte.

Wenn nach den bisherigen Erwägungen die Fragestellung eine sehr einfache war, indem der Erfahrungsgegenständlichkeit als dem primären Erfahrungsfaktor, dessen Rezeption im Bewußtsein als sekundärer und das Festhalten des Aufgenommenen als dritter gegenübergestellt wurde, so kompliziert sich das Problem gleich, wenn man fragt, was eigentlich jene Erfahrungsgegenständlichkeit, die ja als oberste Voraussetzung gilt, eigentlich bedeute. Es ist sehr möglich, daß eine Korrektur der landläufigen Meinung über sie auch eine Änderung der gewöhnlichen Ansicht über jene beiden anderen Faktoren zur Folge haben möchte. Streng ist aber von vornherein darauf zu achten, was zum Problem gemacht wird.

Es handelt sich nicht darum, nur etwa zu beweisen, daß der Gegenstand der Erfahrung überhaupt sei, sondern zu untersuchen, was er sei. Es ist ein ganz unglaublich verständnisloses Mißverständnis, zu meinen, auch nur das Geringste gegen die idealistische Philosophie ausrichten zu können, und sie selbst und nicht ein bloßes Schema von ihr, das man sich im Sinne eines empirischen Idealismus, mit dem man sie verwechselt, willkürlich über sie zurecht gemacht hat,

zu treffen, wenn man ihr einen sogenannten Beweis
der Realität der Außenwelt liefern will, indem man
ihr vordemonstriert, der Gegenstand der Erfahrung,
den die Außenwelt gibt, sei immer schon die Voraussetzung dafür, daß man ihn auch nur zum Problem
mache, weil da immer schon ein Etwas, das da erfahren werden soll, vorausgesetzt werden muß. Das
ist genau so, wie der Beweis für die Realität der
Außenwelt, der sich gegen die kritische Erkenntnistheorie richten soll und in der Einsicht gipfelt, daß
jede Erkenntnis eine Erkenntnis von Etwas sei, also
einen Gegenstand haben und voraussetzen müsse.[1] Das
ist ganz schön und richtig. Nur ist das, wie Kant
schon gesagt hat, gar kein Beweis, sondern eine unmittelbare Gewißheit, ja ein analytisches Urteil, denn
es liegt im Begriff der Erkenntnis, immer auch Erkenntnis von Etwas zu sein. Nur ist es auch weiter
nicht nötig, diese Einsicht dem kritischen Idealismus
zum Bewußtsein bringen zu wollen, als ob dieser
meinte, erkennen zu können, ohne Etwas zu erkennen,
wie er es freilich nach der Meinung derer sollte, die
ihn etwa für Solipsismus, Illusionismus und wer weiß
was sonst ausgeben und damit verwechseln. Für jenen
bildet hingegen die Gegenüberstellung von Erkenntnis
und ihrem Gegenstande selbst den Ausgangspunkt der

---

[1] Neuerdings ist mir dieses Mißverständnis nie in so krasser
Form, wenn auch nicht auf so präzisen Ausdruck gebracht, begegnet, als in einigen Besprechungen, denen die erkenntnistheoretischen Werke Cohens und Rickerts ausgesetzt waren. Hätten
sich nur die unkritischen Kritiker unter den Rezensenten gefragt,
ob sie allen Ernstes selbst daran glaubten, daß die von ihnen ab-
geurteilten Denker der Meinung seien, es ließe sich erkennen, ohne
etwas zu erkennen, so würden sie vielleicht etwas behutsamer gewesen sein, ihr Mißverständnis so „schnell fertig", wie die Jugend
mit dem Wort ist, bloßzustellen.

Problemstellung. Er fragt nicht, ob, sondern was dieser Erkenntnisgegenstand sei, mag er immerhin zu einer der naiven diametral entgegengesetzten Anschauung über den Erkenntnisgegenstand und damit auch über die Erkenntnis selbst gelangen, woraus die naive Ansicht nun abnehmen mag, daß der Erkenntnisgegenstand überhaupt nicht sei, indem sie freilich auch hier wieder sich selbst als Ansicht von einer Sache mit der Sache selbst verwechselt.

In diesem Sinne also ist der Ausgangspunkt für die Frage nach dem Gegenstande der Erfahrung aufzufassen, um zu einem bestimmten Begriff der Erfahrung zu gelangen. Der Gegenstand der Erfahrung wird nicht zur Illusion, wenn er zum Problem wird, er wird dadurch nicht illusorisch, daß man fragt, was er ist und wissenschaftlich bedeuten kann.

III. Die Tatsächlichkeit als Ausgangspunkt der Erfahrung.

Man ist von der Seite derer, die gewöhnt sind, die Erfahrung als das einzig ertragreiche Feld des Wissens zwar zu rühmen, sich aber auf das Recht dieses Ruhmes nicht besinnen, gleich mit einer Antwort bei der Hand: die Erfahrung liefert uns allein feststehende Tatsachen, und das Reich des Tatsächlichen ist der sichere Gegenstand der Erfahrung. Damit also sollen wir wissen, was der Gegenstand der Erfahrung sei: eben das Tatsächliche, und fragen wir schließlich, was das Tatsächliche sei, so erhalten wir möglicherweise die Antwort: nun eben der Gegenstand der Erfahrung. Eine Antwort, die einen tiefern Sinn haben kann, als die erste, mit der man das Rätsel gelöst zu haben meint, wenn auch die, welche uns so antworten, den tieferen Sinn freilich noch nicht ahnen. Damit beruhigt sich aber nicht bloß der naive, sondern auch mancher wissenschaftliche Verstand, wenn dieser sich noch nicht zu kritischer Selbstbesinnung aufgerafft hat. Allerdings tut es jeder in anderer Weise. Was beide miteinander verbindet, das ist die Auffassung, die sie vom Tatsächlichen haben. Was aber auch schon sie unterscheidet, das ist die Auffassung davon, was das bedeutet: die Erfahrung „liefert" uns das Tatsächliche. Beide Momente sind zu unterscheiden: das Tatsächliche als solches und das Liefern des Tatsächlichen durch die Erfahrung. Diese strenge Unterscheidung zeigt uns gleich, daß der Ausdruck der Erfahrungstatsächlichkeit, auch wie er unkritisch auftaucht, viel komplizierter ist als sein allgemeiner, häufiger Gebrauch selbst nahelegt und nahelegen will.

IV. Die verschiedenen Tatsächlichkeitsformen im Ausgangspunkte.

Es scheint zwar zunächst ganz einfach, zu zeigen, was für den vorkritischen Verstandesgebrauch, sowohl für den rein naiven wie für den wissenschaftlich-naiven, wie wir diesen zum Unterschied vom wissenschaftlich-kritischen nennen wollen, das Tatsächliche bedeutet. Man könnte meinen, diese Bedeutung erschöpft zu haben, wenn man sagt: das Tatsächliche habe hier immer den Sinn von etwas Bestimmtem, Fertigem, Abgeschlossenem. Ob der naive Verstand, wie er etwa am deutlichsten im praktischen Leben in die Erscheinung tritt, erfährt, daß heute in der und der Stadt der und der Mann angekommen ist, daß die und die Aktien den und den Stand haben, daß hier sich ein Unglück, dort sich ein Glück ereignet hat, das gilt ihm

als etwas Bestimmtes, Vollendetes, Fertiges. Aber
diese Bestimmtheit, Vollendetheit, Fertigkeit, sie ist
doch selbst schon etwas Kompliziertes, mehrere Bestimmungen in sich Schließendes, auf die man achten
muß, will man dieser Auffassung selbst gerecht werden
und sie verstehen. Bestimmt bedeutet für sie nur
für die Erkenntnis bestimmt, ist also nicht notwendig
im material-realen Sinne zu nehmen. Für die Erkenntnis bestimmt heißt ihr aber auch nicht in der
Erkenntnis bestimmt, sondern erst in der Erkenntnis
bestimmbar. Und so hat auch dieser Standpunkt, wenn
auch nicht explizite, so doch implizite die Unterscheidung zwischen dem an sich Bestimmten und dem
für die Erkenntnis Bestimmten, sowie dem in der
Erkenntnis Bestimmten. Diese zweite Bestimmtheit
ist die Tatsächlichkeitsbestimmtheit auf der Stufe des
vorkritischen Denkens. Ihr entspricht freilich auch
ein Reales — wie sie selbst eines ist —, nur braucht
es nicht notwendig ein Real-Bestimmtes zu sein, sondern nur ein Real-Bestimmbares. Diese Real-Bestimm-
barkeit ist die Tatsächlichkeitsbestimmtheit für die
Erkenntnis, die durch die Erfahrung erst in der Erkenntnis bestimmt wird. Mag also auch im realen
Gehalt der Kunde eines Geschehens selbst Werden
und Veränderung einbegriffen sein, wie etwa in der
Kunde und Erfahrung, daß irgendwo die Errichtung
einer Kunststätte in Aussicht genommen oder daß eine
solche bereits in der Aufführung begriffen ist, das
vollendete „Faktum" ist dann natürlich nicht die Kunststätte, sondern die Inaussicht- oder Inangriffnahme
ihrer Errichtung. Das nennt man ebenso Tatsache
wie ein Real-Bestimmtes. Sie gilt als solche in sich
bestimmt, als das, was die Erkenntnis festzustellen

hat, d. h. was die Erfahrung „liefert". Es ist also auch für diesen Standpunkt „Faktum" nicht etwas bloß im Sinne des Geschehenen, Vollendeten für sich, wie man vielleicht meinen könnte, wenn man sich ans bloße Wort hielte, sondern vollendet für die Erkenntnis. Es liegt etwas vor, das das Bewußtsein nur aufzunehmen braucht, um das Vorhandensein zu konstatieren.

In bezug auf das Tatsächliche als solches stimmt der wissenschaftlich naive Verstand mit dem rein naiven überein. Auch ihm gilt jenes als etwas für die Erkenntnis vollendet Vorliegendes, das aufzunehmen das erfahrende Bewußtsein sich nur bereit zu halten braucht. Das Gravitationsgesetz bestand, ehe es Newton entdeckte und formulierte. Daß der Wal ein Säugetier ist, war Faktum, auch als man ihn noch für einen Fisch hielt. Ebenso die Mimicry, noch ehe man eine Ahnung von ihr hatte. Radioaktive Substanzen gab es, noch ehe man es wußte. Und es kann nur darauf ankommen, das, was für die Erkenntnis vorliegt, auch in die Erkenntnis aufzunehmen. Insofern gilt hier das Tatsächliche als etwas für die Erkenntnis Bestimmtes, Vollendetes, in sich Abgeschlossenes, mag es sich auch weder schon in der Erkenntnis dargestellt haben, noch auch etwa an sich, wie z. B. die Radioaktivität, Elektrizität, Magnetismus, Bewegung, Mimicry als etwas Vollendetes, im Sinne eines in sich Ruhenden und Bestimmten darstellen.

Implizite hält ja die naive Ansicht diese verschiedenen Gesichtspunkte schon auseinander. Aber sie kümmert sich noch nicht explizite darum. Sie weiß noch nicht, was sie tut, wenn sie weiß. Sie hat ihr Wissen noch nicht begriffen und durchschaut. Es ge-

hört ja auch noch nicht zum Wesen der Wissenschaft
bloß als Wissenschaft, daß sie ihr Wissen begreift und
durchschaut. Das zu tun ist erst Aufgabe der Wissenschaft von der Wissenschaft, der Wissenschaftstheorie,
Erkenntnislehre. Erst wenn man sich auf diese Unterscheidung explizite besinnt, dann hebt mit der aus-
drücklichen Konstatierung des eigentümlichen Verhältnisses, daß, was für die Erkenntnis als ruhend und
in sich geschlossen gedacht werden soll, das es gar
nicht an sich ist, ein ganz neues und zwar kritisches
Problem, wie das möglich ist, an, wodurch das, was
wir tatsächlich oder Erfahrungstatsache nennen, in ein
ebenfalls ganz neues Licht gerückt wird.

Wir sind aber noch nicht so weit, sondern müssen
uns diesem Problem noch von einer anderen Seite
her nähern. Nur in der Auffassung vom Tatsächlichen,
als des für die Erkenntnis ruhend und bestimmt Vorhandenen, das die Erfahrung liefert, konnte die rein
naive Ansicht mit der wissenschaftlich naiven zusammenstimmen. In der Auffassung, wie die Erfahrung es „liefert", sollen beide, wie wir sagten, aus-
einandergehen.

Die rein naive Ansicht hat einen ungeheuer kindlichen Begriff von der Art, wie die Erfahrung die
„sicheren Tatsachen lierfert". Sie glaubt sich diese
als freiwillige Geschenke übermittelt, als brauchte sie
nur darauf zu warten, bis ihr die Früchte der Erkenntnis in den Schoß fallen, wie jener Michel, der darauf
wartet, daß ihm die gebratenen Tauben in den Mund
fliegen. Das Erfahren ist für sie etwas lediglich Passives, und das Tatsächliche spielt auf der Klaviatur der
Sinne des passiven Subjekts und erzeugt in ihm die
einheitlichen, mannigfachen Bilder, wie der Künstler

sein Tonbild auf dem Instrument. Vor dieser Auffassung kann aber auch schon den naiven Verstand
die einfachste wissenschaftliche Arbeit bewahren. Tut
sie das auch heute noch nicht allgemein, so fängt sie
in gewisser Hinsicht wenigstens an, ihn davor zu hüten.
Mag er sich dann auch immer noch das Verhältnis
recht naiv denken, er denkt es sich doch dann wenigstens wissenschaftlich naiv.

V. Die logische Bestimmung der Erfahrung.

Selbst die einfachsten Formen des wissenschaftlichen Arbeitens auf dem „Felde der Erfahrung"
bringen es zum Bewußtsein, daß man hier nicht bloß
Früchte einzuheimsen hat. Man merkt gar bald, daß
man es mit einem Brachfeld zu tun hat, das es erst
zu beackern und zu bestellen gilt. Und das „Liefern"
der Erfahrung wird aus dem bloß passiven Aufnehmen
zu einem tätigen Erarbeiten. Darauf tendiert, ohne
das Ziel freilich zu erreichen, ja ohne es klar zu erkennen, auch schon die naiv wissenschaftliche Auffassungsweise. Sie hofft und glaubt zwar immer noch
an so etwas, wie fertige Früchte der Erkenntnis, aber
sie weiß, daß man nicht so leicht zu ihnen gelangt,
indem sie zwar die Bestimmtheit des Erfahrungsgegen-
standes für die Erkenntnis, wie schon ausgeführt, mit
der rein naiven als einfach „gegeben" annimmt, aber
sich wohl bewußt bleibt, daß es noch gute Wege hat,
ehe er zu einer Bestimmtheit in der Erkenntnis gelangt. Die empirische Wissenschaft weiß klar genug,
daß sie bei der bloßen Konstatierung von Tatsachen
nicht stehen bleibe, sondern die Verknüpfung von Tatsachen erheische, daß sie die Tatsachen erst durch
Inbeziehungsetzung wissenschaftlich verarbeite. Daß

von einer anderen Betrachtung aus jede Tatsache selbst
schon eine Verknüpfung ist, darum braucht sie sich
von ihrem Standpunkte aus, und zwar mit Recht, noch
nicht zu kümmern.[1] Und die Verknüpfung in ihrem
Sinne durch die Aufnahme des Tatsächlichen in die
Erkenntnis bedeutet nicht eine immanente Verbindung
innerhalb eines Tatsächlichen, sondern eine Verbindung von Tatsächlichem zu Tatsächlichem. Aber
das Moment der Verknüpfung auch in diesem Sinne
involviert doch schon einen weittragenden Fortschritt
des Gedankens gegenüber der rein naiven Anschauung.

Es ist der Faktor des Methodischen, den jede
Wissenschaft, auch die empirische, um so schärfer
ausbildet, je weiter sie in ihrer Entwicklung gelangt
und je mehr sie den Anspruch auf Wissenschaftlichkeit erfüllt. Alles Methodische aber bedarf, um der
implizite von ihm erstrebten Folgerichtigkeit willen,
logischer Voraussetzungen, zum mindesten der formalen, die aber gerade durch die praktische Anwendung in der Einzelwissenschaft eine inhaltliche Gestaltung erlangen. Es ist für diese Anwendung durchaus nicht nötig, daß sie explizite proklamiert wird
und daß sich die Reflexion auf sie besinnt, wie das
die Methodologie tut. Es ist genug, daß sie in der
Methode praktisch und konkret ausgeprägt wird, damit
wir uns philosophisch darauf besinnen können, daß

---

[1] Bei dem vorhin erörterten Tatsachenbegriff als eines nicht
erst durch die Erkenntnis zu Vollendendes, sondern bereits für
die Erkenntnis Vollendetes und Bereites, das freilich erst in
die Erkenntnis aufzunehmen ist, kann sie stehen bleiben. Sie darf
das auch als Erfahrungswissenschaft, weil das Problem, das in
ihrem Tatsachenbegriff noch liegt, als Problem zu behandeln nicht
Aufgabe der Erfahrungswissenschaft, sondern erst der Wissenschaft
von der Erfahrung selbst ist, also über die Erfahrung hinaus zu
deren Grundlagen hinführt.

selbst die Erfahrungswissenschaft bei aller Betonung der Empirie doch in ihrem Gebrauch überempirische Elemente voraussetzt, die über ein bloßes vermeintliches Vollendet-Vorliegen ihres Tatsächlichen schon hinausweisen, auch wie sie das, ohne noch auf seinen logischen Begriff zu reflektieren, fassen kann. Aber dadurch wird schon klar, daß das Denken auch hier schon nicht eigentlich die ganz passive Funktion des bloßen Sammelns, die ihm die rein naive Ansicht immer, die ihm die wissenschaftlich naive noch zuweilen zuschreibt, sondern schon eine tätige des Gestaltens ausübt, so daß ein moderner Physiker recht treffend bemerken konnte, selbst schon die Geschicklichkeit für die Experimentiertechnik liege mehr im Kopfe als in der Hand.

Alles das, so richtig und so wichtig es für das Wissen sein mag, ist auf dem Wege der Erkenntnis doch nur ein geringer Schritt nach vorwärts, ein Schritt allerdings, der jenes hochbedeutsame philosophische ϑαυμάζειν zu erwecken vermag, das nach Platon den Ausgangspunkt der wissenschaftlichen Vertiefung bedeutet. Denn hier muß sich sogleich die Frage erheben, wie denn das eigentümliche Zusammentreffen dessen, was als Tatsache gilt, mit den logischen Formen überhaupt möglich ist, auf dem doch alle wissenschaftliche Methode beruht. Die logischen formalen Gesetze haben doch als solche gar nichts mit dem Tatsächlichkeitsinhalte zu tun, so wie diesen der vorläufig noch immer in Rede stehende Standpunkt faßt. Keines seiner „Fakta" läßt sich aus dem Satze der Identität oder des Widerspruchs oder des rein logischen Grundes a priori deduzieren. Und doch könnte, das ist das Merkwürdige, kein Faktum eben Faktum sein, wenn es einem dieser Gesetze widerspräche. Es muß also, um selbst in dem bisher erörterten Sinne Faktum sein zu können, mit diesen zusammenstimmen. Wenn die Gravitationsformel $G = \dfrac{M \cdot M_1}{R^2}$ lauten soll, so muß jeder Faktor in ihr ein in sich bestimmter, mit sich identischer sein, und die Formel kann dann nicht auch $G = M \cdot M_1 \cdot R^2$ lauten. Wenn das spezifische Gewicht des gehämmerten Goldes 19,36 ist, kann es nicht auch 1 sein, wenn Gold nicht auch nicht Gold sein soll. Und daß das Gold nicht auch nicht Gold sein kann — ist das nicht selbst der klarste Ausdruck dafür? Wenn der Erfahrungsforscher die Behauptung eines Faktums widerlegt, tut er es nicht gerade dadurch, daß er entweder in ihr selber, also formal einen Widerspruch nachweist, oder daß er ihr sogar einen Widerspruch zu einem sicheren Faktum nachweist, und setzt und fordert er dadurch nicht klar die Notwendigkeit des Zusammenstimmens vom Faktischen und Logischen? Die sogenannte „Logik der Tatsachen", bei der der naive Verstand gewiß nicht an transzendental-logische Bestimmungen denkt, ist also nichts ohne die Tatsachen der Logik, sondern weist selbst in diesem Zusammenhange auf sie hin, ohne freilich über ihr inneres Verhältnis, ihren eigenen inneren Zusammenhang etwas erkennen zu lassen. Der Erfahrungsforscher braucht indes auch darüber nicht zu reflektieren, da diese Reflexion abermals über die Erfahrung hinausweist. Täte er es aber und bliebe er bei dem zunächst einmal angenommenen Begriff des Faktischen stehen, so müßte er in jenem Zusammentreffen eigentlich ein Wunder statuieren. Der Inhalt und Gegenstand des ursprünglichen ϑαυμάζειν müßte zum ϑαῦμα

werden, was ihm selbst um so wunderbarer erscheinen
dürfte, als er in der Wissenschaft mit Recht kein
Wunder zuläßt. Aber auch dieses Recht dürfte er
schwerlich daraus ableiten können, daß er etwas bis
dahin nicht „erfahren" hat.

Damit das Tatsächliche auch schon in diesem
Sinne, in dem wir es bisher immer erörtert haben, und
das Logische überhaupt zusammenstimmen können,
müssen beide für einander nicht etwas absolut
Fremdes und Beziehungsloses sein. Vielmehr muß das
Tatsächliche des Logischen zum mindesten nicht un-
fähig und damit das Logische aufs Tatsächliche wenigstens in irgendeiner Weise anwendbar sein; was nun
seine Fähigkeit des Tatsächlichen zum Logischen und
die Anwendbarkeit des Logischen aufs Tatsächliche
in vollem Umfange und in ganzer Tiefe bedeutet, kann
in diesem Abschnitt nicht vollkommen entschieden
werden. Einige Andeutungen ergeben sich aber durch
eine später vorzunehmende kritischere Fassung des
Tatsächlichkeitsbegriffes, als wir sie bis jetzt erreicht
haben, wodurch ja selbst eine Tatsächlichkeit logisch
bearbeitet wird. Es muß hier zweierlei für eine kritisch
gerichtete Reflexion auffallen: erstens unter dem Begriff der Tatsache und ihrem Namen laufen in der
naiven Ansicht die verschiedensten und doch absolut
ungeschiedenen Bestimmungen neben und durcheinander. Durch eine Analyse dieses in logischer Beziehung noch recht chaotischen Durcheinanders können
wir allein zu einer genaueren Bestimmtheit vordringen.
Und da wird uns ein zweites auffälliges Moment, wenn
das seinerseits mit analysiert wird, zu Hilfe kommen.
Das aber liegt nicht in einer Ungeschiedenheit von
Verschiedenem, sondern im Gegenteil in einer Unter-

scheidung — wir können hier noch nicht bestimmen, ob man sagen darf: von Ununterschiedenem, sondern nur von etwas, dessen Unterscheidung erst selbst zum Problem gemacht werden muß. Wir greifen mit der letzten Wendung nur eingehender auf eine Bestimmung des vorkritischen Denkens zurück, die wir vorhin nicht in kritischer Absicht, sondern nur zur Klarstellung des Problems charakterisierten.

Es erscheint als eine Art von antinomischer Komplikation, wenn zwar ohne scharf begriffliche Reflexion, aber doch implizite jene bereits hervorgehobene Unterscheidung gemacht wird zwischen der Bestimmtheit im Sein, der Bestimmtheit für die Erkenntnis und der Bestimmtheit in der Erkenntnis. Und doch macht diese Unterscheidung nicht bloß das rein naive Denken, sondern auch implizite das wissenschaftlich naive Denken. Wenn die Biologie in ihrer Untersuchung etwa das Leben zum Problem macht, so weiß sie gar wohl, daß das Leben ein Prozeß, überreich an Variationen, ist, und keine konstante Größe, nichts in sich Fertiges, Bestimmtes, Vollendetes. Und doch sieht sie diesen Prozeß, und sie muß ihn dafür ansehen, um ihn zum Problem machen zu können, als etwas durchaus Bestimmtes, Fertiges, Vollendetes an. Dies nun aber nicht in und an sich, auch nicht in der Erkenntnis — diese Vollendung kann sich nur vollziehen und auch nur so annähernd durch die Wissenschaft selbst —, sondern nur für die Erkenntnis. Diese Vollendung kann also nur bedeuten ein Bereit-Sein für das Erkannt-Werden, ein „Gegebensein" für das erkennende Bewußtsein, das es zu ergreifen und festzuhalten gilt, damit das Gegebensein für das erkennende Bewußtsein zu einem Gegebensein im erkennenden Bewußtsein

erst werde, im Verhältnis zu dem das erste Gegebensein ein Aufgegebensein ist. Mit der Bestimmtheit
der Aufgabe ist also weder schon die Bestimmtheit ihrer
Lösung, noch auch die Bestimmtheit des Seins, von
dem aus sie erwächst, gesetzt; ja wir sehen am Beispiel der besonderen Seinsform des Lebens, daß diese
sogar in sich und an sich die Bestimmtheit der Vollendetheit ausschließt. Da erhebt sich nun sofort die
Frage, wie ein an sich Fließendes zur Ruhe des Begriffs im Denken gebracht werden kann und wie
bei alledem doch gerade ein, wie es scheint, nicht
bloß unbestimmtes, sondern infolge seiner prozessualen
Natur unbestimmbares Sein — wenn damit natürlich
auch noch nicht vom Sein überhaupt gehandelt wird,
so handelt es sich doch um eine mögliche Form des
Seins — bestimmt werden kann, da es doch für alles
Wissen immer das Sein sein muß, das bestimmt werden
soll. In solcher Weise entspringt aus der zunächst
noch unkritischen Unterscheidung ein tiefgreifendes
Problem.

Wir treten so direkt an die Frage heran, wie wir
denn überhaupt erfahren können. In ihrem ganzen
Umfange soll diese, wie schon angedeutet, hier freilich nicht entschieden werden; aber es soll wenigstens
die Richtung aufgezeigt werden, in der ihre Entscheidung liegt. Man hat sich sofort hierbei auch vor einem
Mißverständnis zu hüten. Es ist zwar sicher, daß alle
Erkenntnis material aus der Erfahrung herstammt.
Aber eben darum läßt sich noch nicht jede aus der
Erfahrung begründen (wie wir lieber die Antithese
formulieren, die Kant mit den Ausdrücken des „An-
hebens" und „Entspringens" vielleicht etwas mißver-
ständlich bestimmt). Jede Begründung ist eine logische

Funktion. Und wenn vollends die Möglichkeit der Erfahrung überhaupt begründet werden soll, so kann, soviel läßt sich auch in unserm Zusammenhange schon sagen, ihr Grund nicht in ihr selbst gelegen sein, so wenig wie das Begründende und das zu Begründende zusammenfallen oder miteinander identisch sein können.

Wenn wir dabei der Einfachheit halber, um das Problem von vornherein nicht gleich zu komplizieren und um vom Einfacheren zum Verwickelteren erst allmählich fortzuschreiten, auch die Tatsachen selbst noch als „gegebene" Inhalte der Erfahrung ansehen und als solche voraussetzen, so zeigt sich doch bereits, daß, um Erfahrung überhaupt machen zu können, diese — was auch, wie vorhin schon bemerkt, vom Erfahrungsforscher betont wird — miteinander verknüpft werden müssen. Der Sinn dieser Forderung tritt freilich oft genug nicht klar heraus. Aber soll sie Sinn haben, so kann sie nur bedeuten: Diese Inhalte müssen als irgendwie objektiv notwendig und nicht von uns willkürlich miteinander verbunden gedacht werden, so daß sie nicht bald so, bald anders sein können, wodurch sie ja selbst sowohl in ihrer eigenen Identität, wie der ihrer Verbundenheit und damit für uns selbst Reproduktion und Wiedererkennen aufgehoben sein würden. Nicht bloß etwa damit der Chemiker über seine Verbindungen und Gemenge im chemischen Sinne irgend etwas auszusagen vermöge, sondern auch schon damit er über die Stoffe und Bestandteile selbst nur das Geringste bestimmen könne, muß er sogar hier schon eine Verbindung im logischen Sinne vollziehen, mag er nun den Stoff durch die Verbindung von Subsistenz und Wägbarkeit oder sonst eine seiner selbst

elementarsten Voraussetzungen bestimmen, auch wenn
er noch nicht die Substanz selbst zum Problem macht
und untersucht, welche Verbindung diese, wie es
scheint, elementarste Bestimmung involviert. Und
welche Verbindungen drückt nicht schon die einfachste
physikalische Formel, etwa das Trägheitsgesetz mit
seinen Beziehungen von Bewegung, Richtung, Körper,
Wirkung, Beharrung etc. aus, und welche liegt nicht
auch in der einfachsten Bestimmung der Zoologie schon
über das einzellige Lebewesen! Jede Erfahrung besteht also in einer Verbindung von Inhalten, mag sie
diese ausdrücklich, wie etwa die physikalische, mit
dem Namen des Gesetzes belegen, oder mag sie diese
als die gemeine des täglichen Lebens nur implizite
involvieren, für die aber doch schon die simpelste Beobachtung, wie daß es „heute regnet oder schneit"
eine ungemein deutliche Verbindung der Zeitbestim-
mung mit dem selbst in sich verbindungsmannigfal-
tigen Witterungsphänomen, wie es das zur Erde Fallen
der Regentropfen oder Schneeflocken ist, bedeutet.

Wenn wir nun aber auf die logische Möglichkeit
dieser Verbindungen reflektieren, wird der Tatsachenbegriff selbst einer Umbildung unterworfen und aus
dem Gesichtspunkte der „Gegebenheit" rückt er unter
den des Problems.

Denn jene Verbindung muß, sagten wir, damit
die Inhalte selbst als für sich und im Verhältnis zueinander bestimmt erscheinen können, und nicht bald
so, bald auch anders sein dürfen, wodurch alle Erfahrung unmöglich sein würde, als eine irgendwie
objektiv-notwendige durch objektiv-notwendige Gesetzmäßigkeit bestimmte gedacht werden. Die Inhalte
müssen zueinander im Verhältnis gegenseitiger Bedingt-

heit und Abhängigkeit stehen. Damit aber tritt als die **Grundform** aller Erfahrung, diese selbst konstituierend, das Kausalgesetz in seine Rechte. Nichts als diese Funktion der Bedingtheit und Abhängigkeit darf man unter ihm verstehen, wenn man es rein logisch fassen und von jeder metaphysischen Kraftvorstellung rein halten will, von der es Hume schon befreit hatte. Und um das die Erfahrung begründende Gesetz nicht mit dem von ihm begründeten, ihm unterstellten Konstitutum zu verwechseln, wie wir es im Schema der Zeit als zeitliche Folge anschauen, hat man das Gesetz selbst von der Anschauung des ihm durch Zeitfolge Unterstellten scharf zu scheiden. Diese Unterscheidung aber bedeutet nicht etwa eine Gegenüberstellung von Gesetz und Anschauung des Gesetzes, denn ein logisches Gesetz wird nie angeschaut. Angeschaut wird nur ein dem Gesetze Unterstelltes. Und dieses dem Gesetz in der Anschauung Unterstellte ist es, das wir vom Gesetze selbst unterscheiden, wenn wir von diesem die Anschauung der zeitlichen Abfolge fernhalten, die nur jenem Unterstellten zukommt, wobei unter logischem Betracht freilich allein das Anschauungsmoment der zeitlichen Abfolge der unterscheidende Faktor ist.

Das Kausalgesetz ist nun, wenn auch Grundform, so doch immerhin Form, und wenn es auch in allen besonderen „Naturgesetzen" liegt, so wirft es doch diese nicht a priori gleichsam aus sich heraus. Aber es fordert sofort eine zweite allgemeine **Form** der Erfahrung als allgemeines dieser selbst zugrunde liegendes Gesetz, insofern alles Wirken auch im logischen, also zeitlosen Sinne ein ihm Subsistentes fordert, sei dies nun als von dem aus, oder sei es als

das, auf welches sich die Wirkung vollzieht, gedacht.
„Im Kausalgesetz ist das Substanzgesetz enthalten,"
so können wir darum mit Riehl, wenn auch von anderen Ausgangspunkten her und in anderem Zusammenhange, sagen.[1] Die Ursächlichkeit fordert die
Ur-sache, das Gesetz der Ur-Sächlichkeit das Gesetz
der Ur-sache; dieses selbst aber, fügen wir gleich hinzu,
auch jenes, da das Akzidenz zwar nicht in trans-
grediierender, aber doch in immanierender Wirksamkeit der Substanz gedacht werden muß, insofern das
für sich akzidentell-Mannigfaltige selbst notwendig verbunden gedacht werden muß, um als Ganzes in sich
selbst essentielle Einheit zu sein, in der sich die gegenseitige Bedingtheit des Mannigfaltigen konzentriert.
Damit also das Kausalgesetz wirksam werde, fordert
es das der Substanz, um eine logische Stätte seiner
logischen Wirksamkeit zu haben, wie umgekehrt
das Substanzgesetz das Kausalgesetz fordert, um objektive Akzidenzeinheit zu sein.

Man darf dabei freilich weder schon an das Verhältnis der Dinghaftigkeit und Inhaerenz denken, noch
etwa uns mit einer energetischen Metaphysik zu be-
gegnen und von ihrem Standpunkte aus zu treffen
meinen. Es handelt sich für uns lediglich um die

---

[1] Robert Mayers Entdeckung und Beweis des Energieprinzips
von A. Riehl (Sigwart-Festschrift, S. 173). Diese für den Erfahrungsforscher, wie für den Philosophen gleich wichtige und
bedeutsame Abhandlung würdigt nicht bloß Mayers „Verdienst um
die allgemein-wissenschaftliche oder erkenntnistheoretische Forschung", sondern führt auch noch gar manches mit begrifflicher
Schärfe und Klarheit aus, was Mayer doch nur mehr geahnt als
präzis formuliert hat. Es scheint mir, daß meine obige, in transzendentaler Rücksicht immerhin erweiterte Fassung des Problem-
verhältnisses sich mit der Darlegung Riehls leicht in Übereinstimmung bringen ließe.

logische Struktur und Gesetzmäßigkeit der Erfahrung, in der die Energie selbst erst im Zusammenhange mit der Kausalität und der Substanzialität zu verstehen ist, die neben die Kausalität
als zweites allgemeines Gesetz tritt. Man würde
uns damit ebensowenig berühren, als wenn man
mit einer Analyse der Empfindungen glaubte die Erfahrung selbst analysiert und begriffen zu haben, indem man meint, „in der dem Menschen mit dem Tiere
gemeinsamen Empfindung die Erfahrung unmittelbar
zu besitzen, und daß darauf schließlich der stolze Bau
der Naturwissenschaft beruhe", eine Anschauung, die
naiv im schlimmsten Sinne des Wortes ist, und die
bereits von Külpe ebenso kurz wie treffend mit der
Frage abgefertigt worden ist: „Warum haben die Tiere
keine Naturwissenschaft, da sie doch das, worauf einzig
und allein der stolze Bau dieser Wissenschaft ruht,
mit dem Menschen gemeinsam haben?"[1] Nicht ist
unsere Empfindung etwas Blaues, Süßes, Warmes,
Dichtes etc. Vielmehr ist die Empfindung immer die
Empfindung von etwas Blauem, Süßem, Warmem,
Dichtem etc. Aber das „Etwas", das diese Eigenschaften hat, ist auch nicht, wie schon Locke gezeigt
hatte, und wie es ihm nach mehr als hundert Jahren
Physik und Physiologie betätigen sollten, die Substanz.
Vielmehr ist die Substanz, auch nicht zwar die objek-
tivierende Anordnung dieser Empfindungsinhalte, sondern das objektive Gesetz dieser Anordnung, die selbst
erst Funktion[2] jenes Gesetzes ist, so daß durch diese
Funktion[2] jenes Etwas, dem wir diese Eigenschaften

---

[1] Kantstudien, VIII, S. 487.
[2] Das Wort im rein logischen Sinne gefaßt. Zur Verdeut-
lichung denke man an den Funktionsbegriff der Mathematik.

zusprechen, erst zustandekommt: Das Ding als Träger
seiner Eigenschaften, die Realität, Dinghaftigkeit[1], in
der, seine enge Beziehung zum Substanzgezetz aufs
neue erweisend, das Kausalgesetz mit wirksam ist,
indem wir auf sie als auf ihre Bedingung unsere
Empfindungen beziehen, die also selbst erst konstituiert wird aus dem Gesetze der Substanz und dem der
Kausalität, aus deren logischem Ineinandergreifen also
das, was wir Realität nennen, auch logisch folgt.

Der naive Realitätsbegriff wird dadurch allerdings
von Grund aus umgestürzt, wie auch der landläufige
Erfahrungsbegriff dadurch längst umgestaltet ist. Es
ist eine logische Gesetzmäßigkeit, die alle Erfahrung
erst gestaltet. Und so paßte Goethes Wort: „Das
Höchste wäre zu begreifen, daß alles Faktische schon
Theorie ist", zwar natürlich nicht auf die rein naive
Ansicht, aber in gewissem Sinne schon auf die wissenschaftlich-naive, indem diese sich nicht beim bloßen
„Faktum", sondern erst beim Verknüpfen von Fakta
beruhigte. Aber eben nur in gewissem Sinne, da sie

---

[1] Es wäre sehr im Interesse sowohl der Sachlichkeit wie der
Klarheit der Darstellung, daß man auch sprachlich, wie es eben
die Sprache zu wollen scheint, Realität und Wirklichkeit schärfer
unterschiede, wozu außer bei Kant und einigen Kantianern — besonders scheint es mir unter diesen bei Cohen bemerkenswert —
noch wenig getan wird, und daß man diese Unterscheidung immer
klarer ausprägte. Der Begriff des Dinges (res) und der Ding-haftig-
keit (Re-alität) setzt zwar, wie wir sahen, den der Wirk-lichkeit
voraus, enthält ihn aber nicht analysisch in sich, sondern
tritt mit ihm erst vermittelst desjenigen der Substanz in
einen synthetischen Zusammenhang, indem er aus beiden folgt.
Auf Grund dieses Zusammenhanges müßte, wie sich in einer
ausführlicheren Darlegung zeigen ließe, die Wirklichkeitsgradein-
teilung der Lockeschen primären und sekundären Qualitäten aufgehoben werden, indem beiden nicht zwar dieselbe Wirklichkeits-
art, aber derselbe Wirklichkeitsgrad, oder wie man sagt: Wirklich-
keitswert zukommt.

ja schließlich immer noch, wenn auch in unklarer und
verworrener Weise, sich bei einem festen Faktum beruhigte und ihr schließlich naturwissenschaftliche Gesetze, etwa Galileis Fallgesetze ebenso als Faktum
gelten, wie beispielsweise ein chemischer Grundstoff,
wobei sie mit der Unvollendbarkeit des Tatsächlichen
nie zum Ziele kommen konnte. Diese Vollendung kann
allein das Realitätsgesetz leisten, indem sich die Kon-
stituentia und das Konstitutum der Erfahrung verbinden
und zugleich für die begriffliche Erfassung ausein-
andertreten. Aber indem das Faktum, die Realität,
eben so erst von logischer Gesetzmäßigkeit konstituiert
wird, erhält hier das Goethesche Wort, wenn man
eben logische Gesetzmäßigkeit als „Theorie" faßt,
seine wahre Berechtigung und genaue Bestimmtheit.
Dabei darf man jedoch nicht an das selbst erst ein
Faktum bedeutende Theoretisieren denken, sondern
man hat das Wort eben im logisch-kritischen, nicht
psychologischem Sinne zu nehmen. Die Realität ist
selbst logisches Gesetz, und das Reale, das Faktum
seine Funktion und Bestimmung. So wird nicht nur
von Faktum zu Faktum, wie die wissenschaftlich-naive
Auffassung meinte, eine verknüpfende Gesetzmäßigkeit
wirksam, sondern immanent ist das Faktum überhaupt
schon das Konstitut konstituierender Gesetze oder genauer des es selbst konstituierenden Gesetzes der Realität, in dem sich das der Kausalität und Substanzialität
selbst konstitutiv verbinden.

Diese Gesetze konstituieren alle Erfahrung und
sind in ihr enthalten. Aber sie können nicht aus ihr
abgeleitet werden, eben weil sie bereits deren Voraussetzungen sind, und weil deren Möglichkeit allein aus
ihnen, der Form nach, abgeleitet werden kann. Aber

wir begreifen nun auch vollkommen, daß sie, obwohl
sie bereits in der Erfahrung liegen, auch nicht einmal
aus ihr — nicht bloß nicht abgeleitet, sondern bloß
— abgelesen werden können, weder das Kausalgesetz,
von dem das Hume, noch das Substanzgesetz, von
dem das bereits Locke, noch das Realitätsgesetz, von
dem das die positivistischen Empfindungsanalysten gezeigt haben, eben weil sie bereits die principia con-
stituentia der Erfahrung sind, die sich als ihr conse-
quens constitutum darstellt, gleichsam als ihre Resultante, in der die Komponenten selbst nicht mehr
sichtbar sind, so sehr sie ihre Voraussetzungen bilden
und nur auf einem allein in der Resultante nicht an-
gezeigtem Wege ermittelt werden können. Daraus folgt
aber auch, daß jene konsequenten „Empiristen", die
nur die pars destruens für das Erfahrungsbegreifen
geliefert haben, um dieses selbst zu vollenden, bei
der bloßen Zerlegung nicht stehen bleiben können, sondern konsequenterweise die Synthesis, die alle Erfahrung beherrscht, anerkennen müssen, oder sie nennen
sich Empiristen, und wissen nicht was Empirie ist.

Das Gesetz der Synthesis ist selbst das einende
Band jener Gesetze, sie sind selbst Synthesisformen.
Freilich darf man das nicht subjektivistisch dahin verstehen, daß sie davon abhängig wären, ob wir sie
als psychische Individuen im empirischen Bewußtsein
vollziehen. Ein solches Mißverständnis schließt unsere
ganze vorhergehende Darstellung schon aus, weil ja
dann die Objektivität der Empirie und damit auch
die empirische Bewußtseinsgesetzmäßigkeit selbst eli-
miniert wäre. Wie die Platonische Idee, so sind jene
Gesetze selbst vollkommen davon unabhängig, ob wir
sie denken oder nicht, sie sind, wenn wir hier wieder

auf Goethes „Theorie"-Bedeutung zurückgreifen und die Sache scheinbar paradox ausdrücken, um allein die logische Bedeutung zu betonen, Gedanken, die gelten, ob sie gedacht werden oder nicht. Sie sind, darin kommen sie mit der Platonischen Idee wieder überein, Richtlinien, die bereits anerkannt werden müssen, wenn wir erkennen wollen, die auch das empirische Denken anzuerkennen hat, wenn es erfahren will. Sie sind also gleichsam die Bahnen, in denen sich unser empirisches Denken bewegen soll, wenn es das Ziel der Erfahrungserkenntnis anstrebt. Sie sind aber nicht metaphysisch, sondern transzendental-logisch, weder physisch noch metaphysisch, sondern, wenn uns das Wort erlaubt ist, um einer Verwechslung mit der alten Metaphysik vorzubeugen, prophysisch, weil sie aller Erfahrung logisch voraus- liegen. Ihre psychologische Erkenntnis und sie selbst fallen nicht zusammen. Ihre logische Geltung ist nur die logische Voraussetzung für das psychologische Er- kenntnisfaktum überhaupt, das als solches aber immer bloß Faktum bleibt und nur durch den Erkenntnis- gehalt, nicht seine psychologische Faktizität eine Richtpunktsbeziehung darstellt, in der letzteren aber bloßes Konstitut bleibt. Und im Sinne der logischen Voraussetzungsnotwendigkeit, die man allein unter Apriorität zu verstehen hat, sind sie transzendental. So ist auch die transzendentale Logik weder Physik noch Metaphysik, sondern Prophysik. Sie erklärt uns durch jene Gesetzmäßigkeit, wie der Erfahrungsgegen- stand als Gegenstand für die Erkenntnis erst konsti- tuiert und vollendet wird, um in der Erkenntnis er- griffen und festgehalten werden zu können.

Daraus begreifen wir — das heißt wir gewinnen

einen Begriff von ihr — erst die Erfahrung und erkennen, daß sie nie etwas „Gegebenes" ist, das wir
nur einfach in Schubfächer unseres Geistes unterzu-
bringen brauchten, sondern immer erst etwas Aufgegebenes, und auch das nicht bloß in dem Sinne, daß
es uns aufgegeben wäre, bloß Tatsachen miteinan-
ander zu verknüpfen, sondern auch in dem Sinne,
Tatsachen für sich durch Verknüpfung herzustellen,
zur Einheit zu vollenden und sie dann erst miteinander zu verbinden. Allein hieraus erklärt sich
das sonst als Wunder[1] erscheinende Zusammenstimmen
von logischer Bestimmtheit und Tatsächlichkeit, und
wir sehen nicht bloß, wie wir vorhin schon sagten,
daß die vermeintliche Logik der Tatsachen nichts ist
ohne die Tatsachen der Logik, das heißt die logische
Gesetzmäßigkeit, sondern auch, daß sie erst gerade
durch diese etwas wird. In ihr, in den pro-empirisch
— transzendentalen Gesetzen (nur ein sehr laienhafter
Laie dürfte dabei an ein historisches Prius denken,
wo es sich allein um ein logisches handelt), die nicht
bloß darin bestehen, daß wir sie denken, sondern darin,
daß wir sie denken sollen, wenn wir Erfahrung wollen,
und daß wir sie, um überhaupt Erfahrung nur wollen
zu können, immer schon vorauszusetzen haben, in
jenen logischen Gesetzen also liegen die Mittel zur
Lösung der Erfahrungsaufgabe.

So führt das Erfahrungsproblem in seiner Auflösung an eine doppelte Form gesetzmäßiger Synthesis
heran: einmal an die Verknüpfung von Tatsache zu
Tatsache, wie wir den Begriff der Tatsächlichkeit in
gewöhnlicher Bedeutung nehmen, sodann aber auch,
da diese Tatsächlichkeit selbst bereits eine Synthesis

---

[1] Vgl. oben S. 31 ff.

ist, zur Verknüpfung eines Mannigfaltigkeitsinhaltes zur Einheit der Tatsache selbst. Jenes ist eine transgrediierende, dieses eine immanierende Verknüpfung im Verhältnis zur einheitlich bestimmbaren Tatsache als solcher, die eben als solche selbst bereits Funktion gesetzmäßiger Verknüpfung und nicht etwas absolut Gegebenes ist.

Als absolut Gegebenes scheint nun aber zunächst noch das in der Tatsache zur Einheit zu verknüpfende Mannigfaltige selbst gesetzt. In ihm nun scheint das letzte, als solches unauflösliche Faktum gesetzt zu sein. Aber daß dieses gesetzt ist, das ist, wie wir schon früher gesehen haben[1], selbst logisches Gesetz. Über den Subjektivismus führt dieses Gesetz nun ebenso hinaus, wie über ihn die Gesetze seiner Synthese hinausführen, und darin liegt die Objektivität der Erfahrung verbürgt. Weil sie aber Gesetz ist, eben darum hat auch die Gegebenheit und Objektivität den Sinn der absoluten dinglichen Existenz verloren, wie den Sinn der bloßen Phänomenalität. Denn damit wird die Existenz selbst zum logisch notwendigen Gesetz. Eben darum aber bleibt die Erfahrung nun in keinem Sinne mehr ein bloß passives Aufnehmen von vermeintlich schlechtweg Gegebenem, sie stellt sich in jeder Hinsicht dar als Aktionsfunktion objektiver Gesetzlichkeit.

---

[1] Vgl. das Ende des ersten Abschnitts.

Erfahrung und Geometrie
in ihrem erkenntnistheoretischen Verhältnis.

I. Anschauung und Analysis im Problem der Geometrie.

Bei aller Größe des Kantischen Denkens wird man doch behaupten dürfen, daß es der mathematischen Erkenntnis nicht durchaus gerecht geworden ist. Das dürfte um so seltsamer klingen, als wir schließlich wieder anerkennen müssen, daß Kant im System des Wissens der Mathematik doch die rechte Stelle angewiesen hat. Allein das betrifft eben in der Tat nur den logischen Ort, den die Mathematik innerhalb des Wissenschaftsumfanges überhaupt einnimmt, nicht aber die mathematische Erkenntnisweise selbst. In dieser Unterscheidung haben wir das Mittel, Kants Leistung sowohl in ihrer Bedeutung, wie in den Grenzen dieser Bedeutung gerecht zu werden.

Man kann in der Tat mit Cantoni sagen, Kant sei auf mathematischem Gebiete zu wenig Logiker gewesen, um den Mangel der Kantischen Mathematikauffassung zu bezeichnen. In Deutschland hat sich diese Einsicht unmittelbar aus der Kantischen Schule selbst herausgebildet. Vor allem, wenigstens nächst Hegel, haben Cohen, Natorp und Cassirer die damit bezeichnete Korrektur im mathematischen Denken Kants angebracht und dieses fruchtbar weitergeführt. Und von der Mathematik selbst erhalten wir zu einer solchen Weiterführung die glücklichsten Impulse. Im Auslande sind

es sogar fast mehr die mathematischen als die philosophischen Kreise, von denen für die Gewinnung eines
Verständnisses für das Verhältnis von Philosophie und
Mathematik die lehrreichsten Antriebe ausgehen. Und
es scheint, als sollten wir Deutschen gegenwärtig gerade beim Auslande für dies Verhältnis recht viel
lernen können, mögen auch wieder vielleicht zugunsten
Kants, zugunsten dessen, worin wir die positive Bedeutung der Kantischen Mathematikauffassung sehen,
gerade den ausländischen Forschern gegenüber einige
Einschränkungen notwendig werden. Der Punkt aber,
an dem wir auch hier über Kant hinausgehen müssen,
und an dem sich die Grenze der Bedeutung seiner
Auffassung zeigt, wird in Deutschland wie im Auslande wohl in gleicher Weise richtig bezeichnet. Die
Anschauung spielt bei Kant eine zu große, weil der
Analysis gegenüber zu verselbständigte Rolle; und
eben darum weist er der Analysis eine zu bescheidene
Rolle an. Damit ist zugleich der Gegensatz, der
zwischen der transzendentalen Ästhetik und der transzendentalen Analytik besteht, bezeichnet. Er verschul-
det, wie wir noch sehen werden, in der Ästhetik einen
Rest von „Ding-an-sich"-Dogmatismus, der in das Ganze
seiner Lehre jene schillernde Unbestimmtheit bringt,
gerade weil Kant in der transzendentalen Logik diesen
Dogmatismus selbst überwinden hilft, so daß wir in der
Tat ohne das Ding an sich in seine Lehre nicht eintreten und mit dem Dinge an sich in ihr nicht verbleiben können. Diese Unbestimmtheit läßt sich allein
erklären aus der ungenügenden Bedeutung, die der
Analysis in Kants Lehre zufällt, so daß der berühmte
Ausspruch Jacobis dadurch seine vollkommene, von
Jacobi selbst aber wohl kaum genugsam erkannte Be-

rechtigung erhält. So auch wird es verständlich und
erscheint nicht als bloßer Zufall, daß ein Mann, der
der Mathematik gegenüber eine solche, kaum über-
bietbare Verständnislosigkeit an den Tag legte, wie
Schopenhauer, sich für einen Jünger, ja den Thron-
erben Kants halten konnte und in dem Teile des Kantischen Systems, der dessen eigentliche Schwäche bezeichnet, den Glanzpunkt der Leistung Kants sah, eben
in der transzendentalen Ästhetik.

In dieser steht in der Tat die Anschauung als ein
dem Begriffe Fremdes diesem gegenüber. Damit hat
Kant eine der größten mathematischen Taten, eben
die Analysis, in der Ästhetik nicht zur Geltung kommen
lassen, obwohl seine eigene Analytik selber den Weg
zu ihr weist. Wie wir etwa, um den Sachverhalt
an einem einfachen Beispiele zu verdeutlichen, das
sogenannte physische Kontinuum durch den Begriff
des mathematischen Kontinuums überwinden, indem
wir, was die Anschauung als ununterscheidbar hin-
nimmt, und woran die anschauliche Unterscheidbarkeit scheitert, logisch nichtsdestoweniger stetig sondern, und wie wir dadurch die einzelnen Elemente
in ihrer begrifflichen Bestimmtheit und Diskretion ge-
sondert fassen durch begriffliche „Schnitte", wie die
der Zahlenreihe, so geht die gesamte Richtung der
Analysis auf das Ziel, die Anschaulichkeit, die sie
zwar zum Ausgangspunkte hat, begrifflich zu
meistern. Mit Recht bezeichnet darum David Hilbert
den Weg, auf dem wir zu den „Grundlagen der Geometrie" gelangen, als „logische Analyse unserer räumlichen Anschauungen".[1] Kürzer und treffender kann

---

[1] Grundlagen der Geometrie von Dr. David Hilbert, o. Professor an der Universität Göttingen (Leipzig 1899), Einleitung.

die Unterstellung der Anschauung unter die Logik nicht bezeichnet werden. Hier wird vollkommen deutlich, was wir eben bei Kant vermissen, gefordert, daß durch die wissenschaftliche Geometrie die Anschauung der logischen Analyse zugänglich gemacht und logisch bestimmt werde.

Dieses Ziel bestimmte in gewisser Weise ja auch schon im Besonderen die analytische Geometrie in dem Augenblicke, da sie in der genialen Erfindungskraft eines Descartes geboren ward. Es ist also der Wissenschaft keineswegs erst in unserer Zeit gewiesen worden. Was aber unserer Zeit zu besonderem Verdienste gereicht, das ist gerade, wie Cassirer gesagt hat, die allgemeine „Tendenz der wissenschaftlichen Geometrie, die anschaulichen Elemente, die sie zur ersten Anknüpfung nicht entbehren kann, im Fortgange der Untersuchung mehr und mehr zurückzudrängen, ja sie für die eigentliche Methode des Beweises entbehrlich zu machen"[1], und wie ich noch explizite hinzufügen möchte, den Beweis wirklich logisch zu gestalten.

II. Der Unterschied zwischen Ursprungs- und logischer Beziehung von Erfahrung und Geometrie.

Mit dieser Tendenz hängt sowohl logisch, als auch historisch, die sich zum Heil der Wissenschaft immer mehr durchsetzende Überwindung des Empirismus in der Geometrie, die Einsicht, daß die Geometrie keine Erfahrungswissenschaft sei, zusammen. Soweit ich sehe, sind die Versuche, die Geometrie auf Erfahrung

---

[1] Ernst Cassirer: Kant und die moderne Mathematik. (Mit Bezug auf Bertrand Russells und Louis Couturats Werke über die Prinzipien der Mathematik.) Kantstudien, XII, 1, S. 29.

zu gründen, innerhalb der letzten Jahrzehnte so zurückgegangen, daß sie für manchen Mathematiker kaum
noch ernstlich in Betracht zu kommen scheinen. In
der Philosophie ist freilich auch der mathematische
Empirismus noch nicht soweit erstorben. Aber mancher
Mathematiker, der in vorbildlicher Klarheit dem Philosophen in der Überwindung des Empirismus voraus-
geeilt ist, sieht in diesem höchstens noch eine Ver-
nunftverirrung und sinnlose Absonderlichkeit. „Es
bleibt unmöglich, mit dem Empirismus in der Geometrie einen vernünftigen Sinn zu verbinden.“[1] Dieses
Wort Poincarés dürfte wohl der Ausdruck einer allgemeineren, um nicht zu sagen: der allgemeinen, Anschauung unter den bedeutenden, zugleich philosophisch gerichteten modernen Mathematikern sein. Ich
will, um jedem Mißverständnis für die Folge vorzubeugen, schon hier bemerken, daß ich diesem Aus-
spruche Poincarés rückhaltlos beistimme. Dem Empirismus in der Geometrie, unter dem ich das Bestreben verstehe, die Geometrie auf Erfahrung zu
gründen, kann auch ich absolut keinen „vernünftigen
Sinn“ beimessen. Und ihm zu den vielen bereits vorhandenen Widerlegungen noch eine weitere angedeihen
zu lassen, hieße einerseits seine Bedeutung über-
schätzen, andererseits die respektabelsten Leistungen
der modernen Mathematik nicht gebührend respek-
tieren; ja nicht nur deren Leistungen, sondern auch
die der großen Philosophen von Kant zurück über
Leibniz und Descartes bis letzlich hin zu Platon. Wenn
ich also von vornherein weit davon entfernt bin, dem
geometrischen Empirismus das Wort reden zu wollen,
so darf ich nun hoffen, gegen ein Mißverständnis ge-

---

[1] Poincaré, a. a. O., S. 81.

sichert zu sein, wenn ich auf der anderen Seite erkläre:
So unabhängig die Geometrie logisch von der Erfahrung auch sein mag, so braucht doch keine gänzliche
Beziehungslosigkeit zwischen Geometrie und Erfahrung
zu bestehen. Denn weder braucht das Verhältnis der
logischen Abhängigkeit der Geometrie von der Erfahrung das einzig mögliche Verhältnis zwischen
beiden, noch braucht das Verhältnis der verschiedenen Geometrien zur Erfahrung das gleiche zu sein.
    Da ich hier immer nur von einer logischen Be-
ziehungsmöglichkeit rede, so brauche ich auf das
faktisch-genetische Abhängigkeitsverhältnis der
Geometrie von der Erfahrung nur kurz hinzuweisen.
Denn das wird ja auch von denjenigen Mathematikern nicht bezweifelt, die fast mit einer Art von
Leidenschaftlichkeit das logische Abhängigkeitsverhältnis leugnen und gerade durch die genetische Veranlassung der Erfahrung, wie das Poincaré tut, die
vermeintliche wissenschaftliche „Konvention" gegen
den Verdacht der Willkür zu sichern suchen. Daß
durch dieses letzte Bestreben aber die eigene Position
wieder zugunsten des Empirismus gefährdet wird, tut
hier noch nichts zur Sache. Davon werden wir später
handeln. Zunächst kommt es nur darauf an, die Meinung abzuwehren, daß wir ein genetisches Verhältnis, und nicht ein logisches, im Sinne hätten, und
daß wir meinten, die geometrischen Erkenntnisse ent-
stünden unabhängig von aller Erfahrung. Daß wir
nur immer an der Hand der Erfahrung auch zu unseren
mathematischen Einsichten überhaupt und den geometrischen insbesondere gelangen, daß diese in uns
immer auf Veranlassung der Erfahrung entstehen,
und daß sie ohne alle Erfahrung auch in ihrer ab-

straktesten Form nicht entstehen könnten, das dürfte
nur ein von Kant als philosophia pigrorum bezeich-
neter, noch an angeborene Vorstellungen glaubender
Dogmatismus, zu dem man doch weder den modernen
Mathematiker noch den kritischen Philosophen zählen
darf, in Abrede stellen.

Und es war selbst nur eine Verwechslung eines
solchen mit Recht bekämpften Dogmatismus mit dem
Apriorismus, des „Angeboren" mit dem „A-priori", der
erkenntnistheoretischen mit der psychologischen Bestimmung, die einen Mann von der Bedeutung eines
Helmholtz zu seinen Konzessionen an den Empirismus drängte. Und darüber brauchen wir uns um so
weniger zu verwundern, als sich Kants Prophezeiung,
nach hundert Jahren werde man ihn verstehen,
nicht einmal an der Philosophie ganz erfüllt hat. Da
hat also der Philosoph heute immer noch recht wenig
Grund, auf den Mathematiker und Physiker, der vor
Jahrzehnten jene Prophezeiung noch nicht wahr gemacht hatte, mit vornehmer Geringschätzung herab-
zublicken, wenn er auch, wie das vor mehr als
dreißig Jahren noch Benno Erdmann[1] getan, ohne es

---

[1] In seiner Schrift: „Die Axiome der Geometrie. Eine philosophische Untersuchung der Riemann-Helmholtzschen Raumtheorie."
(Leipzig 1877.) Benno Erdmann selbst dürfte, wie gesagt, schwerlich von seinem eigenen Standpunkte aus, den er in seinem logischen
Hauptwerke (Logik, II. Aufl., Halle a. S., 1907) einnimmt, darin
heute noch den Hauptwert jener seiner Schrift erblicken, worin er
im Jahre 1877 ihren Hauptzweck sah; nämlich in dem „Nachweis,
daß die neue geometrische Raumlehre lediglich in psychologischer
Hinsicht zu positiv wertvollen Konsequenzen führt, sofern sie der
empirischen Raumtheorie der modernen Physiologie zur Bestätigung
dient, daß sie dagegen für die Erkenntnistheorie nur die negative
Bedeutung besitze, die rationalistische Auffassung des Raumes als
einer notwendigen und allein möglichen Form der Sinnlichkeit
auszuschließen". So wenig hier trotz der formalen Trennung der

aber wohl in Konsequenz zu seinem jetzigen logischen
Standpunkte noch heute selbst tun ·zu können, jetzt
nicht mehr mit Helmholtz' Grundanschauungen gehen
kann.

Vor einer Verwechslung von genetischer mit logischer Abhängigkeit sind wir jetzt auf keinem Gebiete sicherer bewahrt, als auf dem der Mathematik
überhaupt und dem der Geometrie insbesondere. So
wenig der wissenschaftliche Mathematiker eine genetische Abhängigkeit der Geometrie von der Erfahrung
bestreitet, so wenig kommt es ihm noch in den Sinn,
eine logische Abhängigkeit der Geometrie von der Erfahrung herzustellen. Daran hindert ihn mit Recht
die bereits von Platon gewonnene Einsicht, daß wir
die Inhalte mathematischer Erkenntnis schlechtweg
nicht „erfahren" können. Die Erfahrung zeigt uns
zum Beispiel, um ein bekanntes, geläufiges Beispiel
zu wählen, nie eine Linie im mathematischen Sinne,
sondern immer nur einen „Streifen", den wir, wie
weit wir ihn auch „zusammenschrumpfen" lassen, nie
bis zur breitelosen Linie in der Erfahrungswahrneh-

erkenntnistheoretischen und der psychologischen Bestimmung auch
schon die scharfe inhaltliche Trennung erreicht ist, so sehr uns
gerade diese zweite Seite der Unterscheidung für den zweiten,
negativen Teil der Behauptung Erdmanns gerade zu entgegengesetzten Konsequenzen führt, so sehr endlich hier noch der Empirismus sein Feld zu behaupten sucht, so bedeutsam ist es doch, daß
hier überhaupt der bei Helmholtz verkümmerte, durch immanente
Kritik eigentlich schon über den Empirismus hinausführende Unterschied der psychologischen und der erkenntnistheoretischen Seite
auf mathematischem Gebiete angewandt wird; ganz abgesehen davon, daß Erdmann im einzelnen, so wenig ich mich mit dem Haupt-
zwecke seiner Schrift einverstanden erklären kann, eine Mannigfaltigkeit von Darlegungen bringt, die mir auch jetzt noch wertvoll
erscheinen, wenn ich auch hier nicht auf sie eingehen kann, eben
weil ich einen anderen Zweck verfolge.

8*

mung verschmälern können, wenn er eben noch „erfahrbar" sein soll. Freilich setzt seine wissenschaftliche „Erfahrbarkeit" seine mathematische Bestimmbarkeit voraus; eben darum aber ist sie nicht diese; so wenig je das, was vorausgesetzt wird, mit dem zusammenfällt, wofür es vorausgesetzt wird. Das eine beginnt da, wo das andere aufhört und umgekehrt. Das hat, wie gesagt, schon Platon gesehen. Die Beispiele ließen sich ins Ungezählte häufen. Um statt vieler nur noch wenige zu erwähnen, so sei an die fundamentale, jedem Mathematiker geläufige Unterscheidung zwischen dem mathematischen Raume und dem empirischen Vorstellungsraum erinnert, von denen diesem, wenn wir genau zusehen, gerade die wesentlichsten Eigenschaften jenes fehlen, nämlich: — von der Anzahl der Dimensionen ganz abgesehen — die Unendlichkeit, die Homogeneität, die Isotropie, die mathematische Kontinuität. Vor allem denke man aber auch an das Verhältnis von mathematischem und empirischem Kontinuum selbst. Jeder, der auf mathematischem Gebiete kein ganzer Fremdling ist, wird die Beispiele nach Belieben vermehren können. Ich kann hier auf weitere verzichten. Die wenigen erwähnten sollten mir nur dazu dienen, daß für die folgende Darlegung der Schein vermieden würde, als ob die von den Mathematikern behauptete logische Unabhängigkeit nicht nur der Mathematik überhaupt, sondern auch insbesondere der Geometrie von aller Erfahrung hier verkannt würde. Sie sei also ohne weiteres eingeräumt, auch wenn damit nicht eine absolute Beziehungslosigkeit — und zwar jetzt selbst im logischen, nicht im genetischen Sinne — zugegeben werden soll. Denn, wie schon gesagt, wenngleich es vollkommen richtig ist, daß die

Geometrie nicht von der Erfahrung logisch abhängig
ist, so brauchte das doch keineswegs das einzig mögliche logische Verhältnis zwischen ihnen zu sein. Wäre
es doch möglich, daß umgekehrt die Erfahrung von
der Geometrie — wenn auch nicht in deren gesamten
Umfange — logisch abhängig wäre; worauf wir ja
bereits mit unserem ersterwähnten Beispiele soeben,
wenigstens andeutungsweise, hinwiesen. Und wenn
das der Fall wäre, hätten wir in der Tat ein innigeres
erkenntnistheoretisches Verhältnis gewonnen, als es
etwa ein so hervorragender Mathematiker, wie Poincaré, wohl infolge seiner etwas leidenschaftlichen Abneigung gegen den Empirismus, anzuerkennen geneigt
zu sein scheint. Dabei sei aber auch gleich bemerkt,
daß wir der Erfahrung selbst nicht einmal die Kraft
einer „Bestätigung" der Geometrie, etwa im Hinblick
auf die Resultate der Astronomie, einzuräumen
brauchen.[1]

III. Widerspruchsgesetz und Antinomiegesetz
in ihrer Bedeutung für die Geometrie.

Man hat dies versucht, um unter den verschiedenen Geometrien „die richtige" herauszufinden. Poincaré sieht mit Recht einen solchen Versuch als absurd
an. An diesem Punkte knüpfe ich besonders an Poincaré an. Ich tue es deshalb, weil Poincarés Anschauungen gegenwärtig ganz besonders für eine gegenseitige
Orientierung von Philosophie und Mathematik wirksam
sind; zugleich aber auch, weil von diesem Punkte aus
am ehesten deutlich wird, worin Poincarés Anschau-

---

[1] Dazu vergleiche man: W. Meinecke, „Die Bedeutung der
Nicht-Euklidischen Geometrie in ihrem Verhältnis zu Kants Theorie
der mathematischen Erkenntnis". (Kantstudien, XI, 2, S: 230.)

ungen einer philosophischen Berichtigung bedürfen.
Für so wertvoll ich also auch die Anregungen halte,
die für die Philosophie der Mathematik von ihnen aus-
gegangen sind,. und so dankbar wir ihm von seiten
der Philosophie sein müssen, weil er gerade von seiten
der Mathematik den Empirismus aus der Mathematik
verwiesen hat, wodurch er sich auch um die Philosophie ein besonderes Verdienst erworben hat, so ist
trotzdem hier doch vorwiegend bloß in kritischer Absicht an ihn anzuknüpfen, wenigstens für unser erkenntnistheoretisches Problem. Was nun den Versuch,
vermittels der Bestätigung durch Erfahrung die „richtige Geometrie" herauszufinden anlangt, so bemerkt
Poincaré: „Eine Geometrie kann nicht richtiger sein
als die andere; sie kann nur bequemer sein. Und
die Euklidische ist die bequemste, und wird es immer
bleiben: 1. weil sie die einfachste ist, und das ist
sie nicht nur infolge der Gewohnheit unseres Ver-
standes oder infolge irgendwelcher direkten Anschauung, sondern sie ist die einfachste in sich, gleichwie
ein Polynom ersten Grades einfacher ist als ein Polynom zweiten Grades; 2. weil sie sich hinreichend
gut den Eigenschaften der natürlichen festen Körper
anpaßt, dieser Körper, welche uns durch unsere Glieder
und unsere Augen zum Bewußtsein kommen, und aus
denen wir unsere Meßinstrumente herstellen."[1]
Ich habe diese Bemerkung ausführlich hergesetzt,
weil sie ebenso interessant wie lehrreich ist; und das
wiederum ist sie, weil sie nach der einen Seite hin
ebenso zutreffend, wie nach der anderen Seite hin
unzutreffend ist und wir trotzdem nach beiden Seiten
hin von ihr lernen können. Wir können den einen

---

[1] A. a. O., S. 52.

Grundgedanken ebenso rückhaltlos akzeptieren, wie
wir den anderen rücksichtslos um- und fortbilden
müssen. Was nämlich Poincaré über die Richtigkeit
der Geometrien sagt, erscheint uns ebenso richtig
selber, wie uns das unannehmbar ist, was er über
ihre „Bequemlichkeit“ bemerkt, obwohl er darin ebenfalls mit Recht keine „Bestätigung durch Erfahrung“
sieht.

Was zunächst die Richtigkeit anlangt, so ist es
gewiß, daß der Satz: keine Geometrie kann richtiger
sein als die andere, durchaus zutrifft, wenn wir ihn
auch vielleicht anders begründen als der berühmte
Mathematiker. Die Richtigkeit als solche läßt aber
jedenfalls, wenn wir sie streng logisch fassen — und
nicht im psychologischen Sinne als mehr oder minder
große Annäherung des Denkens an das Erkennen —,
keine Einteilung in Grade zu. Sie duldet, wie man
in der Logik gesagt hat, keinen „Kompromiß“. Es
ist danach etwas nicht richtiger als etwas anderes;
sondern es ist entweder richtig oder es ist nicht richtig.
Tertium non datur. Daraus folgt nun auch, daß eine
Geometrie nicht richtiger sein kann als eine andere,
sondern eben nur, daß sie entweder richtig ist, oder
daß sie es nicht ist, und daß es auch hier kein
Drittes gibt.

Hier scheint uns nun aber gerade die moderne
Geometrie in Verlegenheit zu bringen. Folgt zwar auch
für uns, daß keine Geometrie richtiger sein kann als
die andere, so scheint sich aber gleich eine Schwierigkeit aus unserer Alternative: entweder richtig oder
nicht richtig zu ergeben; eine Schwierigkeit, die uns
in Widerspruch gerade damit zu setzen scheint, daß
jede Geometrie „gleich richtig“ sein soll. Es erhebt

sich hier doch sofort die Frage: wie steht es aber
denn da mit jeder „anderen", wenn man annimmt,
daß die eine richtig ist? Muß dann eben die „andere"
nicht notwendigerweise nicht richtig, das· heißt falsch
sein, wenn es ein Drittes nicht gibt? Nehmen wir
einmal an, die Euklidische Geometrie sei richtig,
müssen dann nicht die von Lobatschewsky und die
von Riemann falsch sein? Oder wenn die von Lobatschewsky richtig ist, müßte dann nicht die Euklidische
und die Riemannsche falsch sein; oder wenn diese
letzte richtig ist, sind dann nicht die beiden anderen
notwendig falsch? Kurz, wenn man sich n Geometrien
ausdenkt, müssen dann nicht immer n—1 Geometrien
falsch sein, sobald man annimmt, die eine sei richtig?
Allein ergibt sich, so fragen wir gleich weiter, dieser
Schein wirklich daraus, daß etwas nicht mehr oder
weniger richtig sein kann, weil die Richtigkeit keine
Grade kennt? Wenn wir mit Poincaré zugeben, daß
keine Geometrie richtiger sein kann als die andere;
wenn wir dies aber zum Unterschiede von Poincaré
deshalb tun, weil logisch die Frage nach größerer oder
geringerer Richtigkeit ihren Sinn verliert, folgt daraus
wirklich schon gegen Poincaré und die ganze moderne
Geometrie, daß wenn eine Geometrie richtig ist, die
andere falsch sein müsse?

Um die Sache etwas konkreter zu wenden, diene
folgende Überlegung, die sich auf eine bestimmte
Einzelbehauptung aus jeder der drei erwähnten Geometrien bezieht und uns zugleich das Gesamtverhältnis
deutlich macht.

Nach Euklid   ist die Winkelsumme im Dreieck $= 2\,R$

„   Lobatschewsky „   „   „   „ $< 2\,R$

„   Riemann   „   „   „   „ $> 2\,R.$

Diese Sätze widersprechen sich augenscheinlich.
Nun ist mit den drei Disjunktionsgliedern des
„Gleichen", des „Größeren" und des „Kleineren" (als
2 R) offenbar eine sogenannte vollständige Disjunk-
tion erreicht. Stünden wir dieser nur mit dem Widerspruchsgesetze gegenüber, so müßten gewiß, wenn
einer dieser Sätze richtig wäre, die anderen falsch
sein, ohne daß einer richtiger als der andere zu sein
brauchte. Wir würden also von dem Poincaréschen
Ausgangspunkte her, gerade weil von einer größeren
oder geringeren Richtigkeit nicht die Rede sein soll,
gerade dadurch, daß wir alle Richtigkeits-„Kompro-
misse" streng ablehnen, scheinbar zu ganz anderen
Konsequenzen geführt.

Nun ist aber wahrlich nicht wenig und nicht
fruchtlose Mühe darauf verwendet worden, zu zeigen,
daß keine der Geometrien durch die andern gefährdet
werden könne. Das ist selbst auch durchaus richtig.
Wie aber ist das im Hinblick auf jene drei, wie es
scheint, einander disjunktiv ausschließenden, also einander doch wohl widersprechenden Sätze möglich?
Nur dann ist es, wie das natürlich jeder Mathematiker
weiß, und was zunächst nur den Laien befremdet,
möglich, wenn wir es hier gar nicht mit dem viel-
gepriesenen Widerspruchsgesetze, das nur die Axiome
zum Teil trennt, zu tun haben, sondern vielmehr vor
jenem logischen Verhältnis stünden, das wir in der
Logik als Antinomie zu bezeichnen pflegen, wonach,
wenn scheinbar von einer Beziehung f eine andere
f_1 zu gegenseitiger Aufeinanderbeziehung im Urteil behauptet wird, die scheinbar zu einer zweiten f_2 und
einer dritten f_3 ebenfalls behaupteten Beziehung in
Widerspruch steht, die erste Beziehung f in den ein-

zelnen Disjunktionsurteilen nicht identisch ist, sondern
in ihnen als f′, f″, f‴ etc. auftritt. Das heißt, auf
unser Beispiel angewandt, nichts anderes, als was
jedem Mathematiker geläufig ist: daß das Dreieck
Euklids eben nicht auch das von Lobatschewsky und
von Riemann ist und keines mit dem anderen ver-
tauscht werden kann. Dieser antinomische Gedanke
auf das Ganze der verschiedenen Geometrien erweitert,
scheidet diese erst vollkommen voneinander. Die hier
dargelegte Antinomie, in ihrer Setzung und Auflösung,
ist die implizite Voraussetzung für die Möglichkeit der
verschiedenen Geometrien. Die Geometer machen sie,
indem sie die verschiedenen Geometrie-Gebiete als vom
Widerspruchsgesetze nicht betroffen, bzw. zum Teil
nur in den Axiomen betroffen, scheiden.[1] Hier sollte
nur die implizite methodische Voraussetzung kurz ex-
pliziert werden. Wenn es also auch ein Drittes
zwischen Richtigkeit und Unrichtigkeit nicht gibt, so
bezieht sich das stets auf eine bestimmte Setzung.
Ist diese richtig, so kann sie freilich nicht auch unrichtig sein. Aber neben ihr sind selbst Setzungen
möglich, die zur ersten zwar in einem antinomisch-
gegensätzlichen, aber nicht in einem kontradiktorischen
Widerspruchsverhältnis stehen. Mithin war die Schwierigkeit, die sich aus der Ablehnung einer Richtigkeits-

---

[1] Über die Richtigkeit oder Unrichtigkeit der freilich zum Teil
widersprechenden und von ihren nur antinomischen Systemen wohl
zu unterscheidenden Axiome entscheidet aber bekanntlich nicht
immer ein Beweis. Wenn wir schließlich trotzdem eine Wertunter-
scheidung treffen, so ist dies nicht selbst eine bloß formale im
eigentlichen Sinne Richtigkeitsentscheidung, sondern eine Leistungs-
fähigkeitsentscheidung eben über das auf ihnen aufgebaute Wissenssystem. Freilich werden wir, wie sich zeigen wird, diese Leistungs-
fähigkeitsentscheidung nicht mit Poincaré durch das Kriterium der
Bequemlichkeit herbeiführen dürfen.

einteilung in größere oder geringere Richtigkeit zu
·ergeben schien, eben nur Schein.

Danach haben wir also streng zu unterscheiden
zwischen antinomischem Gegensatze und logischem
Widerspruch. Beide fallen nicht zusammen. Ja, der
antinomische Gegensatz ist nur möglich, wenn die anti-
thetischen Disjunktionsglieder im Verhältnis zueinander widerspruchlos sind, den Widerspruch aus-
schließen. Das ist demnach die Voraussetzung auch
dafür, daß die verschiedenen Geometrien zueinander
— obwohl im Gegensatz, so doch nicht im Widerspruch — stehen, das heißt also nebeneinander logisch möglich sind. Dafür ist aber schließlich für
jede einzelne selbst ein eindeutiger und in sich selbst
widerspruchloser Gehalt gefordert. Und so tritt hier
zu der ersten Forderung antinomischer Widerspruchslosigkeit, wonach jede Geometrie neben der
anderen muß bestehen können, die zweite Forderung
immanenter Widerspruchslosigkeit, wonach jede
Geometrie muß für sich selbst bestehen können, in
sich selbst widerspruchslos sein muß; nur so kann
sie ja auch die erste Forderung erfüllen.

Diese immanente Widerspruchslosigkeit ist es, auf
die von mathematischer Seite darum ein besonderer
Nachdruck gelegt wird. Und sie meint man, wenn
man von den verschiedenen Geometrien in einer logisch nicht ganz korrekten Weise sagt, daß keine richtiger sei als die andere. Streng genommen darf man
nur sagen: jede sei widerspruchlos.[1] Denn so allein

---

[1] Das tut korrekterweise auch David Hilbert, a. a. O., S. 19ff.
Da ich hier immer schon die spezifisch mathematischen Entwick-
lungen voraussetze, verweise ich für die nächsten Bemerkungen
hier wieder auf dessen Werk; insbesondere für die mathematische

haben wir jene formale Richtigkeit zu verstehen, als
welche Widerspruchslosigkeit des Denkens bedeutet.
In der Tat kann man ja bekanntlich jede der verschiedenen Geometrien von ihren Axiomen her konstruieren.
Euklid baut von seinen Axiomen aus seine Geometrie
auf. Durch Fallen-Lassen seines Parallelenaxioms und
Annahme seines numerischen Gegensatzes, sowie unter
Beibehaltung der anderen Axiome folgt rein logisch
und widerspruchlos konstruiert, das heißt also „richtig", die Geometrie Lobatschewskys — von der Poincaré mit Recht sagt, daß „ihre unfehlbare Logik in
nichts derjenigen der Euklidischen Geometrie nach-
steht" (a. a. O. S. 38) —, wie durch weiteres Fallen-
Lassen des ersten Geradenaxioms die neuen ebenso
mit den Euklidischen, wie mit den Lobatschewskyschen
Sätzen im antinomischen Gegensatz stehenden, in sich
aber widerspruchslosen Sätze Riemanns folgen.

Entwicklung des Begriffs der „Unabhängigkeit" der Axiome und
der Methode des „Fallen-Lassens" der Axiome auf die überaus
klaren und auch methodologisch instruktiven Darlegungen auf S. 21 f.
und S. 23 ff. Ich füge hier selbst nur noch eine kurze methodische
Bemerkung hinzu. Man hat zweierlei auch hier, das logische und
das psychologische Moment, zu unterscheiden. Es ist gewiß richtig,
daß man die „Unabhängigkeit" durch die „Methode des Fallen-
Lassens" erkennt, was auch gerade Hilberts Verfahren charakterisiert. Darum ist es ungereimt, gegen Hilbert einzuwenden, daß
er die Unabhängigkeit für das Fallen-Lassen ja schon voraussetze.
Es ist eben zu unterscheiden zwischen der Unabhängigkeit an und
für sich und der Ermittlung der Unabhängigkeit in der tatsächlichen Erkenntnis, das heißt zwischen dem logischen und dem
psychologischen Moment. Hilbert wahrt also gerade durch sein
Verfahren den reinlichen Unterschied und begeht keineswegs eine
Vermischung beider Momente: durch Fallen-Lassen erkennt man
die Unabhängigkeit, und weil die Unabhängigkeit logisch besteht,
kann man das Fallen-Lassen bewirken.

IV. Die transzendentallogische Erfahrungsgründung als Wertunterschied für die Geometrieen.

In Rücksicht auf das rein formal-logische Gesetz des Widerspruchs sind also die verschiedenen Geometrien vollkommen gleichwertig. Und doch sind sie nicht absolut gleichwertig. Auch Poincaré erkennt einen Wertunterschied an, der logischerweise in den, allein widersprechend geschiedenen, Axiomen als ὑποθέσεις im echt Platonischen Sinne liegen muß, in Rücksicht auf das, was sie in dem von ihnen aus konstruierten Wissenssysteme leisten. Allein so sehr ich, auf Grund der Unmöglichkeit einer Gradeinteilung innerhalb des Richtigkeitsbegriffes, die Frage, welche Geometrie — in Rücksicht auf den formalen Richtigkeitsbegriff — richtiger sei, als die andere, als sinnlos erkenne, so wenig kann ich den Wertunterschied in einer bloß größeren oder geringeren Bequemlichkeit setzen. Indem Poincaré das tut, ist er gerade dem Empirismus, dem er so eifrig zu entgehen strebt, wieder verfallen, wie es besonders seine Tendenz, die Axiome, um sie nicht auf Erfahrung gründen zu müssen, in der „Konvention" zu begründen, beweist. Denn „Bequemlichkeit" und „Konvention" sind selbst durchaus empirische Faktoren. Und doch hängt die auch von Poincaré anerkannte Wertdifferenz — nach diesem selbst in gewisser, aber für ihn freilich in anderer als der hier darzulegenden Weise — mit der Erfahrung zusammen. Das aber nicht in dem von Poincaré ebenfalls abgelehnten Sinne, als ob die eine von ihnen durch Erfahrung bestätigt werden könnte, die andere aber nicht. Wir werden vielmehr sehen, daß gerade die Art dieses Zusammenhanges eine Bestätigung durch

Erfahrung ausschließt. Ferner aber auch nicht in dem Sinne, daß die eine von ihnen der Erfahrung widerspräche, die andere aber nicht. Hier ist es gerade Poincaré, der sehr treffend erklärt: „Keine Erfahrung wird jemals mit dem Euklidischen Postulate im Widerspruch sein, ebenso aber andererseits: keine Erfahrung wird jemals im Widerspruch mit dem Lobatschewskyschen Postulate sein."[1]

Wir stoßen so auf eine dritte Widerspruchslosigkeit, die zu der bereits geforderten, einerseits der antinomischen, andererseits der immanenten, hinzukommt als Widerspruchslosigkeit der Geometrie zu der Erfahrung. Wenn also auf solche Weise weder das Euklidische noch das Lobatschewskysche Postulat einen Widerspruch zur Erfahrung enthält, so scheinen die verschiedenen Geometrien mit der Erfahrung gleich verträglich zu sein. Allein es besteht dennoch ein Unterschied in diesem Verträglichkeitsverhältnis. Seine Auflösung eröffnet uns einen neuen Ausblick und ermöglicht uns in letzter Linie die Bestimmung des erkenntnistheoretischen Verhältnisses von Geometrie und Erfahrung.

Es kommt dabei auf eine genauere Fassung einerseits des Wesens der Verträglichkeit, andererseits desjenigen der Erfahrung an. Sie sind verträglich mit der Erfahrung in dem Sinne, daß die „gegebene", vermeintlich „fertige" Erfahrung beide zuläßt; und zwar aus dem einfachen Grunde, weil sie als solche uns weder das eine noch das andere in sinnfälliger Evidenz an die Hand gibt. Auch hier vermochte schon die Platonische Einsicht, auf die sich gerade für das mathematische Gebiet keiner je so nachdrucksvoll be-

---

[1] A. a. O., S. 77.

rufen sollte, als Galilei, den Gedanken zur größten
Klarheit zu entwickeln, daß das empirische Erkennt-
nisgebiet das mathematische Gesetz überhaupt nie
erreichen, es darum ebensowenig je widerlegen, wie
je bestätigen könne.

Etwas anderes aber ist die „fertige", die „gegebene" Erfahrung; etwas anderes die aufgegebene
Erfahrung, das Problem jener Erfahrung, die von der
Wissenschaft erst zu leisten ist. Zu den Leistungs-
methoden aber gehört ganz allgemein die Mathematik.
Von ihren methodischen Leistungsmitteln ist es unter
den Geometrien diejenige Euklids, die dem Erfahrungsgegenstande gegenüber mit den überhaupt möglichen
Geometrien, wie wir gesehen haben, das Gemeinsame
hat, daß sie dem Erfahrungsgegenstande weder widerspricht, noch von ihm bestätigt wird; und, wie wir
jetzt sehen werden, das Auszeichnende besitzt, daß
sie den Erfahrungsgegenstand erst ermöglicht, ihm eben
seine Gegenständlichkeit mit verbürgt. Ihre Verträglichkeit mit der Erfahrung ist also nicht bloße Widerspruchslosigkeit im Verhältnis zur Erfahrung — jene
dritte Form der Widerspruchslosigkeit, die zur antinomischen und immanenten Form hinzutritt — sondern
positive Erträglichkeit, das heißt Grundstiftung der Erfahrung. Mithin liegt das Wertentscheidende nicht in
der formalen, sondern der transzendentalen Logik.[1]

---

[1] Ich freue mich, daß, seitdem ich das ausgesprochen,
R. Hönigswald in seinem auf dem Heidelberger Kongreß für Philosophie gehaltenen Vortrage „Über den Unterschied und die Beziehungen der logischen und der erkenntnistheoretischen Elemente
in dem kritischen Problem der Geometrie" zu dem gleichen Ergebnis gelangt ist. Vgl. den Bericht über den „Dritten internatio-
nalen Kongreß für Philosophie zu Heidelberg", besonders S. 891,
wo es heißt: „Prinzipiell unterschieden voneinander sind die Geo-

In diesem Sinne behält auch Kant, was die Stellung
der Geometrie im System des Wissens anlangt, Recht,
mag er auch ihrer eigentlichen Erkenntnisweise nicht
gerecht geworden sein, trotzdem auch er schon den
Gedanken einer „höchsten" Geometrie, von der die
Euklidische nur eine besondere Form sein soll, gefaßt
hatte. Unter diesem Gesichtspunkte wird in der Tat
seine geometrische Anschauungsweise von der nicht-
euklidischen ebensowenig getroffen, wie sie selbst diese
trifft. Sie bestehen rein logisch wohl und gut zusammen, nur erhält die Euklidische Geometrie im
Wissenssystem das Plus der erfahrungsstiftenden
Funktion. Und wenn Poincaré, um ihn hier wieder
zum Vergleich heranzuziehen, in der „Angepaßtheit"
der Euklidischen Geometrie an die „Körperwelt" — das
ist doch wohl Naturerfahrung — das Wertentscheidende
sieht, so hat er als implizite Voraussetzung unbewußt
bereits die transzendentale Logik gefordert. Wenn wir
nun mit einer geringen Verschiebung des gewöhnlichen
Wortgebrauchs sagen: die Euklidische Geometrie ist
im Verhältnis zur Erfahrung transzendentale Voraussetzung, die nicht-euklidische Geometrie hingegen ist
transzendent, so könnten wir damit selbst Poincarés
Behauptung über die Euklidische Geometrie erkennt-
nistheoretisch begründen: „sie ist die einfachste in
sich, gleichwie ein Polynom ersten Grades einfacher
ist als ein Polynom zweiten Grades".

Indes jene transzendentale Forderung hat Poincaré nur implizite gestellt. Wir können sogar genau
den Punkt bezeichnen, der ihn zu der expliziten For-

---

metrien nur im Hinblick auf ihr erkenntnistheoretisches Verhältnis zum Begriffe der Erfahrung; denn positiv ist dieses Verhältnis nur bei der euklidischen Geometrie."

mulierung nicht kommen läßt: nämlich die Verkennung des Unterschiedes von formaler und transzendentaler Logik. Indem wir dies noch aufdecken, geben wir einerseits unserer Aufstellung von der erfahrungsstiftenden Funktion der Euklidischen Geometrie allein die eigentliche Begründung, wie wir andererseits zugleich jeden Einwand gegen unsere Darlegung abschneiden.

Es könnte zunächst freilich scheinen, als ob wir jede Geometrie zur Grundlage der Erfahrung machen könnten, indem wir diese eben in die „Sprache" der verschiedenen Geometrien „übersetzen", wie wir etwa die mechanischen Tatsachen auch ganz anders „aussprechen" können, als wir es in der klassischen oder auch noch in der energetischen Mechanik zu tun pflegen, „indem wir sie auf einen nicht-euklidischen Raum übertragen".[1] Allein ich brauche hier nicht besonders darauf aufmerksam zu machen, daß wir, um beim Bilde zu bleiben, dann doch immer von einer Art „Grundsprache" ausgehen. Wichtiger — daß ich selbst das für wichtiger erklärt habe, und das Poincarésche Bild eben gerade auf eine bloß bildliche Bedeutung eingeschränkt habe, scheint mir in einigen Auseinandersetzungen mit meiner Auffassung, so auch von Hugo Bergmann, übersehen worden zu sein — ist es, daß die „übertragenen" Tatsachen dann eben doch nicht die realen Tatsachen sind. Und das ist es auch, was einen Unterschied im erkenntnistheoretischen Verhältnis der verschiedenen Geometrien zur Erfahrung begründet.

Wer freilich des Glaubens ist, daß aus dem Begriffe als bloßer widerspruchsloser Definition auch

<hr>

[1] Poincaré, a. a. O., S. 92.

schon die Existenz des Definierten folge, mag auch
glauben, daß jede Geometrie in gleicher Weise Erfahrung zu begründen vermöge, denn widersprechen kann
ihr ja nach den vorangehenden Ausführungen keine.
Allein wer bedenkt, daß die Existenz eine eigene logische Gesetzmäßigkeit bedeutet, die im Verhältnis zum
Widerspruchsgesetze etwas ganz neues zu besagen hat,
dem geht hier gleich ein weiterer Unterschied unter
transzendentalem Betracht auf. Der Transzendentalphilosophie kommt es nicht darauf an, die formal möglichen Erfahrungen in eben dieser formalen Möglichkeit, sondern die reale Erfahrung in ihrer realen Möglichkeit zu begreifen. Die Widerspruchslosigkeit bezeichnet aber immer nur formale, nicht reale Möglichkeit. Wir können darum ruhig zugeben, daß auch die
nicht-euklidische Geometrie formal-mögliche Erfahrung
logisch bedingen kann. Aber allein die euklidische
Geometrie ermöglicht logisch reale Erfahrung. Sie ist
Möglichkeitsgrundlage für Wirklichkeitserkenntnis, die
anderen sind solche Grundlage immer nur für Mög-
liches. Es ist daher, wie Cassirer[1] bemerkt, ganz im
Kantischen Sinne, wenn Couturat gegen Poincaré die
völlige Verschiedenheit des Widerspruchsgesetzes und
des Existenzialgesetzes betont, indem er in den von
Cassirer wiedergegebenen Sätzen ausführt: „der Widerspruch ist ein rein negatives Kriterium der Existenz;
er ist ein Kriterium der Nicht-Existenz. Nicht das
Fehlen des Widerspruchs ist es, was die Existenz
eines Begriffs beweist, sondern umgekehrt ist es die
Existenz eines Begriffs, die seine Widerspruchslosigkeit
verbürgt."

---

[1] A. a. O., S. 41. Hier gibt Cassirer, der ja eigens Kants Verhältnis zur modernen Mathematik behandelt, die eingehende und
ausführliche Parallelstelle aus der Kr. d. r. V., S. 181f.

Aber so sehr Kant auch den formalen Ontologismus zurückgewiesen hat, so macht sich doch gerade
hier eine historisch recht interessante Problemkonstellation bemerkbar. Man wird es schon beachtet
haben, wie gerade hier der von Kant zurückgewiesene
formale Ontologismus und der von Kant mit verschul-
dete „Ding-an-sich"-Dogmatismus, der das „An-Sich"
in Dingen sieht, trotz aller Verschiedenheit, in gewissem Sinne Hand in Hand gehen. Wenn der formale Ontologismus aus der formalen Widerspruchslosigkeit auf die Existenz schließt, muß er konsequenterweise die Gleichwertigkeit der verschiedenen
Geometrien für die Erfahrung und damit aber auch
eine Mehrheit von Erfahrungen einräumen, deren einzelne einer bestimmten Geometrie entspricht. Anders
verfährt der Ding-an-sich-Dogmatismus.[1] Aber er muß
doch, wenngleich von anderem Ausgange her zum

---

[1] An diesem Punkte macht sich der fundamentale Widerspruch zwischen der transzendentalen Ästhetik und der transzendentalen Logik Kants und mit jenem auch die schroffe Gegen-
sätzlichkeit von Anschauung und Analysis am schärfsten bemerkbar. Die Ästhetik setzt absolut existierende „Dinge an sich" voraus,
die vermittels der Anschauungsformen nur „erscheinen". Darum
können wir ohne das Ding an sich nicht in das Lehrgebäude Kants
eintreten. In der Analytik treten Existenz, wie Dinglichkeit als
Kategorien — Dasein und Realität — auf. Darum können wir mit
dem „Ding an sich" in der Tat nicht länger im Lehrgebäude
Kants verbleiben. Es hat sein Heimatsrecht verloren; und das —
von Rechts wegen. — Das charakteristische Widerspiel von Anschauung und Begriff in der Kantischen Lehre behandelt, zwar ohne
die besondere Beziehung auf das mathematische Problem, doch in
allgemein erkenntnistheoretischer Beziehung durchaus zutreffend
auch die Arbeit Zschockes „Über Kants Lehre vom Schematis-
mus der r. V.", Kant-Studien XII, S. 157 ff.; und zwar ausführlicher, als ich es für meinen besonderen Zusammenhang, für
den mir Kant vorwiegend bloß zur historischen „Illustration"
dient, nötig habe.

gleichen Ziele gelangen. Er geht aus vom Dasein absolut existierender, vom Erkennen und dessen Gesetzen unabhängiger Dinge, sieht also die Existenz
und die Dinglichkeit nicht selbst als Erkenntnisgesetze,
sondern als von diesen unabhängige Absoluta an.
Wenn er aber diesen Ausgangspunkt hat, so muß er,
da er die formal-widerspruchslose Möglichkeit der verschiedenen Geometrien doch ebensowenig leugnen
kann, so wenig wir sie leugnen und so wenig der formale Ontologismus sie leugnet, zu der Konsequenz
einer Mehrheit möglicher Erfahrungen gelangen. Be-
stünden wirklich seine absoluten „Dinge-an-sich" zu
Recht, so müßten sie in der Tat in einer Mehrheit
von Erfahrungen als mannigfache „Erscheinungen"
darstellbar sein, je nachdem sie nämlich unter dem
Anschauungsgewand — zu einem solchen würden ja
dann die verschiedenen Geometrien nach Schopenhauers berüchtigtem Vorgang herabgesetzt — dieser
oder jener Geometrie erscheinen. Hier ließe sich Poincarés Auffassung von der größeren oder geringeren
Angepaßtheit einer Geometrie an die Erfahrungsgegen-
stände aufs glücklichste mit dem Ding-an-sich-Dogmatismus harmonisch verbinden. Poincarés eigener, zu-
treffender Gedanke, es nicht mit Dingen, sondern mit
Beziehungen zu tun zu haben, wird über Bord geworfen, sobald er von jener Angepaßtheit spricht. Denn
der Erfahrungsgegenstand wird, sobald wir von einer
Angepaßtheit einer Geometrie an ihn reden, immer
noch im dogmatischen Sinne eines „Dinges-an-sich"
genommen, dem etwa Wesen verschiedener Geometrien
nur immer die eigene als Anschauungsgewand über-
ziehen, so daß ein Gegenstand, der „an sich" A ist,
etwa dem Euklidischen Wesen als a, dem Lobatschews-

kyschen als α etc. „erscheinen" müßte. Eine solche Auffassung[1], die selbst wieder den Sinn der Analysis ins Schwanken bringt, kommt nicht los von einer Abbildungstheorie. Man wird diese mit der naiven Abbildungstheorie, der ja die Vorstellung ein adäquates Abbild des Gegenstandes geben soll, nicht verwechseln dürfen. Aber Abbildtheorie ist auch sie. Wir könnten sie, zum Unterschiede von der naiven, vielleicht am besten als „Theorie des schlechten Abbildes" bezeichnen, da die Vorstellung das Ding, das da erscheinen soll, nie adäquat, sondern nur als „Erscheinung" wiedergibt, aber dadurch eben doch auf ein absolutes Ding hindeutet.

Für die kritische Philosophie aber, der das Existenzialgesetz, wie die Dinglichkeit eben Gesetz ist, die das Gesetz jedoch nicht dinglich hypostasiert, und der eben deshalb der Gegenstand als kategorial bedingt gilt, verliert es darum allen Sinn zu sagen: ein Gegenstand A könne sowohl als a, wie als α, je nach der Anschauungsform der Sinnlichkeit erscheinen, für sie ist er eben schlechtweg der Gegenstand A. Und A ist ihr der Gegenstand, an dem die geometrischen Bedingungen im Verein mit den Kategorien, wie Existenz und Realität, zu seiner Bestimmung beteiligt sind. Welcher der verschiedenen Geometrien dieser Anteil zukommt, kann darum jetzt kaum noch länger fraglich sein, und damit erhält unsere These

---

[1] Sie scheint mitunter sogar zum Mystizismus zu führen. Ich glaube, nur von ihr aus ist wenigstens der psychologische Zusammenhang verständlich, der einen sonst so eminent klaren Kopf, wie Riemann, zu so seltsamen „Abenteuern der Vernunft" verführen konnte, daß gegen dessen „Erdseele" z. B. die „Weltseele" der ersten spekulativen Naturphilosophie des vorigen Jahrhunderts als ein fast rationalistisch nüchternes Denkgebilde erscheint.

ihre eigentliche Begründung. Stellen wir uns aber
zunächst noch einmal auf den Standpunkt der Fiktion
von Wesen einer nicht-euklidischen Anschauung. Da
es für den kritischen Standpunkt sinnlos ist, hinter
den Gegenständen der Erfahrung noch Dinge zu suchen,
so könnten wir aber trotz der Fiktion jener nicht-euklidischen Wesen nicht zugeben, daß etwa ein Gegenstand A den Euklidischen Wesen als a, den nicht-
euklidischen etwa als α erscheine, hinter welchen Erscheinungen beide das A zu suchen hätten. A würde,
wenn wir vom Existenzial- und Dinglichkeitsgesetze
alle verwesentlichende Hypostasierung fernhalten, allen
Sinn verlieren. a und α wären nicht verschiedene
Erscheinungsweisen eines und desselben Gegenstandes;
vielmehr müßten, so wahr Existenz und Dinglichkeit
Gegenstandsgesetze, Kategorien, nicht Wesenheiten
sind, ebenso wahr auch a und α selbst als zwei verschiedene Gegenstände gelten. Transzendentalphilosophie und Illusionismus sind toto coelo verschieden
und schließen sich in alle Wege aus.[1]

Um gegen Kant nicht ungerecht zu sein, ist hier
freilich noch zu bemerken, daß auch er in seiner Weiterentwicklung über die Enge der transzendentalen Ästhetik mehr und mehr hinausstrebt, und daß darum auch
bei ihm das „Ding an sich" mehr und mehr den Sinn
absoluter Dinglichkeit und Existenz verliert. Es wird
ihm besonders aus dem logischen Zusammenhange
heraus, in dem es mit dem transzendentalen Gegenstande steht, ohne mit diesem zusammenzufallen, zur

---

[1] Das beweisen heute vielleicht am klarsten Rickerts „Gegenstand der Erkenntnis" und Cohens „Logik des reinen Denkens".
In beiden erscheint die Überwindung des Ding-an-sich-Dogmatismus
und damit die des Illusionismus in präzisester Form.

objektiv logischen Bedingung der bestimmten Erscheinung, wie das transzendentale Objekt die Bedingung
der Erscheinung überhaupt ist. Wenn er von diesem
aber einmal[1] geradezu sagt: „Dieses ist kein reales
Objekt oder gegebenes Ding, sondern ein Begriff, auf den
in Beziehung Erscheinungen Einheit haben", so ist er
damit selbst eigentlich über allen Dogmatismus hinaus-
gekommen. Die in der transzendentalen Logik bereits
zur Entfaltung gelangende logische Tendenz hat in
der Kritik der Urteilskraft in der Tat auch einen reinen
Ausdruck gefunden.[2]

Wer also das „An-Sich" nicht in Dingen sehen
und dem Ding-an-sich-Illusionismus entgehen will, dem
blieben rücksichtlich des Verhältnisses von Erfahrung
und Geometrie nur zwei disjunktive Wege. Auf der
einen Seite müßte er, anstatt verschiedener Erscheinungsweisen eines und desselben Gegenstandes, überhaupt verschiedene gegenständliche Erfahrungsreali-
täten als durch die verschiedenen Geometrien gefordert
annehmen, so daß zwar nicht, wie in der Ding-an-sich-
Metaphysik, hinter unserer Erfahrungsrealität noch
eine Ding-an-sich-Realität steckte, sondern so, daß
neben unserer Erfahrungsrealität noch andere Erfah-
rungsrealitäten parallel gingen. Hier wäre zwar der
eine Dogmatismus überwunden, indem Existenz und
Dinglichkeit nicht verwesentlicht zu werden brauchten.
Allein man wäre zu einem anderen Dogmatismus, dem
formalen Ontologismus, gelangt, der aus der bloß widerspruchslosen Möglichkeit schon die Existenz er-

---

[1] Lose Blätter aus Kants Nachlaß. Mitgeteilt von R. Reicke I,
S. 162.
[2] Vergleiche meine Schrift: Immanuel Kant; besonders
S. 107 ff. und S. 205 ff.

schlossen glaubt. Hätte der Ding-an-sich-Dogmatismus
der Existenz, gegenüber der transzendentalen Logik,
zu viel eingeräumt, so hätte der formale Ontologismus
ihr, gegenüber der formalen Logik, zu wenig eingeräumt.

Auf der anderen Seite aber — und das ist die
zweite Möglichkeit, dem Ding-an-sich-Dogmatismus zu
entgehen — wird erkannt, daß Existenz weder zu ver-
wesentlichen sei, noch auch aus dem bloßen Widerspruchsgesetze folge, sondern transzendentales Gesetz,
logische „Funktion" sei, die wir wohl kaum noch ausdrücklich vor der Verwechslung mit der psychologischen Funktion eines existenten Bewußtseins, das
immer schon das Existenzialgesetz voraussetzt, zu
sichern brauchen. Dann erkennen wir außer der Erfahrungsrealität weder eine Hinterrealität von Dingen-
an-sich, noch eine parallele Nebenrealität mehr an,
und wir ergreifen in jener keinen Schein, sondern
transzendental-logisch bedingte empirische Realität
selbst. Gegenstandsbegründende Bedeutung könnte also
irgendeiner nicht-euklidischen Geometrie, wenn sie dabei weder zum Ding-an-sich-Dogmatismus, noch zum
formalistischen Ontologismus führen sollte, nur erwachsen, wenn gerade die Erfahrung ein inhaltliches Problem darböte, das nicht mit den Mitteln
der Euklidischen Geometrie, sondern nur mit denen
jener nicht-euklidischen auflösbar wäre.[1]

---

[1] Oscar Ewald hat (Kant-Studien XIII, S. 212 f.) diese meine
Position als die „einer empirischen Behaftung" der Euklidischen
Geometrie bezeichnet. Gegen den als solchen wohl etwas bedenk-
lichen Ausdruck würde ich nur dann nichts einzuwenden haben,
wenn man die „empirische Behaftung", so streng wie Ewald es
tut, von einer „empirischen Deduktion" unterscheidet und diese
Position zugleich mit Ewald als die des „logischen Idealismus"

Sind wir aber da nicht selbst wieder zu einem
Standpunkte gelangt, den man mit Schuppe gerade als
„konsequenten Empirismus" bezeichnen könnte? Ich
hätte schließlich gegen diese Bezeichnung nichts sonderlich einzuwenden, wenn man sie nur auch wie
Schuppe richtig versteht, und sich dabei auch daran
erinnert, daß ich zwei Seiten an der Erfahrung unterschieden habe. Daß diese Art „Empirismus" gerade
das Gegenteil des von den Mathematikern bekämpften
Empirismus ist, der die Erfahrung zur letzten Grundlage der Erkenntnis machen will, dürfte klar sein. Hier
soll nicht die Erfahrung zur alleinigen grundstiftenden
Funktion der Erkenntnis gemacht werden, sondern umgekehrt führen hier die Grundlagen der Erkenntnis zur
alleinigen, erlebbaren Erfahrungsrealität, weder zu
einer metaphysischen Hinter-, noch einer parallelen
Nebenrealität. In diesem Sinne dürfte man mit
Schuppe wohl von „konsequentem Empirismus"
sprechen. Das wäre derselbe Sinn, in dem man auch
Kants Standpunkt und den konsequenten Kritizismus
überhaupt als „Empirismus" bezeichnen könnte, weil
nach Kants eigener Auffassung der transzendentale
Idealismus zugleich empirischer Realismus ist. In
dessen transzendentaler Methode ist die Erfahrung
doch nicht die letzte Grundlage der Erkenntnis, sondern in ihrer Möglichkeit das Problem der Erkenntnis,
das die Grundlagen der Erfahrungserkenntnis ermitteln
soll. Diese Ermittlung führt zur Erfahrungsgegenständlichkeit als einziger Realität.

Erkennen wir aber auf transzendentaler Grund-

---

faßt, der dann aus der Möglichkeit gegenständlicher Erfahrung
auch über die gegenstandbegründende Bedeutung der euklidischen
wie nicht-euklidischen Geometrie zu entscheiden hätte.

lage nur diese eine Erfahrungsrealität an, so können
wir als erfahrungsbedingend auch nur eine Geometrie
anerkennen, nämlich die Euklidische, von der ja Poincaré schon die „Angepaßtheit" an die Erfahrung behauptet hatte, so streng widerspruchslos und in sich
zusammenhängend auch, wie von vornherein zugegeben, die nicht-euklidische Geometrie sein mag. Dadurch wird klar, in welcher Weise die Anschauung
des großen französischen Mathematikers umzubilden
ist. Sobald der letzte Rest von Ding-an-sich-Dogmatismus beseitigt ist, muß die „Angepaßtheit" der be-
dingenden Funktion weichen. Und gerade durch diese
Art von „Empirismus", wie ihn die transzendentale
Methode bedingt, kann der von den Mathematikern
bekämpfte methodische Empirismus auf mathematischem Gebiete endgültig überwunden werden. Hier
zeigt sich, welcher circulus vitiosus es wäre, diejenige
Geometrie, die die Erfahrung begründen und verbürgen
hilft, durch Erfahrung begründen oder auch nur bestätigen zu wollen.

V. Resultat.

Wenn wir zurückblicken auf den Ausgangspunkt
der Untersuchung, um zugleich die Summe zu ziehen,
zu der uns die Weiterentwicklung am Schluß geführt
hat, so können wir sagen: Es bleibt freilich von vornherein unmöglich, von einer größeren oder geringeren
Richtigkeit im formalen Sinne rücksichtlich der verschiedenen Geometrien zu reden. Aber die formale
Logik ist überhaupt außer Stande, mit dem Widerspruchsgesetze einen Wertunterschied zwischen ihnen
zu begründen. Je mehr wir indes auch mit einer
Überwindung des landläufigen Empirismus Ernst

machen, das heißt je weniger wir auch der Erfahrung
als Grundlage und Ausgangspunkt die Funktion einer
Wertentscheidung einräumen, um so weniger werden
wir diese Funktion auch den empirischen Begriffen
der „Angepaßtheit" und „Bequemlichkeit" zugestehen
können. Die Angepaßtheit weicht, je mehr wir die
Logik zu ihrem Rechte kommen lassen, desto mehr
einer die Angepaßtheit erst ermöglichenden Bedingung,
bis die erkenntnistheoretische Logik die Erfahrung
selbst nicht mehr zum Ausgangspunkte, sondern zum
Zielpunkte des Problems nimmt. Indem sie deren Mög-
lichkeitsbedingungen überhaupt ins Auge faßt, beruhigt sie sich nicht mehr bei bloßer Angepaßtheit,
sondern sucht gegenständliche Erfahrungserkenntnis
selbst zu begründen. So kann für sie in Rücksicht
auf dieses Problem der Vorzug der Euklidischen Geometrie weder freilich in einer größeren Richtigkeit,
noch aber auch in größerer Bequemlichkeit der Erfahrung gegenüber bestehen. Ist sie endgültig über
den Dogmatismus hinaus, so muß für sie dieser Vorzug
allein in der Funktion eines Begründungsmittels für
gegenständliches Erfahrungswissen liegen.

Mit Cantors glücklichem Begriffe der „freien Mathematik" könnte man, diesen einmal in besonderem
Sinne auf geometrisches Gebiet einschränkend, das
Verhältnis ebenfalls klar machen. Dieser Begriff kann
das Verhältnis von Geometrie und Erfahrung zum
Schluß noch einmal ins rechte Licht setzen. Nicht so
ist es hier zu verstehen, als ob die eine Geometrie von
der Erfahrung unabhängig, „frei" wäre, die andere
nicht; sondern so, daß die Erfahrung unabhängig wäre
von der einen, nicht von der anderen. Jene Geometrien
könnten wir frei nennen, weil die Erfahrung ebenso

von ihnen, wie sie von ihr, unabhängig ist; sie helfen
keine Erfahrung begründen (wenn man nicht dem
Dogmatismus verfallen will), sondern sind lediglich
auf ihren eigenen, inneren, widerspruchslosen Zusammenhang gerichtet. Der freien Geometrie würde
also nicht eine eigentlich unfreie gegenüber stehen,
aber doch eine Geometrie, die allein mit realer Erfahrung im Verhältnis steht. Unfrei wieder wäre dies
Verhältnis darum nicht, weil sie nicht von der Erfahrung abhängig ist, vielmehr umgekehrt sie für die
Erfahrung eine begründende Funktion besitzt. Und sie
wäre deshalb die einzige Geometrie, die dieses Verhältnis hat, weil wir, sofern wir uns vom Dogmatismus frei halten, nur ein Reich realer Erfahrung anerkennen können.

Den Wert der freien Geometrie wird, wie den
der freien Mathematik überhaupt, kein Philosoph verkennen, der mit einigem logischen Interesse und Verständnis der geometrischen Spekulation gefolgt ist. Nur
interessiert ihn als Erkenntnistheoretiker mehr jenes
geometrische Gebiet, dessen Umfang wenigstens gleichsam in Grenzberührung mit dem bescheidenen Erden-
dasein gelangt. Wir erleben so die Sonderbarkeit, daß
die so sehr als spekulativ verrufene Erkenntnistheorie
sich eben an spekulativer Höhe den höchsten geometrischen Spekulationen nicht vergleichen kann, daß
sie ihnen gegenüber gleichsam in bescheidener Erden-
nähe verbleibt. Was Cassirer, zwar ohne Beziehung
auf die Geometrie insbesondere, über das Verhältnis
der Erkenntnistheorie zur Mathematik im allgemeinen sagt, das gilt ohne Einschränkung auch von ihrem
Verhältnis zur Geometrie. Dies kann kaum treffender
formuliert werden, als es in folgenden, deshalb hier

unverkürzt verzeichneten Worten geschieht: „Niemand
wird aus philosophischen Gründen versuchen dürfen,
der Freiheit der Mathematik, die die Bedingung ihrer
Fruchtbarkeit ist, Schranken zu setzen. Und dennoch
beginnt die Erkenntniskritik erst mit der Frage, die
der Mathematiker nicht kennt und nicht zu kennen
braucht. Ihr eigentliches Problem ist nicht sowohl
der Inhalt der mathematischen Prinzipien, als die Rolle,
die sie im Aufbau unseres Begriffs einer ‚gegenständlichen' Wirklichkeit spielen. Der Blick der Philosophie
darf — wenn man dieses Verhältnis einmal schroff
und paradox ausdrücken will — weder auf die Mathematik, noch auf die Physik gerichtet sein; er richtet
sich einzig auf den Zusammenhang beider Gebiete."[1]

---

[1] A. a. O., S. 48.

Kritizismus und Naturphilosophie bei Otto Liebmann.

Man mag über Schopenhauers Vorwurf gegen
Fichtes Wissenschaftslehre, daß sie Wissenschaftsleere
sei, denken wie man will: ob Schopenhauer gegen
Fichte gerecht sei oder nicht; ob sein Vorwurf sich
auch auf manche andere Tendenzen der Philosophie
nach Kant ausdehnen lasse oder nicht; ob er vielleicht
auch gegenwärtig manche gutgläubige Nachbeter der
„dialektischen Methode" treffe oder nicht; ob zuguter-
letzt der Vorwurf, zumal bei seiner Gegnerschaft gegen
die Mathematik — horribile dictu! —, auf Schopenhauer selbst zurückfalle oder nicht; — dem allem mag
sein, wie ihm wolle. Das kümmert uns hier nicht. Aber
Eines ist sicher: Wissenschaftslehre ohne Wissenschaft ist leer. Denn das ist ja gerade das Problem
der Wissenschaftslehre, daß sie fragt, wie Wissenschaft überhaupt und ihr Gegenstand möglich ist. In
diesem Problem liegt ihr Wesen, Wissenschaft von der
Wissenschaft, ἐπιστήμη τῆς ἐπιστήμης zu sein. So
wenig darum irgendeine Einzelwissenschaft noch auch
die ganze Mannigfaltigkeit aller Einzelwissenschaften
das zu leisten imstande ist, was im Problem der Wissenschaftslehre aufgegeben ist, weil es ja eine Frage für
sich ist, wie Wissenschaft möglich ist, aus der erst
ermittelt werden soll, was für alles Einzelwissen be-

reits Fundament und Voraussetzung ist, so wenig kann
auf der anderen Seite jene eminent philosophische
Fragestellung nach der Möglichkeit des Wissens überhaupt der exakten Wissenschaft entbehren, weil nur
von ihr aus das Problem der Möglichkeit des Wissens
seinen Inhalt, sein inhaltliches Rüstzeug empfängt.
Philosophie und exakte Wissenschaft sind so aufs
innigste aneinander verwiesen.

Es ist die Tat des philosophischen Kritizismus,
wie ihn Kant begründet hat, gewesen, die der Transzendentalphilosophie die Aufgabe stellte, die unent-
behrlichen Grundlagen zu ermitteln, die den Zweck
der Erkenntnis verbürgen. Unter denen aber, die nicht
bloß Kant als historische Größe historisch behandelten,
sondern, unter Wahrung eigener Freiheit zu selbständiger Fortentwicklung der kritischen Positionen,
den Kritizismus zu fruchtbar systematischem Wissen-
schaftsleben weitergeführt haben, steht Otto Liebmann
mit in allererster Reihe. Weit entfernt von irgendwelcher Nachbeter- und Nachtreter-Gebundenheit an
das Kantische Werk und seinen Buchstaben, die dem
Geiste des Kritizismus selbst aufs innerlichste zuwider
wäre, in der rechten und tiefen Einsicht in den „Geist
der Transzendentalphilosophie" hat Liebmann von der
Höhe seiner eigenen philosophischen Entwicklung aus
seine Stellung zu Kant in lapidarer Präzision selbst
formuliert: „Sämtliche Einzeldoktrinen der Kritik der
reinen Vernunft sind streitig, oder zweifelhaft, oder
bereits widerlegt. Aber der ganze Standpunkt, der
prinzipielle Grundgedanke des Werkes ist unveraltet
und unsterblich."[1] Damit ist er auf der Höhe seines
Denkens seinen philosophischen Anfängen treu ge-

---

[1] Gedanken und Tatsachen, II, S. 8.

blieben. Denn das hatte ja schon seine philosophische Stellung in Beziehung auf „Kant und die Epigonen" charakterisiert, daß er bei selbständigster Kritik der dogmatischen Residua innerhalb des Kritizismus — wie sie, um es paradox auszudrücken, etwa an dem ominösen „Ding an sich" am verhängnisvollsten in die Erscheinung treten, — gerade das Nie-Veraltende der Vernunftkritik in ihrer lebendigen Beziehung zur exakten Wissenschaft zu neuer systematischer Fruchtbarmachung herauszuarbeiten suchte, daß er die Forderung, der die „Epigonen" nicht gewachsen waren, auf seine Weise neu zu erfüllen strebte. Und nur von den Prämissen systematisch-lebendiger Aufgabestellung her war er zu der berühmten Konklusion gelangt: „Also muß auf Kant zurückgegangen werden."[1] Eine Konklusion, die sodann freilich historisch für den ganzen Neukantianismus selbst eine neue Prämisse und ein neues methodisches Arbeitssignal bedeutete, das an allen Ecken und Enden in der Philosophie, wie in der exakten Forschung, ein Echo fand, als Losung tausendfach wiederholt wurde. So hatte Otto Liebmann, der übrigens an einem ganz speziellen Problem der Einzelforschung[2] transzendental-philosophische und exakte Problemstellung zu lebendiger Einheit verschmolz, seine eigene Stellung innerhalb des Kritizismus gefaßt, für dessen Weiterentwicklung er selbst Dauerndes und Bleibendes zu leisten berufen war. In einem speziellen Falle, gerade in dem prinzipiellen Verhältnis von Philosophie und Wissen-

---

[1] Die Schrift „Kant und die Epigonen" war es, die die Losung ausgab.

[2] „Über den objektiven Anblick" handelt eine seiner ersten Arbeiten.

schaft und auch da wieder in einer besonderen, an
sich selbst freilich ebenfalls prinzipiellen Beziehung
kann das deutlich werden. Sofern das Problem der
Transzendentalphilosophie darin liegt, daß sie nach
den Bedingungen der Erkenntnis überhaupt fragt,
wofür sie selbst an die exakte Forschung verwiesen
bleibt, sofern werden auch die Bedingungen insbesondere der Naturerkenntnis zu ihrem Problem. Denn
transzendental heißt nicht transzendent, nicht irgendein mystisches Gespenst aus Wolkenkuckucksheim,
sondern allein Erkenntnis stiftend und Erkenntnis ver-
bürgend. Wenn wir nach den die Naturerkenntnis
gewährleistenden Erkenntnismitteln fragen, sind Philosophie und Naturerkenntnis selbst im Problem schon
zur Einheit verbunden: die Philosophie mit der Naturerkenntnis, insofern deren Bedingungen ihr proble-
matischer Inhalt sind; die Naturerkenntnis mit der
Philosophie, insofern sie ein Kriterium, eine Instanz
fordert, von der aus und auf Grund deren entschieden
werden kann, ob jene Bedingungen wirklich Erkenntnisbedingungen sind und inwieweit sie das sind. Insofern die Voraussetzungen der Naturerkenntnis unbe-
sehen hingenommen werden, könnte man von einer
„Metaphysik der Naturwissenschaft"[1] oder einer dogmatischen Naturphilosophie zum Unterschiede von der
Naturwissenschaft als solcher sprechen. Insofern aber
der Erkenntniswert jener Voraussetzungen erst kritisch
untersucht wird, würde es sich um eine Kritik der
Metaphysik der Naturwissenschaft handeln. Und damit
wiederum wäre die entscheidende Problembestimmung
für das prinzipielle Verhältnis von Kritizismus und
Naturphilosophie gewonnen. Lediglich auf dieses prin-

---

[1] Analysis der Wirklichkeit, S. 192f.

zipielle Verhältnis kommt es mir an. Kritizismus und
Naturphilosophie in ihrem Verhältnis zueinander, wie
sie innerhalb der philosophischen Arbeit Liebmanns
bestimmt werden, stehen zur Diskussion. Ich will also
weder Liebmanns Kritizismus noch seine kritische Naturphilosophie in ihrem vollen Umfange darstellen. Das
würde ein recht stattliches Buch erfordern. Alles,
worauf es die folgenden Blätter dieses Abschnitts ab-
sehen, ist in dem Problem der Relation beider Begriffe
beschlossen.

Sofern es sich um Erkenntnis- und Wissens-Be-
gründung handelt, scheidet alle dogmatische Metaphysik von vornherein aus. Für eine Grundlegung der
Naturwissenschaft kommen, das folgt schon aus dem
Problem, dogmatisch-philosophische Standpunkte nicht
in Betracht. Wissenschaftliche Bedeutung hat weder
der philosophische Mystizismus noch der philosophische dogmatische Empirismus, die darum miteinander enger verwandt sind, als es dem naiven Glauben
zunächst scheinen mag.[1] Der Mystiker, wie der Em-
pirist sind keine Männer wissenschaftlicher Philosophie. Der Mystizismus ist Gefühlsphilosophie, der Empirismus Empfindungsphilosophie, jener Gefühlsphilosophie mit Gefühl, dieser Gefühlsphilosophie ohne Gefühl. Diese Charakteristik mag paradox klingen. Aber
sie ist ebenso wahr, wie das Faktum, daß es Ver-
standesmenschen mit Verstand und Verstandes-
menschen ohne Verstand gibt, eben Faktum ist. Tatsachenbelege für beide „philosophische" Richtungen
liegen auf der Hand: für die Gefühlsphilosophie die
grandiosen Weltdichtungen eines Giordano Bruno,
Jacob Böhme und ungezählte schwächere Versuche

---

[1] Vgl. ebenda S. 188f.

der vielen dii minorum gentium; für die Empfindungsphilosophie sind die Tatsachenbelege zwar minder
grandios, aber nicht minder zahlreich. Wer ein
schlagendes konkretes Beispiel haben will, der denke
an eine gewisse Richtung innerhalb unseres heutigen
Pragmatismus. Sie macht das Paradoxeste unmittelbar
anschaulich. In ihr leistet der Empirismus der Mystik
Vorspanndienste. Denn sie versucht nicht bloß die
Philosophie zur ancilla theologiae herabzudrücken und
dem Wunderglauben, wie es sich für „reinen" Empirismus schickt, gewisse reservierte Plätze auf Kanzeln,
Lehrstühlen und im Himmel zu erobern. Das tun
andere auch. Aber sie tut noch mehr: sie versucht
mit ebensoviel Verstandesleere, wie Gefühlsleere,
wieder einmal die Bedürfnisse des Gemütes mit den
Ergebnissen der Wissenschaft zu versöhnen. Das ist
ihr größtes Kunststück; und das ist, wie gesagt, ihr
reiner Empirismus. Schade nur, daß die ganze „reine
Erfahrung" jedes reinen Empirismus, wie Liebmann
genugsam gezeigt hat[1], eine contradictio in adjecto
ist, und daß Empirismus und Empirie selbst grund-
verschieden sind.[2] Der Empirismus ist nichts anderes
als eine „Unterart der dogmatischen Metaphysik",
nämlich, wie ich hinzufügen möchte, jene, die sich
gegen das Wesen und die Bedeutung der Empirie die
Augen verschließt, und zwar — aus Grundsatz. Erfahrungswissenschaft, Naturerkenntnis, ja überhaupt
Natur sind für den Empirismus noch weniger möglich,
wie für den Mystizismus. Das hat Liebmann allent-
halben, am eindringlichsten vielleicht in seiner leider

---

[1] Vgl. besonders a. a. O. ebenda S. 258 f., sowie Klimax der
Theorien, S. 96 ff., und Gedanken und Tatsachen, I, S. 6 ff.
[2] Klimax d. Th., S. 113.

viel zu wenig gelesenen kleinen aber inhaltreichen
Schrift über „Die Klimax der Theorien", mit zwingender Schärfe und Deutlichkeit gezeigt. Damit hat
er zugleich den Boden für das positive Verhältnis des
Kritizismus zur Naturphilosophie geebnet und den
Sinn für den Standpunkt innerhalb des „fruchtbaren
Bathos der Erfahrung" erschlossen, dem gemäß eben
aus dem Problem der Erfahrungswissenschaft deren
Grundlagen allein ermittelt werden können. Damit
aber ist weiterhin auch Unterschied, wie positives Verhältnis von „Gedanken und Tatsachen", um dafür
gleich den Titel von Liebmanns zweitem Hauptwerke
nutzbar zu machen, in einer Weise klargestellt, daß
sich an ihnen sofort das ganze Fundamentalproblem
des Kritizismus enthüllt.

Dabei ist eine Unterscheidung, die Liebmann mit
fulminanter Deutlichkeit getroffen hat, für unser Problem von grundlegender Bedeutung. Es ist die Unterscheidung zwischen dem Faktum und der transzenden-
talphilosophischen Ausdeutung des Faktums, die von
vornherein auf das Verhältnis von Kritizismus und
Naturphilosophie das hellste Licht wirft. Es kommt
von vornherein für das ganze Problemverständnis
darauf an, scharf und klar zu erkennen, daß ein Unterschied besteht zwischen dem „Daß" und dem „Was"
der Fakta, oder, wie Liebmann mit glänzender Be-
griffsklarheit sagt, zwischen der „Tatsächlichkeit der
Tatsachen" und der Frage, was die Tatsachen „an
sich" sind und ob sie überhaupt etwas „an sich"
sind.[1] Wer den abstrakten Gedanken bildlich und in
gewissem, nämlich im optischen Sinne wirklich ad
oculos demonstriert haben will, der findet bei Lieb-

---

[1] Analysis der Wirklichkeit, S. 267 ff.

mann selbst die beste konkretere Explikation an den kontroversen Theorien des Sehens von Johannes Müller und Überweg einerseits und Volkmann, Nagel etc. andererseits.[1] Auch hinsichtlich der Gravitation[2] wird das exemplifiziert. Aber außer dieser mehr spezial-wissenschaftlichen Exemplifikation, die außerhalb unseres engbegrenzten Themas liegt, findet diese Unterscheidung auch ihre transzendentalkritische Fruchtbarmachung, die zu unserem Thema gehört. Wenn nämlich jene Unterscheidung zunächst auch mit zwingender Bestimmtheit den weiteren Unterschied zwischen realer und logischer Notwendigkeit ergibt, so enthüllt sich in diesem sofort ein weiterer eigentlicher Fundamentalfaktor des Kritizismus, insofern „das empirische Gegensatzverhältnis zwischen dem subjektiven Felde der Gedanken und dem objektiven Felde der Tatsachen, obwohl Urphänomen, doch nicht als letzte Operationsbasis annehmbar ist".[3] Diese Operationsbasis nun aber liegt in der Instanz des Kritizismus. Zu dessen unaufgebbarem Bestande aber gehört die Einsicht, daß ein Erkennen der Tatsachen, wie sie unabhängig von den Erkenntnisbedingungen des Bewußtseins wären, ein hölzernes Eisen ist. Ein Erkennen unabhängig vom Erkennen, ein Bewußtsein unabhängig vom Bewußtsein ist ein kompletter Nonsens. Daß die ganze „für uns vorhandene empirische Natur, wenn sie überhaupt für uns vorhanden sein will", immer schon Inhalt und Gegenstand des Bewußtseins sein muß, das ist eine Fundamentaleinsicht,

---

[1] A. a. O., S. 145 ff.; vgl. auch Über den objektiven Anblick, S. 61 ff.

[2] Analysis der Wirklichkeit, S. 153 ff., und Gedanken und Tatsachen, I, S. 70 f.

[3] Ebenda, S. 34.

die nachgerade zum Inventar der philosophischen
Kinderstube gehören sollte, und das nicht zuletzt dank
dem Umstande, daß Liebmann sie aufs nachdrück-
lichste allen, die verstehen wollen und können, einge-
schärft und zum Bewußtsein gebracht hat. Und auch
das hat er, wie nur wenige andere, aufs nachdrück-
lichste betont, daß jenes Bewußtsein, das Voraussetzung und Grundbedingung alles Erkennens ist, und
das Bewußtsein, durch das jene Voraussetzungen selbst
erst erkannt werden, zu dem also eine Einsicht gebracht werden kann, toto coelo verschieden sind. Jenes
ist ein transzendentalphilosophischer Begriff, dieses ist
selbst psychologisches Faktum. So wahr nun die Psychologie, um Wissenschaft sein zu können, die Bedingungen der Erkenntnis überhaupt voraussetzt, so
wahr ist Transzendentalphilosophie nicht Psychologie.
Das Bewußtsein, für das die Natur bereits Inhalt und
Gegenstand und das darum selbst die Voraussetzung
der Natur ist, ist also kein psychologisches Bewußtsein von mir oder dir, das ja selbst schon immer ein
winziges Bestandstück der Natur ist, sondern das transzendentale oder, wie Liebmann sagt, metakosmische
Bewußtsein als der Inbegriff objektiver Gesetzmäßigkeit schlechthin. Der Gedanke der Gesetzlichkeit ist
es darum, der das wissenschaftliche Denken charakterisiert und es von „unwissenschaftlich phantastischer
Träumerei" unterscheidet.[1] Ist darum die Natur im
wissenschaftlichen Sinn genau das, als was die exakte
Naturwissenschaft ihren Begriff nimmt, nämlich mit
Kant als „Dasein, sofern es nach allgemeinen Gesetzen bestimmt ist", oder als „Inbegriff aller Gegenstände der Erfahrung", und ist das transzendentale Be-

---

[1] Anal. d. W., S. 568.

wußtsein im objektiven Sinne der Inbegriff der Gesetzlichkeit schlechthin, dann ergibt sich für das Verhältnis
von Kritizismus und Naturphilosophie der von Liebmann akzeptierte[1] Satz Kants, daß der Verstand die
Gesetze nicht aus der Natur schöpft, sondern sie dieser
vorschreibt. Ein Satz, den die Wissenschaft permanent
bewährt und von dem man heute wohl nicht mehr zu
befürchten braucht, daß er im subjektiven Sinne genommen wird. Wer meinte, sein persönlicher Verstand
schriebe der Natur die Gesetze vor, der muß eben
seinen Verstand verloren haben, was der Natur freilich,
wie jedes Irrenhaus beweist, ziemlich gleichgültig ist.

Wird aber der Begriff der Natur in dem soeben
bezeichneten streng exakten Sinne und der Begriff des
Verstandes in dem nicht minder strengen transzenden-
tal-kritischen Sinne genommen, dann stellt sich die
Natur streng wissenschaftlich-kritisch gefaßt, selbst als
gegenständliche oder „objektive Welt-Logik"[2] dar.
Und nun wird das Verhältnis von Gedanken und Tatsachen erst im tiefsten Sinne evident. Wissenschaft
ist kein blindes Hinnehmen der „rohen, unbegriffenen
Tatsache".[3] Der Glaube an solche ist überhaupt nur
eine „doktrinäre Fiktion" des Empirismus. Die Tatsachen sind für die Wissenschaft eben deshalb nie-
mals bloß roh und unbegriffen, sie stehen bereits
immer unter der Gesetzmäßigkeit der Natur und damit
der objektiven Logik, unter Begriffen. Das ist der
tiefe Sinn des Liebmannschen Begriffes der „Logik
der Tatsachen".[4] Er will nicht besagen, daß die Tat-

---

[1] Gedanken und Tatsachen, II, S. 3f.
[2] Analysis der Wirklichkeit, S. 269f.
[3] Gedanken und Tatsachen, II, S. 209; vgl. Klimax der
Theorien, S. 96ff.
[4] Vgl. besonders Analysis der Wirklichkeit, S. 187ff.

sachen, losgelöst von aller logischen Gesetzlichkeit,
noch für sich eine besondere Logik hätten, sondern
daß die Tatsachen selbst eine logische Gesetzmäßigkeit darstellten, wie der Begriff der Tatsache für die
Wissenschaft eben schon ein Begriff ist, und daß, wie
wir das schon gesehen haben, Tatsachenerkenntnis
ohne gesetzmäßige Bedingungen des Erkennens eine
contradictio in adjecto ist. Kein Geringerer als der
den „abstrusen Allgemeinheiten" der Spekulation so
abgewandte und mit seinem Denken so sehr auf
„Gegenständlichkeit" dringende Goethe, hat das dahin
ausgedrückt, daß „alles Tatsächliche schon Theorie
ist".[1] Und wenn ich selber vorhin[2] gesagt habe, daß
die Logik der Tatsachen nichts ist ohne die Tatsachen
der Logik, so glaube ich mit Liebmann in voller Übereinstimmung zu sein.

Erkennt die Philosophie der Naturwissenschaft
diese nun auch als Gesetzeswissenschaft, so wird doch
nicht die Bedeutung des Konkreten verkannt. Damit
wird, und das ist ein bedeutsames methodologisches
Moment des Kritizismus, die Philosophie der Natur
von der Philosophie der Geschichte von vornherein
strikte unterschieden. Zwar ist die Natur als solche
ewige Vernunftgesetzlichkeit und ein logisches Ver-
nunftganzes. Allein die Wirklichkeit in der Totalität
des Konkreten ist mehr als reines Gesetz. Das, womit
die Naturforschung sich beschäftigt, ist also nicht die
ganze Wirklichkeit[3], sondern der allgemeingesetzmäßige
Ausschnitt der Wirklichkeit, die in ihrer Totalität in
einem eminenten Sinne ebenso gut Geschichte heißt

---

[1] Vgl. oben S. 102 ff.
[2] Vgl. oben S. 93 f.
[3] Gedanken und Tatsachen, I, S. 136.

wie Natur.[1] Diese begriffliche Unterscheidung und Abgrenzung ist von der allergrößten methodologischen
Bedeutung. Und wenn sie uns auch als solche nicht
weiter hier zu beschäftigen hat, so beleuchtet sie doch
die Bedeutung des Kritizismus für die spezifisch natur-
philosophische Fragestellung gleichsam durch Kontrast-
wirkung hier noch einmal aufs glücklichste, ganz davon
abgesehen, daß sie auch für Spezialfragen wichtige
Bestimmungen ermitteln hilft; so z. B. über die „Existenz abstrakter Begriffe" einerseits und andererseits
über die Philosophie der Sprache.[3]

Indem für unseren Zusammenhang aber vor allen
Dingen der Begriff der Gesetzmäßigkeit seine be-
herrschende Bedeutung gewinnt, erlangt durch ihn
unser ganzes Problem seine genauere Bestimmtheit und
Präzision. Ohne Gesetzmäßigkeit keine Naturwissenschaft und keine Natur; an Stelle der Natur höchstens
— wenn überhaupt Etwas, was aber noch fraglich
wäre — Chaos und Regellosigkeit. Freilich, und das
ist eine weitere kritische Grundforderung an die
Wissenschaft, gilt es den Naturgesetzesbegriff gegen
den der bloßen Regelmäßigkeit abzugrenzen. Was bloß
nicht regellos ist, ist etwa nicht auch schon Naturgesetz, und was etwa regellos ist, das ist nicht etwa
unabhängig von der Naturgesetzlichkeit; und bloße
Regelmäßigkeit, wie z. B., daß sich Kant regelmäßig
um 5 Uhr morgens wecken ließ, ist kein Naturgesetz,
ob es gleich durchaus naturgesetzlich bedingt ist.
Naturgesetz kann allein jene allgemeine objektive per-

---

[1] A. a. O., S. 128; vgl. auch Analysis der Wirklichkeit,
S. 269 ff.

[2] A. a. O., S. 478 ff.; s. das ganze gleichlautende Kapitel.

[3] Gedanken und Tatsachen, I, S. 387 ff.

manente Regel heißen, nach der sich das Geschehen
in Raum und Zeit mit Notwendigkeit vollziehen muß;
Naturgesetze sind also Gesetze der Physik, Chemie,
Physiologie, Psychologie etc.[1] Indem aber die uner-
schütterliche Gesetzlichkeit des Naturmechanismus
ebenso zum Irrtum, wie zur Wahrheit, zum Wahnsinn,
wie zur Vernunft, zum Bewußtlosen, wie zum Bewußten
führt, scheint sich zunächst noch eine Schwierigkeit
zu erheben. Auf der einen Seite sollte Bewußtsein
und Vernunft für Natur und Naturerkenntnis schon
Voraussetzung sein, auf der anderen können beide
doch selbst nur Naturprodukte sein. Wenn aber Bewußtsein und Vernunft selbst Naturprodukte sind, sind
dann nicht auch die Normalgesetze des Erkennens
selbst bloße Spezialfälle von Naturgesetzen? Das ist
ohne Frage ganz richtig, nämlich für den empirischen
Gesichtspunkt. Für ihn sind Vernunft und Bewußtsein Naturprodukte und Erkenntnisgesetze Spezialfälle
von Naturgesetzen. Allein der empirische Gesichtspunkt ist unter transzendentalem selbst zum Problem
geworden. Und wir haben es in den beiden Fällen,
daß einmal Bewußtsein und Vernunft schon Voraussetzung der Natur, das andere Mal Produkt der Natur
ist — und beides ist richtig, — wieder mit den verschiedenen Bedeutungen des Bewußtseins und der Vernunft zu tun; im letzten Falle mit der empirischen,
im ersten mit der transzendentalen. Und wenn wir
Bewußtsein und Vernunft als Produkt der Natur erkennen, so dürfen wir dabei bloß nicht vergessen, daß
diese Erkenntnis selbst schon Bewußtsein und Vernunft
voraussetzt. Und gerade daraus, daß die Vernunft
ein Produkt der Natur ist, folgert Liebmann sehr richtig,

---

[1] Gedanken und Tatsachen, I, S. 171 ff.

daß dann „dem durchgängigen Naturmechanismus
etwas eminent Logisches zu Grunde liegen muß".[1]
Und wer sich etwa dazu verstiege, Liebmanns Begriff
der Natur als „objektiver Weltlogik" unter Hinweis
auf das Vernunftlose in der Natur, etwa die chemischen
Elemente, die Mineralien, die Pflanzen und niederen
Tiere, oder unter Hinweis auf das Vernunftwidrige und
Disharmonische, etwa die Kliniken und Irrenhäuser, als
unhaltbar zurückweisen zu wollen, der würde, so
möchte ich ihm auf diese Verstiegenheit bemerken,
nur beweisen, daß er gar nicht wisse, worum es sich
handelt und daß er wohl für Philosophie und Wissenschaft überhaupt verloren ist. Denn alles das, was
gegen den Begriff der Natur als „objektiver Weltlogik"
sprechen soll, spricht und zeugt für ihn. Denn alles
das wird doch von Chemie, Mineralogie, von Botanik,
Zoologie, von der Medizin überhaupt und der Psy-
chiatrie im besonderen studiert, begriffen und erkannt.
Sind nicht also die chemischen Elemente, die Mineralien, Pflanzen, Tiere, Kranke und Verrückte ebenso
wie Gesunde, Objekt wissenschaftlicher Forschung?
Und könnte es Objekte wissenschaftlicher Forschung
geben ohne Logik, oder ist nicht schon der Begriff
des Objekts wissenschaftlicher Forschung ein logischer
Begriff ebenso, wie der Begriff der Natur? Das gilt
es auf der einen Seite zu beachten. Auf der andern
aber ist zu bemerken: Wenn also auch nach dem
Kantischen Satze, daß der Verstand der Natur die
Gesetze vorschreibt, alles Wirkliche im logischen Sinne
vernunftbedingt ist, so kann das nicht heißen, daß
alles Wirkliche vernünftig im psychologischen Sinne

---

[1] Analysis der Wirklichkeit, S. 564; zu vergleichen wäre auch
Gedanken und Tatsachen, II, S. 28 ff. und 66 ff.

ist. Die logische Vernunftbedingtheit und die psychologische Vernünftigkeit sind toto coelo voneinander
verschieden. Eine Gleichsetzung beider wäre eine
Herabsetzung kritischer Wissenschaft zu spirituali-
stischer Metaphysik. Eine psychologische und hypo-
statische Verabsolutierung der Vernunft wäre logisch
selbst absolute Unvernunft. Wer also nicht bloß unseren entwicklungsgeschichtlichen Stammesvettern, den
Affen, unseren guten Hausfreunden, den Hunden und
Pferden — mit dem könnten wir uns ganz gut verständigen, während seltsamerweise gerade den Vertretern der absoluten Vernünftigkeit der Wirklichkeit
die „wirkliche Verwandtschaft" nach dem continuum
formarum, wie sie Kant gelehrt, und die moderne Entwicklungslehre eindringlich darzustellen sucht, gerade
als „unvernünftiger Professoreneinfall" gilt, und deren
eigene „Vernünftigkeit" hier plötzlich am Ende ange-
langt ist —, sondern auch dem Phosphor, Schwefel,
dem Kochsalz, Eisen, Gold etc. Vernünftigkeit beilegt
und sie für „Geist" erklärt, — nun, der mag es tun.
Aber um dessen eigene Vernünftigkeit muß einem bange
werden. Sie scheint, wie gesagt, in Wirklichkeit zu
Ende zu sein. Aus der wissenschaftlichen Diskussion
schaltet sie jedenfalls aus.

Daß alles Naturgeschehen gesetzlich bestimmt ist,
das ist also das Fundament, auf dem Natur und Naturwissenschaft ruhen, ohne das Natur und Naturwissenschaft in der Luft schweben würden und, weil das
etwas ganz Widersinniges wäre — es ist doch, wie
ich an anderer Stelle[1] schon betont habe, zu mindesten
recht bemerkenswert, daß sich selbst Widersprechendes
auch nicht existieren kann, worin sich doch auch schon

---

[1] Vgl. oben S. 92f.

zeigt, daß die Logik in gewisser Weise für die Existenz-
möglichkeit keine gleichgültige Sache ist! —, überhaupt nicht existieren können. Alles Naturgeschehen
von dem Gange der Gestirne bis zu jedem Buchstaben,
den ich hier auf diesem Blatte an diesem Schreibtisch,
mit dieser Tinte, dieser Feder schreibe, ist gesetzlich
und naturnotwendig bestimmt. Die allgemeinste Form
dieser gesetzlich notwendigen Bestimmtheit bezeichnet
das allgemeine Kausalitätsgesetz. Es ist Grundlage
der Möglichkeit einer Natur und Naturwissenschaft,
Möglichkeitsgrundlage darum aller „wissenschaftlichen
Erfahrung und Erfahrungswissenschaft".[1] Es ist die
allgemeinste Form aller inhaltlich bestimmten Naturgesetze und ihm gemäß stellt sich jedes Geschehen in
der Natur, jede Veränderung eines Objektes, wie Liebmann zu wiederholten Malen den Sachverhalt mit zwingender Schärfe einleuchtend macht, dar als „reale Konklusion eines objektiven Schlusses, dessen Major das
Naturgesetz, dessen Minor der nächstvorangegangene
Zustand des Objekts ist."[2] Das ist eben die „Logik
der Tatsachen", das ist die Natur als „objektive Welt-
logik."

Die durchgängige, unverbrüchliche Naturgesetzlichkeit aber involviert die Idee der Einheit der Natur.
Als Idee ist sie auch für den transzendentalphiloso-
phischen Kritizismus unanfechtbar und unaufgebbar;
und sie wird selbst von der exakten Naturwissenschaft
mit derselben Notwendigkeit, mit der diese die Wahrscheinlichkeit des Zufalls als $\frac{1}{\infty}$ bestimmt, mit der

---

[1] Analysis der Wirklichkeit, S. 569; vgl. die Klimax der
Theorien, S. 78 f.
[2] Analysis der Wirklichkeit, S. 568; Gedanken und Tatsachen,
I, S. 19 und S. 153; II, S. 215 f.

Wahrscheinlichkeit = 1 postuliert.[1] Wird die Idee
aber als realer Einheitsgrund der Naturgesetzlichkeit
selbst gedacht, so treten wir aus dem Gebiete der
strengen Wissenschaft heraus und in das der Metaphysik hinein.[2] Aber die Metaphysik bleibt für Liebmann selbst immer „kritische Metaphysik". Das kritische Moment verbindet ihn auch an diesem Punkte
mit Kant, so sehr sich hier auch sonst die Wege beider
Denker scheiden mögen. Liebmanns Verhältnis zur
Metaphysik würde eine besondere, lohnende Untersuchung fordern. Wir aber wollen hier streng bei
unserem Thema bleiben und die Grenzen des Problems, die durch das Verhältnis von Kritizismus und
Naturphilosophie unserer Untersuchung gezogen sind,
nicht überschreiten. Aber auch im rein transzendental-
logisch-kritischen Sinne behält der Satz seine Gültig-
keit: „Ohne Regelmäßigkeit und Gesetzmäßigkeit wäre
die Welt nicht Natur, sondern ein unbegreiflicher Wirr-
warr; und daß sie eben dieses nicht ist, dies bedarf
einer Ratio sufficiens."[3]

Für das engere Verhältnis von Kritizismus und
Naturphilosophie aber ist es weiterhin von einschneidender Bedeutung, daß die Mathematik ihre entscheidende Stellung innerhalb des Systems des Wissens
und Erkennens überhaupt erhält und vom Kritizismus
in ihrer Bedeutung für die Philosophie und die Naturwissenschaft erfaßt, daß mit einem Worte der „philosophische Wert der mathematischen Naturwissenschaft"[4] kritisch erkannt wird. So wahr der Begriff

---

[1] Analysis der Wirklichkeit, S. 572 ff.
[2] Gedanken und Tatsachen, II, S. 205 ff., und I, S. 126 ff.
[3] Ebenda.
[4] Analysis der Wirklichkeit, S. 275 ff.

der Quantität eine gesetzmäßige Voraussetzung aller
Erkenntnis ist, so wahr ist die Mathematik selbst ein
integrierender Faktor des philosophischen und des
naturwissenschaftlichen Denkens. Sie hat also nicht
bloß den Wert einer negativen Instanz gegen die Gau-
keleien falscher philosophischer Systeme. Freilich ist
auch hier ihre Bedeutung von unschätzbarem Werte,
und es hat für den Sachkundigen etwas ungemein
Imposantes, zu bemerken, wie jede einfachste mathematische Relation als jener archimedische Punkt betrachtet werden kann, von dem aus alle Welten des
Empirismus nicht bloß bewegt, sondern aus den Angeln
gehoben, aus den Fugen gebracht werden können, um
in sich selber zusammenzustürzen; jede einfachste
mathematische Position ist ein Fels, an dem alles Ge-
wässer empirischer Systeme sich zerschlägt, zerstiebt
und als nebuloser Dunst auflöst. Allein so wichtig
und wertvoll die Mathematik in dieser Funktion einer
negativen Instanz sein mag, als wichtiger und wert-
voller muß der Kritizismus sie in ihrer positiven Funktion für die Erkenntnis ansehen. „Alle Dinge und
Ereignisse in der Welt sind Größen."[1] Darum wird
unsere gesetzliche Naturerkenntnis erst durch die quantitative Bestimmung exakt, denn die Gesetzlichkeit der
Natur fordert die quantitative Bestimmung. Unter dem
Gesichtspunkte der Quantität erhält die naturwissenschaftliche Erklärung mit ihren prinzipiellen Voraussetzungen des Raumes, der Zeit, der reinen Bewegung,
der Masse, der Beschleunigung, der kinetischen und
der potentiellen Energie ihre grundlegende Stellung
für das ganze System der Naturforschung, indem sie
allein unter jenem Gesichtspunkte zur mechanischen

---

[1] A. a. O., S. 284.

Naturerklärung werden kann.[1] Weil „alles in der
Welt", so führt Liebmann, nach Erbringung des reich-
sten Materials aus dem Gebiete der exakten Forschung
überhaupt und im Hinblick auf Newton insbesondere[2],
aus, „quantitativ bestimmt ist", da also „schlechthin
alles in der Welt, nenne es sich Ding, Eigenschaft,
Zustand, Relation, Tätigkeit, Zustandswechsel oder wie
sonst immer, quantitativ bestimmt ist, da Realität
ohne quantitative Bestimmtheit ein Unding, mithin
letztere ein wesentliches Merkmal aller Wirklichkeit
ist; da ferner die mathematische Naturwissenschaft
die quantitativ bestimmten Gesetze der Wirklichkeit
mit mustergültiger Strenge auf eine geringe Anzahl
von Prinzipien zurückführt und aus ihnen ableitet; da
endlich die quantitativen Merkmale sich aus qualitativen allein ebensowenig erklären lassen, wie umgekehrt," — so folgt, „daß die mathematische Naturwissenschaft stets einen integrierenden, und zwar vorläufig den formell vollendetsten Bestandteil der Philosophie ausmacht."[3]

Es ist nicht nur ein reiner Vorteil, den die Philosophie aus der Mathematik gewinnt, indem gerade an
dieser das rein philosophische Verhältnis von der
Sphäre der Anschauung und der Sphäre des Begriffes
zur Klarheit gelangt, für das sich die begriffliche
Sphäre der anschaulichen gegenüber als die umfassendere erweist. Vielmehr vermag gerade mit Hilfe der
Mathematik auch die erkenntnistheoretische Fragestellung der mechanischen Naturerklärung ihre rechte
Stelle innerhalb der Wirklichkeitsanalysis anzuweisen.

---

[1] Vgl. a. a. O., S. 60 ff.
[2] A. a. O., S. 284 ff.
[3] A. a. O., S. 306.

Vor dem Forum des erkenntnistheoretischen Kritizismus erweist sich die mechanische Naturerklärung als
Hypothesis des Naturverständnisses und der Naturerkenntnis, ohne aber als Metaphysik, als welche sie
in materialistischen Dogmatismus umschlüge, stand-
halten zu können.[1] Es ist im besonderen die Atom-
theorie, die Liebmann mit mathematischer Strenge in
den dynamischen Sinn überführt.[2] Die Gründe, die
gegen den Atomismus als Metaphysik und damit gegen
die Absolutheit des Atomes, das richtig als „sowohl
logisch als historisch ein Sprößling" des Substanz-
gesetzes erkannt wird[3], ins Feld geführt werden, sind
zum guten Teile mathematischer Natur. Denn es ist
nicht bloß die „Irreduzibilität des Geistigen", die unmöglich ist, wenn dessen materielle Grundlagen, die
wir nun einmal gezwungen sind als solche anzunehmen, selbst als absolut gesetzt werden, was gegen
die Absolutheit der Atome streitet. Ihr widerspricht
vor allem die Phänomenalität des Raumes, zufolge
deren das im Raume gesetzte Atom selbst nur phä-
nomenale, nicht absolute Bedeutung haben kann, und
sodann — last not least! — „die Relativität der Größen-
begriffe", vermöge deren es unendlich viele Ordnungen
des Unendlich-Kleinen und eben darum auch des Un-
endlich-Großen gibt.[4] Das aber sind gerade funda-
mental-mathematische Instanzen. Auf sie sind wir in
letzter Linie auch verwiesen, um — und dafür führt
Liebmann den glücklichsten und wertvollsten Nach-

---

[1] Gedanken und Tatsachen, I, S. 95 ff.
[2] Analysis der Wirklichkeit, S. 311 ff.; vgl. auch Gedanken
und Tatsachen, I, S. 48 ff. und S. 209 ff., sowie die Klimax der
Theorien, S. 25.
[3] Gedanken und Tatsachen, I, S. 215
[4] A. a. O., I, S. 224 ff.

weis — die Masse als „ein rein intensives Merkmal"
zu erkennen.[1] Man kann vielleicht dennoch dem Atom
eine höhere Bedeutung als die eines „Interimsbe-
griffes"[2] vindizieren, ohne ihm eine absolute Realität
zuzuschreiben, indem sich schließlich zeigen ließe, daß
sowohl der regressive, wie der progressive Weg der
Wirklichkeitsanalyse durch den Atombegriff bleibend
hindurchführen müsse, so daß sich das „Interim" nicht
zeitlich auf den Begriff, sondern logisch auf seine
Stellung innerhalb der Analysis der Wirklichkeit selbst
beziehen müßte. Allein das auszuführen, mag der
letzten Untersuchung vorbehalten bleiben. Hier, in
diesem Zusammenhange, wäre es recht abgeschmackt,
wollte einer etwa, um nur ja seine eigene liebe Meinung
zu vertreten, mit Liebmann in eine Diskussion eintreten. Wir wollen es hier überall nur mit Positivem
zu tun haben, und dessen bietet uns Liebmann so viel,
daß wir kaum annähernd eine Vorstellung davon geben
können. Es sei hier vielmehr ausdrücklich betont, daß
selbst der, der dem Atombegriff eine höhere Bedeutung
als die eines „Interimsbegriffs" geben mag, doch die
Bedeutung der prinzipiellen Wendung zum Dynamismus und den Wert ihrer Begründung durch Liebmann
nicht zu verkennen braucht. Schon die Gründe, die
Kant, der den Dynamismus bekanntlich begründet hat,
indem er an die Stelle letzter starrer Körper (Kor-
puskeln, Atome) Kräfte als Fundamente der Natur
setzte, waren wichtig genug; die exakte Forschung
gerade der letzten Dezennien von der Entdeckung des
Gesetzes von der Erhaltung der Energie bis zu der
der Radioaktivität und bis zu den modernsten Umge-

---

[1] Ebenda, I, S. 65.
[2] Analysis der Wirklichkeit, S. 311 f.

staltungen in den physikalischen Theorien über die
Struktur der Materie hat für den Dynamismus Gründe
auf Gründe gehäuft. Und was Liebmanns Kritizismus
für den naturphilosophischen Unterbau des Dynamismus leistet, hat bleibenden Wert. Nie und nirgends
sonst ist mit der begrifflichen Schärfe, wie bei ihm,
die Masse als „rein intensives Merkmal" angesprochen.
Und daß das in letzter Linie auch die grundlegende
Bedingung ist für die für alle mechanische Naturerklärung notwendige Voraussetzung, den Energieumsatz
als reziprokes Kausalverhältnis zwischen dem Wechsel
der Massenkonfiguration, die ja als solche auch schon
der mathematischen (nämlich geometrischen) Bestimmung untersteht, und der Beschleunigungsinten-
sität ansprechen zu können, das zeigt Liebmann in
zwingender Weise[1], wie er es auch mit Recht gegen
die Absolutheit der Atome geltend macht. Rein phy-
sikalisch-immanent, ohne metaphysische Aspirationen,
fordert jedenfalls bereits der Begriff des Naturgesetzes
den der Naturkraft als logische Ergänzung.[2] Insofern
bedarf der Kraftbegriff innerhalb der kritischen Naturphilosophie einer kritischen Analyse; diese erweist ihn
für den Kritizismus als notwendigen Grenzbegriff, der
für die Physik, wie das Newton deutlich genug ausgesprochen, die Transformation ins Mathematische,
also die mathematische Bestimmung selbst fordert.[3]

---

[1] Gedanken und Tatsachen, I, S. 73f. und 84f.
[2] Ebenda, S. 181ff., und Analysis der Wirklichkeit, S. 287ff.
[3] Daß Liebmann dabei die vis a tergo und die vis a fronte
einer eingehenden kritischen Prüfung unterzieht und beide in ihrem
Wertverhältnis zueinander mißt, das zu behandeln gehört vielleicht als zu speziell nicht mehr zu unserem Thema. Es soll aber,
da hier doch auch eine philosophische Aufgabe vorliegt, nicht un-
erwähnt bleiben, wie hier auch ausdrücklich auf die feinen Er-

Mit ihm werden keine geheimen spirits eingeführt,
so lange man ihn lediglich im mathematischen
Verhältnis zur Massenbeschleunigung betrachtet, wie
das auch Newton tat, so lange er z. B. als Physiker nicht „causam gravitatis" suchte, sondern
lediglich „per vim gravitatis" erklärte, ob er freilich als Physikotheologe diesem trefflichen Grundsatze, den er als Physiker stets befolgte, nicht treu
geblieben ist. Man denke also hier nicht an irgendwelche moderne hylozoistische Phantastereien. Ausdrücklich heißt es einmal: Von dem „Aberglauben
der Alchymisten unterscheidet sich nur dem Grade,
nicht der Art nach, der phantastische Hylozoismus
des Cardanus, des Giordano Bruno und anderer Ital-
iener des sechzehnten Jahrhunderts, bei denen mystische Sympathien und Antipathien das wirksame
Agens sind, welches die Gestirne durch den Raum
treibt und die Körperwelt im Gange erhält."[1] Und
das gilt von aller mystischen Naturphilosophie bis auf
den heutigen Tag, ob sie nun mit Schopenhauer den
blinden „Weltwillen" oder nach anderen berühmten
Mustern, die logisch unverdaute „Substanz" oder sonst
ein Wort zum agierenden Weltfetisch macht. Für die
Naturwissenschaft ist alles das nichts als aus Worten
bereitetes System.

Wenn darum die Philosophie der Naturwissenschaft ganz allgemein als Kausalitätslehre und Kausalforschung angesprochen wird, so kann es nach dem

örterungen über das Energieprinzip, insbesondere auf die im Grunde
doch unanfechtbaren, logisch meisterhaft vorsichtigen Ausführungen
über den zweiten Hauptsatz, besonders auf die Kritik von dessen
landläufiger Fassung, verwiesen sei (vgl. besonders Analysis der
Wirklichkeit, S. 403 ff., und Gedanken und Tatsachen, I, S. 206 ff.).
[1] Gedanken und Tatsachen, I, S. 149.

Vorangehenden nicht mehr zweifelhaft sein, in welchem
Sinne das gemeint ist. Die besondere Bedeutung
jedoch, in der hier die Kausalforschung zu verstehen
ist, bedarf noch einer näheren Bestimmung. Für das
Kausalproblem hat Liebmann eine alte Unterscheidung
in vertiefter Bedeutung von neuem fruchtbar gemacht.
Es ist die alte Unterscheidung der causa occasionalis
von der causa efficiens, die für kein geringeres Problem als das der Kausalität im Sinne Humes und
Kants — vielleicht richtiger: Kant contra Hume —,
der Kontroverse, ob die Kausalbeziehung analytisch
oder synthetisch sei, eine Bedeutung gewinnt, die nun
ihrerseits angesichts des eigentlich auch neuen Problems, selbst eine neue Bedeutung sein muß. Daß
die bloße „Kraft" ohne Wirkungsbedingungen ebensowenig einen Effekt hat, wie Wirkungsbedingungen ohne
Kraft, das ist es, was aus der synthetischen
Natur des Kausalgesetzes analytisch folgt. Insofern nun die a priori gesetzte Ursache nie der empirischen Beobachtung zugänglich ist, die sich immer
nur den empirisch wahrnehmbaren Wirkungsbedingungen zuwenden kann, insofern aber eines ohne das
andere den Sinn verliert, und also auch die empirischen
Wirkungsbedingungen, ebensowenig ohne die a priori
gesetzte Ursache gedacht werden können, wie diese
ohne sie, ist unsere heutige Naturwissenschaft kausaler Okkasionalismus, und zwar immanenter Okkasionalismus[1] zum Unterschiede von dem transzendenten dogmatischen Okkasionalismus der vorkritischen
Cartesianer. In diesem immanenten Sinne haben wir
in letzter Linie auch den Begriff der „Naturkraft" zu
verstehen, der für den immanenten Okkasionalismus

---

[1] Analysis der Wirklichkeit, S. 193.

die Funktion übernommen hat, die im transzendenten
Okkasionalismus Gott angewiesen war. Deus war
causa efficiens. Der kritischen Naturphilosophie aber
kann die causa efficiens lediglich und ausschließlich
einen wissenschaftlichen Begriff bedeuten im Sinne
streng mechanischer Naturerklärung.

Die mechanischen Gesetze — hier im weitesten
Sinne der Wortes verstanden — behaupten ihre Gültig-
keit auch innerhalb der Sphäre des organischen Lebens,
selbst wenn der Organismus für die Erklärung die Bedeutung eines Grenzbegriffs behält.[1] Die funktionale
Korrelation der Teile zur systematischen, nicht bloß
zur aggregativen Einheit des Ganzen bezeichnet das
Wesen des Organismus. Darin liegt zunächst das
Faktum der Naturzweckmäßigkeit, seine Deutung und
Erklärung mag sein, welche sie wolle. Auch hier gilt
es, Faktum einerseits und Deutung und Erklärung des
Faktums anderseits scharf und klar voneinander zu
unterscheiden, wenn man nicht von vornherein das
ganze Problem des Organischen von Grund aus ver-
wirren will. Faktum ist zunächst die Naturzweckmäßigkeit in dem Sinne, daß das Ganze und jeder seiner
Teile wechselweise sowohl Ursache als auch Wirkung
ist, und in dieser Wechselseitigkeit liegt weiter die
andere, daß das Ganze und jeder seiner Teile wechsel-
seitig sowohl Zweck als auch Mittel ist.[2] Das Faktum
gilt es zunächst als Faktum anzuerkennen. Über seine
Erklärung ist aber damit noch nichts ausgemacht. Aber
schon aus den obersten Bedingungen der Möglichkeit
einer Naturerkenntnis überhaupt ergibt sich mit Notwendigkeit eine Forderung. Sie formuliert Liebmann

---

[1] Analysis der Wirklichkeit, S. 338ff.
[2] Gedanken und Tatsachen, II, S. 147.

auf folgende Weise: „Innerhalb der Grenzen der
menschlichen Vernunft ist die Idee des vollendeten
Naturmechanismus, das heißt das Ideal einer mechanischen Kausalerklärung sämtlicher, auch der zweckmäßigen Naturerscheinungen ein aus dem Prinzip der
Kausalität notwendig fließendes Verstandespostulat,
dessen Erfüllung als möglich vorauszusetzen und mehr
und mehr zu verwirklichen als eine Grundpflicht und
Lebensbedingung des wissenschaftlichen Denkens betrachtet werden muß."[1] Damit ist auch die Urzeugung
ein notwendiges Postulat. So ist die einzig mögliche
Position des konsequenten philosophischen Kritizismus
dem Problem des Lebens gegenüber bezeichnet.

Wie wir nun vorhin bereits zwischen Faktum und
Erklärung des Faktums, so müssen wir nun zwischen
Erklärung und Entstehung scharf unterscheiden; wir
müssen weiter die verschiedenen Unterscheidungen,
die in Liebmanns eben zitierten Worten implizite gemacht sind, auch explizite durchführen und ansehnlich
unterstreichen; die Unterschiede, als da sind zwischen
Postulat und Erfüllung des Postulats; und hinsichtlich
der Erfüllung wiederum die Möglichkeit der Erfüllung
von deren wirklicher Vollendung. Und wenn ich diesen
scharfen, logischen und unanfechtbaren Unterschieden
ernstlich ins Auge sehe, so muß ich im Hinblick auf
die gegenwärtigen Strömungen in der Biologie be-
kennen: Zwei Dinge sind es, die mir da unverständlich geblieben sind: Auf der einen Seite ist es mir
unbegreiflich, wie Reinke sich so sehr über Kants

---

[1] A. a. O., II, S. 171. In diesem, insbesondere gegen vermeintliche Zweck- oder Endursachen scharf abgrenzenden, also
weiterem Sinne, nicht im engeren Sinne der physikalischen Mechanik, sprechen wir hier von mechanischen Gesetzen.

Stellung zur Biologie — oder über seine Stellung zu
Kant — zu täuschen vermag, um glauben zu können,
daß seine Ansichten mit denen Kants verwandt sein,
ja auch nur das Geringste zu tun haben sollten. Auf
der anderen Seite verstehe ich es nicht, wie August
Weismann, dessen biologische Grundansichten im Prinzip, soviel auch im Einzelnen davon abbröckeln möge,
für spätere Generationen in der Biologie das bedeuten
werden, was uns heute in der Physik das Energieprinzip
bedeutet, wie also Weismann sich auch nur einen
Augenblick im Gegensatz zu Kant stellen und Kants
„Teleologie" in einem ganz falschen Lichte sehen kann.
Im Prinzip ist der „Weismannismus" nichts anderes
als die grandioseste Durchführung jenes Programms,
das Kant in der Kritik der Urteilskraft bereits der
Biologie gestellt hat. Und so wenig auch hier alles
vollendet sein mag — in der Wissenschaft gibt es
keine Vollendung —, so sehr darum manches der Ver-
besserung fähig und bedürftig sein mag, die Grundzüge der Weismannschen Theorie werden bleiben und
sie werden vielleicht dann erst richtig verstanden
werden, wenn Spencer und mancher andere popular-
biologische Philosoph unserer Tage längst vergessen
ist. Gerade darum aber müssen wir Weismanns Ansicht, als habe Kant oder als wollte der philosophische
Kritizismus sonst den Zweck als naturwissenschaft-
liches Erklärungsprinzip an die Stelle des mechanischen
setzen, energisch widersprechen. Kant hat diese „faule
Teleologie" als den „Tod aller Naturphilosophie" bezeichnet. Und wenn Liebmann, wie wir sehen, den
„vollendeten Naturmechanismus, das heißt das Ideal
einer mechanischen Kausalerklärung sämtlicher, auch
der zweckmäßigen Naturerscheinungen" postuliert,

wenn ihm die „causae finales mythisch" sind, wenn
sie ihm vor dem Forum des Kritizismus in die „Mytho-
logie" gehören, nicht in die Naturwissenschaft[1], so
leuchtet ein: die These Weismanns[2], daß wir „überhaupt danach streben dürfen, die Entstehung der
Zweckmäßigen mit Ausschluß zwecktätiger Kräfte im
Prinzip zu begreifen", ist zugleich die Position der
kritischen Naturphilosophie. Daß das aber „entgegen
der Meinung Kants" sei — das ist ein Irrtum Weismanns. Vielmehr ist dieses Streben, wie Liebmann
gesagt hat, „Grundpflicht und Lebensbedingung des
wissenschaftlichen Denkens". Wenn wir nun trotzdem
von einer „teleologischen Idee der Naturtechnik" reden,
so muß daraus schon folgen, daß sie dem Mechanismus
nicht nur nie und nirgends Abbruch tut, oder gar
widerspricht, sondern ihn sogar fordert.[3] Um das zu
erhärten, brauchen wir noch keineswegs das Gebiet
der Metaphysik zu betreten und das der Wissenschaft
zu verlassen. Wer ein grandioses Beispiel aus der
Geschichte für eine widerspruchslose Vereinigung von
Mechanismus und Teleologie im Metaphysischen haben
will, der denke an Goethe, der bei seiner ausge-
sprochenen „Abneigung gegen die Endursachen", die
Synthese beider antithetischer Glieder darin findet, daß
er das Zweckvolle mit kausaler Notwendigkeit ent-
standen und die kausale Notwendigkeit zweckvoll wirksam denkt. Man wird in gewisser Weise heute auch
an Bölsche, den poetischen Metaphysiker, denken
dürfen. Und — last not least! — Liebmanns kritische
Metaphysik hat im philosophischen Sinne das Problem

---

[1] Analysis der Wirklichkeit, S. 396.
[2] Weismann, Vorträge über Deszendenztheorie, 2. Aufl., S. VII.
[3] Gedanken und Tatsachen, II, S. 171.

am profundesten aufgegraben. Allein, wie er selbst
sagt, hier „reicht der Begriff der Teleologie weit über
das Gebiet der Naturphilosophie hinaus".[1] Auf dieses
aber haben wir uns hier gerade zu beschränken. Die
vom Kritizismus für die Naturphilosophie geforderte
Unterscheidung zwischen dem Faktum des Zweckmäßigen und seinem Begreifen und Erklären, die ja
übrigens auch in den zitierten Worten Weismanns mit
klassischer Deutlichkeit zum Ausdruck gelangt, ist für
die exakte Fragestellung der fundamentale Ausgangspunkt. Insofern nun aber auch als biologische Erklärung unter kritischem Gesichtspunkte ganz allein
die mechanische Kausalerklärung dienen kann, ist und
bleibt es ein Postulat, die organischen Prozesse auf
physikalisch-chemische zu gründen, „auf dem Mechanismus den Chemismus und auf dem Chemismus den
Organismus" aufzubauen.[2] Nachdem Lotze in der Philosophie den spiritus mysticus der Lebenskraft logisch
totgeschlagen hat, ist eben damit der Vitalismus, dessen
dogmatisch-metaphysische Preisgabe für das exakte Gebiet vor allem das Gesetz von der Erhaltung der Energie
fordert, gestürzt.[3] Fortan gilt: „das Wort ‚Lebenskraft' bezeichnet nicht sowohl einen Begriff, als eine
Begriffslücke".[4]

Allein gerade hier muß der Kritizismus, sofern
er eine Selbstverständigung des wissenschaftlichen
Denkens sein soll, vor phantastisch übereilten dogmatischen Spekulationen warnen und darauf hinweisen,
daß wir mit den bisherigen Ausführungen noch nie und

---

[1] Ebenda, I, S. 274. Über die metaphysische Seite der
Teleologie vgl. auch schon S. 266 ff., ferner II, S. 141 ff.
[2] Analysis der Wirklichkeit, S. 384.
[3] Ebenda, S. 338 ff.
[4] Gedanken und Tatsachen, I, S. 244.

nirgends die begriffliche Sphäre des bloßen Postulats
verlassen und also auch gar nicht in die seiner Erfüllung eingetreten sind. Möglich muß die Erfüllung
sein, insofern überhaupt Naturerklärung möglich sein
muß, wenn Wissenschaft möglich sein soll. Allein von
der logischen Möglichkeit bis zur Wirklichkeit im em-
pirisch-Faktischen ist noch ein weiter Weg. Und unter
diesem Gesichtspunkte bleibt es zunächst selbst noch
Problem, ob das Postulat sich jemals ohne Rest erfüllen lasse oder ob wir ein für Physik und Chemie
unauflösliches Problemresiduum auch dann zu konstatieren hätten, wenn wir diese Wissenschaften in
einem uns unerreichlichen Zustande des Ideals denken,
weil wir über diesen als solchen selbst nichts wissen
können.[1] Das auch trotz der bereits von Kant prophe-
zeiten, also als logisch möglich angenommenen und nun
von der Wissenschaft als reale Möglichkeit erwiesenen
mechanischen Herstellung des Organischen. Aber ein
anderes ist und bleibt auch jetzt die Entstehung, ein
anderes die Erklärung der Entstehung.

Hat darum in der Biologie auch die Mechanik
allein das Recht des Erklärens als Mechanik des
Lebens, so zeigt sich der scharfen kritischen Grenz-
bestimmung doch sofort, daß bei dem Unterschied
zwischen dem Postulat und seiner Erfüllung das Leben
als noch nicht gegebenes, darum selbst erst noch zu
erklärendes Leben Problem bleibt. Und hier tritt der
Zweckbegriff in seine Rechte, und zwar auch für die
exakte Forschung, freilich nicht als erklärende Kategorie[2], sondern als regulativ-heuristisches Prinzip. Da-

---

[1] Ebenda, I, S. 110.
[2] Vielleicht könnte man das auch so ausdrücken: Der Zweck
ist überhaupt keine naturwissenschaftliche, sondern eine naturphilo-
sophische Kategorie.

durch wird die Deszendenztheorie ein für allemal unter
dem Gesichtspunkt des Kritizismus richtig als regulativ
methodische Hypothese erkannt, an der sich die frühere
Unterscheidung zwischen okkasionalen und effizienten
Ursachen aufs glänzendste bewährt, insofern auch hier
die okkasionalen Ursachen sich als das der mechanischen Forschung Zugängliche erweisen, der „permanente Realgrund" aber nichts anderes als das Le-
bensproblem selber bezeichnet. Damit wird an die
Stelle des dogmatischen Standpunktes des Vitalismus, unter Wahrung seines lediglich methodisch
berechtigten Problemkernes, die Problematik gesetzt.
Für ihn tritt ein die Methode eines heuristischen Prinzips in Form der Deszendenztheorie, die selbst nicht
dogmatischer Standpunkt, sondern Hypothese und Methode der Forschung bleiben muß, da über die Heu-
ristik hinaus in der exakten Forschung für die Erklärung die mechanischen Gesetze in Kraft bleiben
müssen, auch wenn diese ihrerseits bisher das Faktum
des Lebens selber aus dem Stadium des Problems in
das der Erklärung nicht überzuführen vermocht haben.[1]
Das Leben mit den Bestimmungen der Variabilität,
Erblichkeit, Entwicklungsfähigkeit, Fortpflanzungsfähigkeit bilden so auch für den Darwinismus immer schon
die Voraussetzung, und dieser vermag lediglich die
Gesetze der Umwandlung und Entwicklung der immer
schon vorausgesetzten Lebewesen zu ermitteln. Dabei
leistet ihm die heuristische Teleologie, bei der man
freilich weder an die gerade von Kant ein für allemal
abgetane Physikotheologie[2], noch an eine anthropo-

---

[1] A. a. O., I, S. 250ff., und Analysis der Wirklichkeit, S. 340ff.
[2] Gedanken und Tatsachen, II, S. 157.

morphistische Nützlichkeitsteleologie[1], die ja nichts
anderes als ein närrischer Einfall ist, denken darf, die
wesentlichsten Dienste. Allein daraus folgt, daß der
Darwinismus keineswegs bereits das Postulat mechanischer Naturerklärung restlos erfüllt hat. Er bezeichnet zwar einen ungeheuren Fortschritt dem Vitalismus gegenüber, der „beim Eintritt in die Organologie
und Biologie der Physik und Chemie den Rücken zu-
kehrte, um sie draußen im Vorzimmer unbeachtet und
nur gelegentlicher Winke harrend stehen zu lassen"[2],
ihnen also im besonderen eine ähnliche untergeordnete
Domestikenrolle anwies, wie zeitweise eine gewisse
philosophische Spekulation der Naturwissenschaft überhaupt. Demgegenüber hat der Darwinismus wenigstens
das Postulat einer erklärenden Wissenschaft allen
Ernstes aufgenommen, wenn sich vor der Kritik auch
herausstellt, daß er noch keineswegs ein Prinzip „mechanischer Erklärung", sondern ganz allein ein solches
„historischer Erklärung"[3] ist. Es ist also zum mindesten sehr übereilt, nun in Darwin den Kantischen
„Newton des Grashalms" zu sehen. Wie Kant sagt:
gebt mir Materie und ich will euch erklären, wie daraus
die Welt mechanisch entsteht, so kann also Darwin
sagen: gebt mir Lebewesen und ich will euch erklären,
wie sie sich kausalmechanisch umbilden und entwickeln. Aber ebensowenig, wie Kant sagen konnte:
ich will euch die Materie selbst erklären, so wenig
hat Darwin sagen können: ich will euch aus der Materie
das Leben selber erklären. Mit dem „Newton des
Grashalms" hat es also „mindestens, mildestens" —
gute Weile. Das letzte Jahrzehnt hat uns freilich einer

---

[1] Ebenda, S. 147. — [2] Analysis der Wirklichkeit, S. 337.
[3] Gedanken und Tatsachen, I, S. 257.

Theorie der Materie im höchsten Sinne näher gebracht. Eine Theorie des Lebens im höchsten Sinne wird immer freilich eine unaufgebbare Idee der Wissenschaft darstellen müssen. Ob sie aber nicht selbst immer Idee bleiben wird — darüber erlasse man uns billig alles Prophezeien. Wir können Geschichte nicht a priori konstruieren. Jedenfalls aber sind die Fundamentalbegriffe der Biologie, wie Variabilität, Entwicklungsfähigkeit, Erblichkeit, Fortpflanzungsfähigkeit zwar notwendige Prämissen, aber sie sind als solche schon historischer Natur. In mechanischer Hinsicht aber sind sie Problem. Und diese konzentrieren sich recht eigentlich in dem der Vererbung. Für dieses Problem aber kommt alles darauf an, daß man nicht aus der unverstandenen Vererbung die Lebewesen, sondern aus den verstandenen Lebewesen die Vererbung zu verstehen sucht. Das ist es, was Liebmann von einer kausalen Erklärung des organischen Lebens mit Recht fordert.[1] Und darin liegt im Prinzip die unvergängliche Bedeutung der Weismannschen Keimplasmatheorie, die Liebmann freilich nur kurz erwähnt. Die Vererbung ist zunächst keine Erklärung, sondern ein Problem.[2] Und wenn wir diesen echt kritischen Gedanken auf die bedeutendste Vererbungstheorie anwenden, so können wir sagen: er findet an dem Gedanken der Vererbungssubstanz seine exakte Darstellung. Unter kritischem Betracht wird die Zukunft freilich diese gleichsam zu entsubstanziieren haben. Aber sie ist trotzdem von eminent kritischer Bedeutung. Das Keimplasma ist kein alle Rätsel hinwegrätselndes Universalmittel, sondern philosophisch betrachtet gleichsam eine kritische Warnungstafel vor dem naiven Daraufosdogmatisieren

---

[1] A. a. O., II, S. 166. — [2] Analysis der Wirklichkeit, S. 438.

in der Deszendenztheorie. Hier wird davor gewarnt, das, was Liebmann die permanente Ursache nennt, beiseite zu schieben oder in okkasionale aufzulösen und zugleich bezeugt, daß aller Analyse ein unauflöslicher Problemrest verblieben ist. Und alle „Widerlegungen", die Weismanns Theorie bisher gefunden hat — das ist ein gemeinsamer Grundzug, den ich bei allen, soweit sie mir bekannt geworden sind, angetroffen habe —, haben nur das Verfängliche an sich, daß sie sich heimlich, ohne es zu wissen und zu wollen, über die Prinzipien hinwegsetzen, ohne die überhaupt keine Mechanik möglich ist, insbesondere über das sogenannte dritte Newtonische, ja eigentlich auch schon über den Fundamentalgrundsatz jeder Erklärung überhaupt, daß aus Nichts auch Nichts werden kann. Freilich kann darauf hier nicht eingegangen werden, da ich mich allein auf das Prinzipielle beschränke. Vielmehr sei zum Schluß noch ein Wort über ein Spezialproblem der Biomechanik, das man als Psychomechanik bezeichnen könnte, gesagt:

„Als ein Korollarium des allgemeinen Kausalprinzips", sagt Liebmann, „bleibt auch der Gedanke einer psychologischen Mechanik", das „Ideal der Psychologie", wie weit diese auch immer hinter dem Ideal zurückstehen mag.[1] Denn alles Psychische untersteht selbst Naturgesetzen, die eben „psychologische Naturgesetze"[2] sind. Weil nun auch im Psychophysischen die Ermittlung gesetzmäßiger Kausalzusammenhänge im besonderen ebenso Aufgabe bleibt, wie dies überhaupt Aufgabe aller rationellen Wissenschaft ist, so billigt Liebmann konsequenterweise auch den Satz Lichtenbergs: „Der Materialismus bildet die Asymptote

---

[1] A. a. O., S. 476. — [2] Gedanken und Tatsachen, II, S. 66.

der Psychologie"[1], um zugleich die in dem Begriff
der Asymptote zutage tretende kritische Grenzbe-
stimmung scharf zu beleuchten und zu würdigen.[2] Denn
daß damit dem Materialismus als System metaphysischer Weltanschauung nicht das Wort geredet wird,
braucht kaum noch besonders hervorgehoben zu
werden. Das versteht sich nach den früheren Ausführungen eigentlich von selbst.[3] Denn alle wissenschaftlich brauchbare Naturphilosophie hat ja ihre
letzte Entscheidungsinstanz auch hier im Kritizismus.
In jenem Lichtenbergschen Satze kündigt sich also
für den Kritizismus kein System an, es ist vielmehr in
ihm eine Aufgabe, ein methodisches Postulat bezeichnet. Und auch hier haben wir nicht bloß zwischen
dem Postulat und seiner Erfüllung zu unterscheiden,
es bleibt auch zu bedenken, daß Postulat, wie Erfüllung
des Postulates zu ihrer Möglichkeit und um überhaupt
einen logischen Sinn zu haben nicht bloß einen anderen
Begriff der Materie, als den hergebrachten, sondern
auch einen anderen Begriff der Natur, als den naiven
landläufigen voraussetzen. Es ist das eben der Naturbegriff im Sinne des philosophischen Kritizismus, der
in dem Satze formuliert war, daß der Verstand seine
Gesetze nicht aus der Natur schöpft, sondern ihr die
Gesetze vorschreibt.

---

[1] Ausgewählte Schriften (Reclam-Ausgabe), S. 47.
[2] Analysis der Wirklichkeit, S. 536.
[3] A. a. O., S. 537f. Über das Gehirn als „logisch denkendes
Automaton" vgl. auch S. 552 ff. Hier wird in einer außerordent-
lich interessanten und neuen Weise, in einer Art von psychophy-
sischem Paradoxon, über den psychomechanischen Zusammenhang
Aufschluß erteilt, der aber in das Spezialproblem des Verhältnisses
von Physischem und Psychischem gehört.

Die Analysis des Substanzproblems und die logische Skala der Standpunkte.

Wir haben bereits im ersten Abschnitte dieser Untersuchungen bemerkt, daß der Wechsel dessen, was man in der Philosophie sowohl, wie in der exakten Wissenschaft gemeiniglich als Standpunkt zu bezeichnen pflegt, sich selbst als logisch notwendige Etappe der Erkenntnis begreifen ließe, und daß insoweit jedem Standpunkte, d. h. insofern er sich wirklich als eine notwendige Etappe der Erkenntnisanalysis fassen läßt, trotz des Wechsels eine bleibende Bedeutung zukommt. Wir sagten: die anschaulichen Momente wandeln sich im Fortgange der Analysis, die begrifflichen Elemente bleiben und werden gleichsam auch in der folgenden Etappe der Standpunktsreihe, trotzdem sie eine weitere begriffliche Reduktion darstellt, aufbewahrt, insofern selbst für diese Reduktion die vorhergehende Etappe immer selbst den begrifflichen Ansatzpunkt bieten muß, wenn es sich eben wirklich um eine streng logisch durchgeführte Analyse handelt.

Was wir früher mehr in abstracto ausgesprochen hatten, das wird aber in concreto gerade an dem Problem, in dem Wechsel und Beharrlichkeit sich selbst vereinigen und durchdringen, in einer Weise deutlich, wie vielleicht an keinem anderen Punkte philosophischer, wie naturwissenschaftlicher Erkenntnis, die auch gerade an diesem Problem eine besonders

deutliche Einheit eingehen. Von den frühesten Zeiten
des wissenschaftlichen Denkens an hat dieses Problem
im Vordergrunde des Interesses gestanden. Hinsichtlich der antiken Philosophie hat Windelband es geradezu bezeichnet als das „Grundproblem der griechischen
Philosophie, wie hinter der wechselnden Mannigfaltigkeit der Erscheinungen ein einheitliches und bleibendes Sein zu denken sei."[1] Ja, man könnte noch weitergehen und von diesem Problem aus nicht nur die ganze
Geschichte der theoretischen Philosophie der Griechen,
wie ich selbst das bereits getan habe[2], sondern auch
die Geschichte der theoretischen Philosophie überhaupt, also auch die der neueren Philosophie, wie zu
einem guten Teile auch die der exakten Forschung
aufrollen. Wenn das nun auch hier nicht geschehen
soll, so kann uns doch das Problem dazu dienen, die
logische Skala der philosophischen Standpunkte als
solcher und den Anteil, den auch die exakte Forschung an ihnen hat, wenigstens zu bezeichnen. Mehr
soll hier nicht geschehen. Es kommt nicht darauf an,
das Substanzproblem nach allen Richtungen auf allen
wissenschaftlichen Gebieten bis ins Einzelne zu analy-
sieren. Vielmehr soll lediglich das bestimmte Verhältnis der Substanzanalyse zu den Standpunkten dar-
gelegt werden, für die sich diese Analyse als ein
deren logischer Entwicklung die Richtung anwei-
sendes Moment darstellt. Ich habe den logischen Fortgang, der auch in der historischen Bearbeitung des
Problems zum Ausdruck gelangt, als systematisch

---

[1] Lehrbuch der Geschichte der Philosophie, S. 115.
[2] Das Substanzproblem in der griechischen Philosophie bis
zur Blütezeit. Seine geschichtliche Entwicklung in systematischer
Bedeutung.

objektiven Fortgang selbst bereits allgemein charakterisiert.[1] Jetzt hat auch Cassirer gerade von diesem
Problem aus auf eine „Stufenfolge in den Graden der
Objektivität" hingewiesen.[2] Wenn er diese nun auch
nicht in dem hier allein in Frage kommenden
Sinne entwickelt, so scheint mir das wenigstens
im Prinzip doch auch von anderer Seite aus
einem solchen Sinne entgegenzukommen. Freilich
kann ich mir auch eine prinzipielle Differenz zu
Cassirer nicht verhehlen. Wenn er vom Substanzbegriff sagt: „Die empirische Erkenntnis kann diesen
Begriff nicht entbehren; wenngleich ihr eigentlich philosophischer Fortschritt darin besteht, ihn als Begriff
zu verstehen und zu würdigen"[3], so wird dem gewiß
jeder, dem Kants Kategorien der Relation und die
diesen entsprechenden Grundsätze kein verschlossenes
Gebiet sind, ohne weiteres zustimmen können. Auf
der anderen Seite scheint Cassirer aber der „eigentlich philosophische Fortschritt" zum Begriff der Substanz doch zugleich eine Verdrängung des Substanzbegriffs durch den Funktionsbegriff bedeuten zu sollen,
was doch höchstens von der dinglichen Substanz-
auffassung, aber nicht von der zum mindesten seit
Kant selbst gesetzlich funktional gefaßten Substanz-
bedeutung zutreffen kann. Sie hat ja eben Kant
selbst als Begriff und damit als Form des Gesetzes
der Funktion synthetischer Einheit gefaßt. Während
darum nach Cassirers Funktionstheorie der Begriff
selbst seinen Inhalt wechseln soll, um in seinen verschiedenen Funktionen verschiedene Momente der Er-

---

[1] Vgl. besonders die Einleitung zu meinem „Substanzproblem".
[2] Substanzbegriff und Funktionsbegriff, S. 365.
[3] A. a. O., S. 278.

kenntnis zu beschreiben, gilt mir der Inhalt als solcher
— sonst kämen wir ja zu der von Cassirer selbst abgelehnten Abstraktionstheorie — als bleibende Gesetzlichkeit, nur deren Leistung wechselt. Die verschiedenen Leistungen, die der Begriff zu übernehmen hat,
müssen, um als Leistungen eben gerade dieses bestimmten Begriffs gefaßt werden zu können, bereits
in seinem bleibenden Inhalte gesetzt sein. Bezeichnet
man diesen selbst als Funktion, so wäre sie selbst
als konstante und allgemeine Funktion anzusprechen,
die sich in ihren besonderen Leistungen zu bestimmten
variablen Funktionen lediglich spezifiziert, wie es
Kant sowohl in der Methodenlehre der Kr. d. r. V.
als auch besonders in der Kr. d. U. eingehend dargestellt hat. Ohne darüber nun in eine auf das Einzelne
gehende Diskussion eintreten zu können[1], suche ich
die verschiedenen Leistungen des Substanzbegriffs,
soweit sie für die Standpunkte entscheidend sind,
darzulegen. Diese Standpunkte sollen hier nicht in
ihrer ganzen Breite etwa historisch dargestellt
werden. Sie sollen lediglich als Etappen der Analyse
unseres Problems in ihrer logischen Bedeutung,
das Problem selbst soll also gerade in seiner logisch-
standpunktlichen Entwicklung deutlich werden, und
die Geschichte darf uns hier allein, um mit Kant zu

---

[1] Nur soviel sei hier bemerkt: will man, was nicht Aufgabe
meiner Untersuchung ist, den mathematischen Funktionsbegriff
wirklich philosophisch fruchtbar machen, wozu seit Kant und
Hegel bis zur Logik der Gegenwart, zu der wir dann vor allem auch
noch Lotzes Leistung mitzählen müssen, mancherlei geschehen ist, so
wird es aber nicht darauf ankommen dürfen, die Logik dogmatisch
an das mathematische Sein zu binden, sondern dieses Sein kritisch am Sollen der Logik zu messen, um mich der sehr dankens-
werten, von Dedekind für das Zahlengebiet vollzogenen Gegenüberstellung zu bedienen.

reden, zur Illustration dienen. Die logische Skala der Standpunkte ist also nicht zugleich auch deren historische Abfolge, als ob man nach jener die Geschichte konstruieren dürfte. Vielmehr kann ein „historischer" Standpunkt zugleich an mehreren logischen partizipieren.

I. Der naive Realismus als Abbildtheorie.

Die mit begrifflicher Schärfe vollzogene Unterscheidung des Erkennens von seinem Gegenstande setzt in der Entwicklung sowohl unserer Gattung, wie des Einzelnen verhältnismäßig spät ein. Für die Bedürfnisse des praktischen Lebens lernen wir uns allerdings von den uns umgebenden Dingen und äußeren Vorgängen so früh, ja noch früher unterscheiden, als wir im buchstäblichen Sinne auf eigenen Füßen zu stehen anfangen. Denn ohne eine solche praktische Unterscheidung könnte sogar schon der Säugling nicht leben, so differential auch der Bewußtseinsgrad von der äußeren Wirklichkeit sein mag. Allein so sehr dieses Bewußtsein, sobald der Mensch in seiner Entwicklung die Dinge der Umwelt nun auch als solche sich vorzustellen beginnt, sich gesteigert haben mag und in der Weiterentwicklung noch steigern mag, so deutlich er, sobald er von sich mit „Ich" zu sprechen und den äußeren Gegenstand nun auch als ein von seinem „Ich" verschiedenes Ding, eine „res a me diversa", wie Descartes schon sagte, als ein „Nicht-Ich" modern gesprochen, aufzufassen vermag, zu begrifflicher Strenge und Schärfe wird damit der Gegensatz nicht erhoben. Zu begrifflicher Schärfe und Strenge erheben ihn überhaupt die wenigsten Menschen im Leben; eigentlich nur die

Menschen der Wissenschaft, und auch die nicht alle.
Wir nehmen auf dieser Etappe der Wirklichkeitserkenntnis die Wirklichkeit einfach hin, ohne auf das
Verhältnis von Erkenntnis und Wirklichkeit begrifflich zu reflektieren. Wirklich sein heißt uns geradezu
von der Erkenntnis unabhängig sein. Die ganze bunte
Fülle alles dessen, was wir wirklich nennen, gilt uns
als etwas absolut, d. h. an und für sich Existierendes,
das existiert und so existiert, wie es nun einmal existiert, gleichviel ob es Gegenstand der Erkenntnis ist
oder nicht. Was Gegenstand der Erkenntnis werden
kann, und damit es Gegenstand der Erkenntnis werden
kann, das existiert und muß existieren ohne Rücksicht auf die Erkenntnis, mag es nun ein „Ding" als
solches, mag es die „Eigenschaft" eines „Dinges",
mag es ein „Vorgang", ein „Ereignis", ein „Gescheh-
nis" sein. Als spezifisches Grundcharakteristikum
dieser absoluten Wirklichkeit erscheint entweder die
gänzliche Unabhängigkeit von aller subjektiven Willkür überhaupt oder von der Willkür des Vorstellens
im besonderen, oder aber zum mindesten die Grenze
und Schranke, die sie dieser Willkür überhaupt oder
der des Vorstellens im besonderen setzt und damit
sich von allen individuellen Phantasien und Ein-
bildungen unterscheidet, ganz wie auch schon Descartes alles das geschildert. Die Sonne scheint und
erwärmt mein Zimmer jetzt wirklich, ob ich es mir vorstelle, daß sie scheint und mein Zimmer erwärmt,
oder nicht; und ob es mir vielleicht sogar lieber wäre,
im kühleren Zimmer zu sitzen. Und ich sitze wirklich
in diesem wirklichen Zimmer, ob ich mir vielleicht
gleich lieber wünschte, in fernen schönen Ländern zu
reisen und mir das auch vorstelle, oder nicht. Der

Apfel, den ich jetzt esse, ist zwar rot, aber doch sauer,
ob ich ihn mir gleich lieber süß wünschte, möchte er
dabei immerhin grau oder grün sein, und so vorstelle
oder nicht; und über mir wird wirklich Klavier ge-
droschen, und das Getön ist wirklich, mag ich es noch
so sehr ins Nichts verwünschen. Kurz, das scheint
der allgemeinste Charakter der Wirklichkeit zu sein,
der zugleich die absolute Unabhängigkeit der Existenz des Wirklichen verbürgt, daß es von der Willkür des Subjekts, seinem Denken, Wollen und Empfinden gänzlich unabhängig ist, mag es sich nun um
Geschehnisse oder Dinge und deren Eigenschaften
handeln, ob die Dinge rund oder eckig, rot oder grün,
süß oder sauer, warm oder kalt, und wie immer sonst
sein mögen. All die bunte Mannigfaltigkeit, die das
mich umgebende Dasein mir aufweist, die Mannigfaltigkeit von Dingen, ihren Wirkungen und ihren
Eigenschaften, wie Figuren, Farben, Tönen, Temperaturen, Geschmäcken, Gerüchen, alles das existiert
unabhängig entweder von meiner Willkür überhaupt
oder doch von der Willkür meines Vorstellens im besonderen. Denn entweder kann ich überhaupt nichts
daran ändern, oder, wenn ich etwas daran ändern
kann, so war der Zustand vor der Veränderung doch
so, wie er war, und ist die Veränderung und der Zustand nach der Veränderung doch so, wie er ist, gleichviel ob ich mir das alles vorstelle oder nicht.

Über das Verhältnis von den Dingen zu ihren
Eigenschaften und ihren Wirkungen machen wir uns
auf dieser Stufe des Denkens weiter keine Gedanken.
Und wenn wir uns je welche machen sollten, so
machen wir die Eigenschaften und Wirkungen wieder
zu Dingen. Das Kind kratzt ja gewiß oft genug die

Farben von seinen Bauklötzchen ab, um zu sehen,
wie es „dahinter oder darunter" aussieht. Aber dieser
kindliche Metaphysiker meint dabei wirklich nichts
anderes, als wenn er seinem Hampelmann den Bauch
aufschlitzt, um unter seinen Kleidern die Sägespäne
zu entdecken. Die „Farbe" des Bauklötzchens ist ihm
genau so ein dinglicher Überzug wie das Kleid der
Puppe. Denn die Farbe ist ihm eben das, womit ein
Ding „angestrichen" ist, wie der Mensch mit einem
Kleide bezogen ist. Und wenn der Bauer seine Stube
weißt, denkt er sich ja den Sachverhalt genau so. Die
Eigenschaften „haften" an den Dingen eben wieder als
Dinge, und mit den Wirkungen und Tätigkeiten steht
es ganz ähnlich. Irgendein Ding steckt wieder in den
Dingen und muß „darin stecken", damit diese Dinge
dieses oder jenes „tun können". Wie es der Mechanismus macht, damit eine Puppe laufen oder sprechen
kann, ist dem Kinde ziemlich gleichgültig, wenn es
nur die „Analyse" der Puppe soweit geführt hat, bis
es auf die Maschinerie stößt. Dann hat es seine Wiß-
begierde beruhigt. Denn es hat ja das Ding und mit
ihm die „Kraft", mit der die analysierte und nun ihrem
Schicksal überlassene Puppe laufen konnte, wie der
Landmann, was jeder weiß, der mit Landleuten in
Berührung gekommen ist, den Regen schlechtweg als
„die Kraft, mit der der Himmel die Felder befruchtet",
definiert. Der moderne Agrarier freilich weiß ja vielleicht darüber etwas mehr, wie nun der Regen wieder
diese „Befruchtung" der Felder „bewirkt". Aber im
Grunde genommen hat doch bei ihm der Regen auch
bloß die Rolle übernommen, die beim Bauern der
„Himmel" hatte. Ja zeitweilig gefiel sich die Wissenschaft in ähnlichen Vorstellungen. Das Phlogiston

seligen Angedenkens, das einst die Eigenschaft der Dinge, verbrennbar zu sein, erklären sollte, stand, obwohl es ein Versuch der Erklärung sein sollte, im Prinzip nicht höher als die Auffassung des Kindes oder des Bauern. Es bedeutete eben ein Ding im verbrennbaren Dinge, wie es sich Kind und Bauer wohl heute noch denken würden, wollte man denen die Frage nach der Verbrennbarkeit der Dinge vorlegen. Sie würden eben ein Ding suchen, das die Dinge verbrennbar machte. In dem Verhältnis des Dinges zu seinen Wirkungen kämen sie prinzipiell auf dasselbe hinaus.[1]

Es bleibt bei solchen vom Erkennen absolut unabhängigen und für sich existierenden Dingen, die nolim, volim so sind, wie sie sind und ebendarum es bleiben, ob ich sie vorstelle oder nicht. Wenn ich sie nun vorstelle, so muß ich sie, will ich sie richtig vorstellen, nun auch andererseits wieder so vorstellen, wie sie unabhängig von mir sind. Das heißt: Das Erkennen ist ein Kopieren der Dinge im Bewußtsein. Mein Vorstellen der Dinge bildet die Dinge ab, die Vorstellungen sind, sofern sie eben richtig sind, Kopieen, Bilder von absolut existierenden Dingen. Und habe ich die Dinge einmal nicht „richtig" vorgestellt, so habe ich sie nur ungenau abgebildet, wie der Maler etwa auch eine Landschaft ungenau wiedergibt.

Daß diese Bilder nun selbst wieder materielle

---

[1] Einige recht ergötzliche und psychologisch interessante Beispiele naiv-dinglicher Kraftvorstellungen aus seiner eigenen Kinderzeit finden wir bei Goethe im vierten Buche von „Wahrheit und Dichtung". Ich erinnere besonders an das, was er von seinen kindlichen „Experimenten" mit dem Magneten und der „Elektrisiermaschine" berichtet. Daß man bei ihm auch sympathetische Beziehungen zum Phlogiston finden kann, ist ja bekannt.

Dinge seien, ist damit keineswegs gesagt, obwohl diese
Ansicht ein Bestandstück gewisser philosophischer
Lehren des Altertums war, in dem ein für den hier
in Rede stehenden Standpunkt naiver Wirklichkeits-
auffassung schon viel zu starkes Moment der Reflexion auf das Verhältnis von Subjekt und Objekt
der Erkenntnis vorausgesetzt wäre. Daß in der Erkenntnis selbst in erster Linie eine Einwirkung des
Gegenstandes auf das Subjekt vorliege, zu dieser Annahme führt auch die naive Ansicht der Dinge freilich schon die Erfahrung des täglichen Lebens.
Sie zeigt ihm ja, daß die Wahrnehmung, zum Unterschiede von der bloßen Vorstellung im engeren Sinne,
die Gegenwart des wahrgenommenen Gegenstandes
voraussetzt, während die Vorstellung als solche nicht
auch den vorgestellten Gegenstand voraussetzt. Aber, wie
nun im weiteren noch Wahrnehmung und Vorstellung
unterschieden sind, darüber reflektiert die naive
Stufe des Denkens ebensowenig, wie darüber, ob
nun die Wahrnehmung das eigentliche Bild des Gegenstandes und die Vorstellung etwa bloß das Bild der
Wahrnehmung sei, wie etwa das Originalgemälde
einer wirklichen Landschaft wiederum kopiert werden
kann. Wahrnehmung und Vorstellung gelten hier in
gleicher Weise als Gegenstandsbilder, nur daß jene
unmittelbar aus der Einwirkung des Gegenstandes
folgen soll, diese gleichsam die Aufbewahrung desselben Bildes in der „Seele" ist.

Die „Seele" wird der naiven Wirklichkeitsauf-
fassung selbst zu etwas Substanziellem, einem im
Wechsel der seelischen Zustände beharrlichen Dinge,
nur zu einem feineren und zarteren, als die Dinge der
Außenwelt; der „Leib" des erkennenden Subjekts

wird, für sich betrachtet, mit diesen auf eine Stufe
gestellt und erlangt erst und ganz allein dadurch eine
bevorzugte Stelle, daß er die „Wohnstätte" der „Seele"
ist und zwischen dieser und der Außenwelt durch die
Sinne vermittelt. Diese Vermittlung selbst aber wird
nicht anders gedacht, als daß eben der Seele durch
die Sinne die Bilder der Außenwelt zugeführt werden.
Das „Wie" bleibt gänzlich dahin gestellt. Darüber
macht man sich auf dieser ursprünglichen Ausgangs-
stufe des Denkens keine weiteren Gedanken.

Wenn das Verhältnis der Erkenntnis zum Er-
kenntnisgegenstande und dem in der Erkenntnis zu
erarbeitenden Weltbilde aber selbst zum Problem gemacht wird, so zeigt sich, daß dem Subjekt ein immer
größerer Anteil an der Erkenntnis dem Objekt gegenüber eingeräumt, das Weltbild immer weniger rea-
listisch und immer mehr phänomenalistisch gestaltet
wird, bis dem naiven Realismus, der als solcher zugleich absoluter Realismus ist, ein absoluter Phänomenalismus (im subjektivistisch-relativistischen Positivismus nämlich) gegenübersteht, um endlich, nachdem durch diesen das Verhältnis von Subjekt und
Objekt als ein solches starrer Seinsheiten gänzlich aufgehoben ist, es als logische Korrelation und Begriff
selbst zu begreifen und zur logischen Einheit von Subjekt und Objekt nach deren dinglicher Spaltung und
nach der Aufhebung dieser dinglichen Spaltung zu
führen. Wir kehren am Ziele gleichsam wieder zur
Einheit des Ausgangs zurück. Nur wird diese Einheit
tiefer angelegt und tiefer begriffen, wie die Wirklichkeit tiefer angelegt und tiefer begriffen wird. Denn
der logische Fortgang in den logisch folgenden Etappen

ist keine Preisgabe der Wirklichkeit. Die Wirklichkeit
als solche bleibt. Nur die Vorstellung von der Wirklichkeit ändert sich. Das Bleibende der Wirklichkeit
ist nicht ihre Vorstellung, nicht ihre Anschauung,
sondern ihr Begriff, und der Fortgang der Analysis,
der von der gewöhnlichen Anschauung ausgeht, findet
sich am Ziele, sobald die Wirklichkeit als Begriff erkannt wird. Wenn wir also sagten, wir kehrten am
Ziele selbst zum Ausgange zurück, so ist diese Rück-
kehr doch zugleich auch eine Umkehr. Am Ziele ist
die Wirklichkeit Begriff, am Ausgang ist der Begriff
Wirklichkeit. Der absolute und naive Realismus ist,
ohne es freilich zu wissen, auch Begriffsrealismus. Zum
Ausgangspunkte können wir nur vermittels des Idealismus zurückkehren, für den der Begriff sich nicht
als Wirklichkeit, sondern die Wirklichkeit als Begriff
darstellt. Und die Etappen von dem Ausgangspunkte
des naiven Realismus bis zur Erkenntnis der
Wirklichkeit im Begriff sind zugleich Etappen der
„Substanzanalysis, deren Hauptmomente sich als
Standpunkte ausprägen. Nicht als Systeme sind hier
diese Standpunkte zu behandeln — dafür würde jeder
eine besondere und zwar umfangreichere Behandlung
erfordern, als wir sie für alle zusammen anstreben —,
sondern lediglich als Phasen und Positionen und zwar
auch als solche wieder nur, insofern die Analysis des
Substanzproblems durch sie hindurchführt.

II. Der Mechanismus als Forschungsprinzip und der Materialismus als metaphysischer Standpunkt.

Sobald das Denken auf sich selbst zu reflektieren
beginnt, führt es über die absolut realistische Welt-

betrachtung hinaus. War dieser die Unabhängigkeit von der Willkür ein sicheres Kriterium objektiver Wirklichkeit, so tritt in die Reflexion bald ein neuer Gesichtspunkt ein, indem zwischen der Abhängigkeit bzw. Unabhängigkeit von unserer Willkür und der Abhängigkeit bzw. Unabhängigkeit von unserer unwillkürlichen Organisation unterschieden wird. Denn was von unserer Willkür unabhängig ist, das braucht noch nicht von unserer unwillkürlichen Organisation unabhängig zu sein. Das ist ein Gesichtspunkt, der für das Verhältnis von Erkenntnis und Erkenntnisgegenstand fruchtbar gemacht wird in Philosophie und Naturwissenschaft vom Altertum her bis zur Gegenwart. Von Demokrit, dem größten Physiker des Altertums und einem der größten Philosophen jenes Zeitalters, über Galilei und Descartes, Leibniz und Newton, über Locke, Berkeley und Hume bis zu Kant und den Kantischen Schulen, ja bis zu den Denkern und Forschern der Gegenwart hat diese Unterscheidung zum mindesten als Ausgangs- und Ansatzpunkt der Kritik der Wirklichkeitsbetrachtung gedient. Es ist die Kritik der Sinnlichkeit, in der sie sich geltend macht, durch die sie zunächst über das naive Weltbild hinausführt und die Abbildtheorie als solche aufhebt.

Schon Demokrit hatte gelehrt, daß die Empfindungen von Farben, Tönen, Geschmäcken, Temperaturen etc. uns keine objektiven Beschaffenheiten der Dinge übermitteln, sondern lediglich „Wirkungen sind, die die Dinge auf unsere Sinne unter deren eigener Gegenwirkung ausüben".[1] Er trifft damit ganz genau zusammen mit der Bestimmung, die ein moderner Denker und Forscher folgendermaßen formuliert:

---

[1] Vgl. fr. IX, bei Diels Fragmente I, S. 388.

„Unsere Empfindungen sind eben Wirkungen, welche
durch äußere Ursachen in unseren Organen hervor-
gebracht werden, und wie eine solche Wirkung sich
äußert, hängt natürlich ganz wesentlich von der Art
des Apparats ab, auf den gewirkt wird."[1] Freilich in
der Begründung des Satzes ist von Demokrit bis Helmholtz ein weiter Weg. Er führt vor allem über die
Begründungsart der exakten Wissenschaft bei Galilei
und Descartes. Insbesondere war es die mathematische
Tendenz der Wissenschaft, die hier die Umbildung der
landläufigen Weltbetrachtung bedingte. Erst weil Descartes als gegenständlich oder objektiv nur das angesehen hatte, was im Gegenstande der reinen Mathe-
mathik inbegriffen ist (illa . . . . . quae in purae Ma-
theseos objecto comprehenduntur)[2], erst darum konnte
später Kant sagen, „daß in jeder besonderen Naturlehre
nur so viel eigentliche Wissenschaft angetroffen
werden könne, als darin Mathematik anzutreffen ist".[3]
Und die Anfänge der neueren mathematischen Naturwissenschaft waren auch schon die historischen Voraussetzungen dafür, daß Locke in der von Boyle ge-
prägten Terminologie zwischen den primären und den
sekundären Qualitäten der Dinge unterscheiden konnte,
eine Unterscheidung, die durch Locke freilich erst
eine gewisse Popularität erlangt hat. Er faßte „Farben,
Töne, Geschmäcke" etc. nicht als ursprüngliche und
absolute Eigenschaften, sondern als „Wirkungsweisen"
der Körper auf unsere Organe auf. Auf jeden Fall
aber wird damit der Wahrnehmung, ausdrücklich auch
bei Locke wie bei Demokrit, die Fähigkeit abge-

---

[1] Helmholtz, Die Thatsachen in der Wahrnehmung, S. 11.
[2] Meditationen (Barachsche Ausgabe), S. 54.
[3] Metaphysische Anfangsgründe der Naturwissenschaft, S. 470.

sprochen, die Dinge abzubilden und sie uns so zu zeigen, wie sie sind. Sie blieben ihm wirklich, aber nicht als Eigenschaften, sondern als „Wirksamkeiten"[1], genau wie bei Demokrit. Ihre Wirklichkeit wird nicht aufgegeben, es wird lediglich die Bedeutung dieser Wirklichkeit transformiert. Insofern sind die zunächst mehr abstrakten Überlegungen von der modernen Wissenschaft im Konkreten bestätigt und eigentlich erst begründet worden, die aber, so bei Helmholtz, auf Locke selbst zurückweist, obwohl der auch der Geschichte der exakten Forschung selber angehörende Descartes auch der modernen Begründung unvergleichlich näher steht.

Die subjektive Bedingtheit der Sinnesqualitäten leuchtet am ehesten vielleicht rücksichtlich unserer chemischen Sinne ein. Daß der Geschmack oder Geruch des Apfels uns, um mit Locke zu reden, kein „Ebenbild" des Apfels liefert, wird auch dem naiven Denken klar, sobald es nur zur Besinnung auf die Absurdität einer solchen Annahme gebracht wird. Sollte etwa, da wir, um beim Geruch zu bleiben, doch nur Stoffe riechen können, die sich in Gas oder Dampf verwandeln, die ihrerseits in das Innere der Nase dringen und auf die Nasenhäute einwirken, der Geruchsinn das Gas oder den Dampf „abbilden", und diese wieder das gerochene Ding, und also vermittels einer Doppelabbildung vielleicht der intrasubjektive Wahrnehmungsvorgang das extrasubjektive Wahrnehmungsobjekt? Man braucht diesen Gedanken nur auszusprechen, um seine Absurdität zu erkennen. Und ob-

---

[1] Über den menschlichen Verstand (übers. von Th. Schultze, Reclam-Ausgabe), S. 140. Gegen die Abbildungsauffassung vgl. besonders S. 144 f.

schon für den Laien weniger unmittelbar einleuchtend,
so doch wissenschaftlich nicht weniger zwingend, liegt
die Sache auf dem Gebiete der übrigen Sinnesqualitäten
ganz analog. Wenn wir das Extrasubjektive und Objektive von Ton, Wärme, Licht als Bewegungsformen
in der Physik erst einmal erkannt haben, läuft die
Frage nach der Abbildlichkeit auf dieselbe Absurdität
hinaus, wie im Gebiete der chemischen Sinne. Sollen
in der Ton-, Wärme-, Licht-Wahrnehmung etwa auch
zunächst wieder die verschiedenen Bewegungsformen
und in diesen die tönenden, warmen, farbigen Dinge
abgebildet werden? Und was hätte es für einen Sinn,
etwa zu sagen, daß wir in den Empfindungen von
rotem oder blauem Licht die Wellenlängen von ungefähr 660 μμ und 440 μμ abbildeten, so daß uns absolute
Eigenschaften von roten oder blauen Dingen gegeben
wären? Oder was für ein Bild der Tonwellenlänge
soll uns die Tonempfindung, was für eines der
Schwingungsweite der Molekeln eines Körpers soll uns
die Wärmeempfindung vermitteln? Und bilden wir
dann auch hier immer wieder Bilder von Bildern und
so endlich die Originale ab? Schon Descartes hat einmal die seltsame Abstraktion gemacht, es wären Wesen
denkbar, die in der Vorstellung sowohl die extrasubjektiven Bewegungen, wie diejenigen innerhalb der
Leitungsbahnen unseres Nervensystems bis zum Zen-
tralapparat und in diesem selbst unmittelbar als Bewegungen repräsentieren würden, aber er bemerkt
auch, daß solchen Wesen die Welt ebenso farblos
wie tonlos, ebenso freudlos wie leidlos etc. erscheinen
müßte. Solche Wesen wären so glücklich, kein Hunger-
gefühl zu kennen, aber auch so unglücklich, nie Appetit
zu haben. Leben könnten Wesen solcher Vorstellungs-

art also allein in der — Abstraktion. Wer erst einmal die physikalisch-objektiven Momente im Denken
gefaßt hat, der kann die intrasubjektive „Ebenbildlich-
keit" keinen Augenblick mehr festhalten und ihr auch
nicht den dürftigsten vernünftigen Sinn beilegen.
Weiter aber ist ein Moment, das bereits auf den ersten
Anfängen der Philosophie und Naturwissenschaft im
Altertum scharf und deutlich erkannt, das aber erst
in der neueren Physiologie, namentlich durch Johannes
Müller, als das Gesetz von der spezifischen Energie
der Sinnesnerven exakt formuliert und begründet
worden ist, von einschneidender Bedeutung. Ohne
hier auf die eventuellen Modifikationen, die die Formulierung durch die moderne Entwicklungslehre noch
erfahren kann, einzugehen, kann dieses Gesetz für
unseren Zusammenhang wenigstens in seiner allgemeinsten Fassung herangezogen werden. In dieser
pflegt es ungefähr folgendermaßen formuliert zu
werden: Objektiv-verschiedene Reize, auf eines und
ebendasselbe Sinnesorgan ausgeübt, bringen hier
immer einen Reizeffekt der gleichen Qualität hervor,
d. h. einen Reizeffekt, der sich in der Sphäre der
Qualität des betreffenden Sinnes hält; ein objektiv derselbe bleibender Reiz, auf verschiedene Sinnesorgane
ausgeübt, bringt immer der Modalität nach verschiedene
Reize hervor, um hier in der Formulierung[1] gleich die

---

[1] Im übrigen mag für unseren Zusammenhang diese Formulierung genügen. Lediglich der disjunktiven Vollständigkeit wegen
könnte man noch hinzufügen, daß auch ein objektiv-physikalisch
identischer Reiz, auf dasselbe Organ ausgeübt, verschiedene Reiz-
effekte innerhalb der betreffenden Qualität hervorbringen kann.
Man denke z. B. daran, in welcher Weise etwa eine Tonwahr-
nehmung sich ändert, wenn das wahrnehmende Subjekt sich mit
genügender Geschwindigkeit in der Richtung der Tonquelle be-

Helmholtzsche Gegenüberstellung von Unterschieden der Qualität und solchen der Modalität zur Anwendung zu bringen. So erzeugt die Erregung der Sehnerven immer Lichtempfindung, ob jene Erregung nun objektiv erfolgt durch irgendeine Lichtquelle, durch elektrischen Strom, durch Druck des Augapfels oder mechanische Zerrung oder Verletzung der Nerven. Umgekehrt kann derselbe elektrische Strom im Auge als Lichtstreif, im Ohr als Geräusch, auf der Zunge als säuerlicher Geschmack, auf der Haut als Prickeln oder Schmerz empfunden werden.[1] Das, was Locke sekundäre Qualitäten genannt hatte, hört auch jetzt nicht auf, wirklich zu sein, wenn es zur Wirksamkeit wird. Es hört nur auf, ein „Ebenbild" des Gegenstandes zu sein und wird zu einem von diesem bedingten „Zeichen".[2] Die intrasubjektive Empfindung tritt in ein objektives Ursachsverhältnis zu dem extrasubjektiven, dem

---

wegt, wobei der physikalische Ton derselbe bleibt, und ziehe die Analogie für die Lichtwahrnehmung.

[1] Am einfachsten ist das wohl dargestellt bei Helmholtz a. a. O., S. 9 ff. Vgl. auch Physiol. Optik, S. 443 ff.

[2] Es ist beachtenswert, wie das Demokritische διασώζειν τά φαινόμενα (vgl. darüber mein „Substanzproblem in der griech. Philos.", S. 89 f.) gleich in der neueren Zeit wiederkehrt und sich bis zur Gegenwart behauptet. Am interessantesten aber ist es, daß bei Descartes die neue Auffassung bis zur wörtlichen Formulierung genau vorbereitet ist. Darum muß es befremdlich wirken, daß neuere Forscher, wie Helmholtz, in diesem Zusammenhange mehr auf den der exakten Forschung fernstehenden Locke als auf den der Geschichte ihrer eigenen Forschung angehörenden Descartes hinweisen. So wird die Übereinstimmung Descartes' gerade mit Helmholtz ganz überraschend deutlich. Genau wie Descartes, a. a. O., S. 56 f., davon spricht, daß die Qualitäten den Gegenständen nicht abbildlich ähnlich (similes) sind, diese aber in der Empfindung anzeigen und bezeichnen (indicare, significare) und also zu ihrer Bezeichnung in der Erkenntnis (ad significandum) dienen, so bemerkt Helmholtz z. B. a. a. O., S. 12: „Insofern

„äußeren" Gegenstande. Und auf Grund des Kausalgesetzes wird eine Zuordnung von jener zu diesem
möglich. „Da Gleiches in unserer Empfindungswelt
durch gleiche Zeichen angezeigt wird, so wird der
naturgesetzlichen Folge gleicher Wirkungen auf gleiche
Ursachen auch eine ebenso regelmäßige Folge im Gebiete unserer Empfindungen entsprechen", sagt Helmholtz.[1] Wir können also ruhig weiter, so wie wir es
von Kindesbeinen an gewöhnt sind, von irgendeinem
roten Gegenstande und davon reden, daß wir einen
roten Gegenstand wahrnehmen. Denn wenn wir nun
auch, auf Grund der physikalischen und physio-
logischen Einsichten, nicht mehr des Glaubens sein
können, daß das „Rot" eine Eigenschaft wäre, die
dem Gegenstande ohne Beziehung auf unseren Sehapparat zukäme oder ihm gleichsam ohne diese auf-
geheftet wäre, so daß dann schließlich nicht bloß der
Gegenstand, sondern auch noch seine Röte rot wäre,
weil das Rot ja gerade in der Beziehung auf unseren
Sehapparat besteht, so wird doch dadurch nicht etwa
die Wellenlänge von 660 μμ oder gar unser Sehapparat,
oder unsere Empfindung rot. Vielmehr ist der Gegenstand so beschaffen, daß er in unserem Sehorgan die
Empfindung „Rot" erregt und in dieser eine Eigentümlichkeit von sich anzeigt, so daß die Empfindung
selbst die Empfindung von etwas Rotem bedeutet. Aus
der ursprünglich angenommenen objektiven „Eigenschaft" wird eine Relation, die als Relation selbst

---

die Qualität unserer Empfindung uns von der Eigentümlichkeit der
äußeren Einwirkung, durch welche sie erregt wird, Nachricht gibt,
kann sie als ein Z e i c h e n derselben gelten, aber nicht als ein
Abbild".

[1] A. a. O., S. 13.

objektiv ist. Die Eigenschaft eines Dinges wird, wie
sie es im Altertum für Demokrit, zum Beginn der Neuzeit für Galilei, Descartes, Boyle, Locke war, auch für
die Wissenschaft der Gegenwart zur Wirksamkeit. So
identifiziert Helmholtz „Wirkung" bzw. „Wirkungsfähigkeit" und „Eigenschaft" bzw. „Qualität" geradezu miteinander und definiert die „Eigenschaft oder
Qualität eines Dinges" ausdrücklich als „die Fähigkeit desselben, auf andere zu wirken".[1]

Da aber, wie auch schon aus der soeben ange-
gebenen Helmholtzschen Definition der Eigenschaft,
die eben immer noch „Eigenschaft eines Dinges"
bleibt, auch wenn sie in Wirkungsfähigkeit aufgelöst
wird, da sie ja dann eben „die Fähigkeit desselben,
auf andere zu wirken" bezeichnet, deutlich wird, jede
Relation eine Relation von einem Relatum auf ein
anderes Relatum oder mehrere Relata, jede Beziehung
eine Beziehung von einem Bezogenen auf ein oder
mehrere andere Bezogene ist, die der Beziehung zugrunde liegen, so erhebt sich von hier aus auch die
Frage nach dem der Wahrnehmungsrelation selbst
Zugrundeliegendem, das als die objektive Bedingung
dafür anzusprechen wäre, daß die Wahrnehmungsrelation selbst gegenständliche Bedeutung erlangen
könne. Die Relationen wechseln, wie wir gerade an
der Wahrnehmungsrelation gesehen haben, von Bezogenem zu Bezogenem. Damit also dieser Wechsel
stattfinden kann, ist das Bezogene selbst schon vorausgesetzt, und zwar, da die Voraussetzung des Wechsels
selbst doch nicht wechseln kann, als beharrlich vorausgesetzt. So stellt sich das Problem zunächst für diese
Stufe des Denkens dar; und für sie fällt es also zu-

---

[1] Vorträge und Reden, S. 320 f.

sammen mit der Frage, was denn nun die Dinge sind
unabhängig davon, ob sie wahrgenommen werden oder
nicht, also, weil ohne Rücksicht auf die Wirkung in
der Wahrnehmungsrelation, in ihrer absoluten Existenz. Eine absolute Existenz der Dinge gilt dem
Denken auf dieser seiner logischen Stufe genau so als
eine selbstverständliche Voraussetzung, wie dem naiven
Realismus, insofern doch das, was die „Fähigkeit, auf
andere zu wirken", haben soll, auch existieren muß,
um diese Fähigkeit haben zu können. Nur ist dem
naiven Realismus gegenüber die Sphäre der absoluten
Existenz eingeengt worden, weil die sekundären Qualitäten eben auf eine Relationswirklichkeit übergeführt
worden sind. Aber das bleibt auch jetzt ohne weiteres
Voraussetzung: Sollen wir Gegenstände erkennen
können, so müssen sie existieren, ob wir sie nun in
jeder Hinsicht so erkennen, wie sie sind, oder nicht.
Um aber überhaupt erkannt werden zu können, müssen
sie sein. Sie hängen nicht von der Erkenntnis ab,
sondern sind für diese vorausgesetzt, auch wenn diese
sie nicht restlos abbildet und in der Wahrnehmung
uns nur „Zeichen" von ihnen gegeben werden. Aber
damit wir auch nur solche Zeichen von Gegenständen
erhalten können, müssen die Gegenstände selbst, von
denen wir die Zeichen erhalten, existieren. Von ihrer
Existenz hängt die Möglichkeit der Erkenntnis, nicht
hängt von der Erkenntnis die Möglichkeit der Gegenstände ab. Was aber sind diese ohne Rücksicht auf
unsere Wahrnehmungsrelation, also gerade in ihrer
absoluten Existenz? Offenbar doch das, was an den
Dingen übrig bleibt, wenn wir die Wahrnehmungsrelation abziehen. Mögen die Farben, die Töne, die
Temperaturen, die Geschmäcke, die Gerüche auch

keine den Dingen absolut anhaftenden Beschaffenheiten sein, eines ist, so argumentiert man auf dieser
logischen Etappe der Analysis, sicher: Die Dinge als
solche sind; wir können noch immer nicht mit dem
Kopfe durch die Wand rennen, mag es mit den Farben,
Temperaturen und den übrigen Qualitäten der Dinge
bewandt sein, wie es will. Ihre Stofflichkeit, Materiali-
tät, Raumerfüllung bleibt bestehen. Die „Handgreiflichkeit" ist, wie bekanntlich Fechner diese Etappe
des Denkens mit treffender Drastik bezeichnet und
worauf auch Cassirer hingewiesen hat, die absolute Existenz der Dinge; und ihre absolute Existenz
liegt in dem Handgreiflichen. Die handgreifliche Raumerfüllung ist die „Substanz" der Dinge, die allem
Wechsel der Relationen zugrunde liegt. So hatte auch
Locke diesen Standpunkt zunächst bezeichnet; die
Merkmale der Substanz hatte er mit Boyle als die
„primären Qualitäten" bestimmt. Als solche galten
ihm Dichte, Ausgedehntheit, Gestalt, Beweglichkeit,
zahlenmäßige Unterscheidbarkeit.[1] Substanz auf dieser
Stufe des Denkens ist also materielle Substanz, und
diese ist ihrem Wesen nach „Raumerfüllung". Die
Sachen, die sich hart im Raume stoßen, sie sind die
eigentliche Substanz zum Unterschiede von den frei
und leicht beieinander wohnenden Gedanken und den
als modus cogitandi zu fassenden Wahrnehmungen,
die zu bloßen Relationen jener Dinge werden.

---

[1] A. a. O., S. 140f. Daß Locke, ebenso wie Boyle, auf
dieser Etappe der Substanzanalysis nicht stehen geblieben ist, sei
hier nur nebenbei bemerkt. Da Locke uns hier nur zur Illustration
des systematischen Sachverhalts dienen soll, können wir auf seine
spezielle Substanzkritik im einzelnen hier nicht eingehen. Darüber
vergleiche man besonders Riehl, Der philosophische Kritizismus I,
S. 50f. und S. 81ff.; jetzt auch Cassirer, Erkenntnisproblem II,
S. 193ff.

Zunächst freilich scheint sich hier gleich eine
Schwierigkeit zu erheben, die schon auf eine weitere
Reduktion hindeutet. Diese harte Handgreiflichkeit
scheint doch selbst eine Qualität zu sein. Sie wird sich
später in der Tat auch als solche herausstellen. Indes
ihre einfache Nebenordnung zu den übrigen würde
der Kontinuität der Analysis widersprechen und in
ihr einen Sprung bedeuten. Zunächst muß sie uns
aber kontinuierlich — das scheint eine eigentümliche
Dialektik, ist aber in Wahrheit kein bloßer wider-
spruchsvoller Schein — gerade auf das Moment der
Diskontinuität führen. Es ist geschichtlich für diese
eigentümliche Problemkonstellation kaum etwas so
lehrreich als die Mechanik Descartes'. Er hatte durchaus konsequent die Härte (durities), wie die Wärme
(calor) als „Berührungsqualitäten" (tactiles quali-
tates)[1] angesprochen, er hatte, wie schon gesagt, die
bedeutsame Forderung gestellt, daß die wissenschaftliche Gegenständlichkeit aus dem „Gegenstande der
reinen Mathematik begriffen" werden solle, er hatte
diese Forderung für die Optik in gewisser Weise selbst
zu erfüllen gesucht. Aber gerade weil er dem Begriffe der Härte gegenüber die mathematische Gesetzlichkeit, die sich in ihm zum mindesten ankündigt,
übersah, fehlt in seiner Mechanik der Grundbegriff
der Masse, für den der Begriff der Härte, ohne freilich mit ihm zusammenzufallen, in dem „handgreiflichen" Fechnerschen Sinne leicht wenigstens den begrifflichen Übergang hätte vermitteln können. Es ist
eben zunächst wohl gerade der Begriff der Härte, der
in der elementarsten Weise auf die zahlenmäßige
Unterscheidbarkeit innerhalb der Substanzialität hin-

---

[1] A. a. O., S. 50.

weist. So wichtig dafür auch die übrigen Gebiete,
wie z. B. die Erscheinungen innerhalb der optischen,
thermischen etc. Wissenschaftssphäre sind, und soviel
fundamentaler sie in der Grundlegungsbeziehung
sein mögen, so führen sie ebendeshalb doch komplexe,
theoretische, gar nicht „handgreifliche" Momente ein,
während, was gerade bei Locke deutlich wird, der
kontinuierliche Analysisfortgang zunächst von der
Härte aus noch im „Handgreiflichen" verbleibt. „Bei
vollkommen kontinuierlichen Gebilden existieren keine
abzählbaren Elemente", sagt Planck.[1] Von dieser Ab-
zählbarkeit gibt uns zunächst gerade die Härte als
Widerstand, den ein Gegenstand dem Andrang eines
anderen gegen seine Oberfläche und deren Ritzung
und damit der Trennung auch seiner Teile leistet, im
Begriffe des Teils, wie im Unterschiede des einen vom
anderen die elementarste logische Kunde. Psychologisch können wir auf den mathematischen Begriff
des Teils freilich auch durch Unterschiede der
Farbenwahrnehmung sowohl hinsichtlich verschiedener
Körper, wie innerhalb eines und desselben Körpers,
durch Temperaturdifferenzen etc. geführt werden, wie
wir durch die theoretische Optik, Thermik etc. auf sie
geführt werden. Für die elementarste logische Unterscheidung hat indes die Härte zunächst doch einen bestimmten Vorzug. Denken wir uns etwa einmal unsere
ganze Umwelt, die Luft, die Felder, die Wälder, Straßen,
Häuser, Menschen, Tiere etc. von einerlei Farbe, Tempe-
ratur etc., kurz so, daß jede Sinnesmodalität immer
nur einerlei Qualität und Intensität darböte, so würden
wir auf keinen Fall zu unterscheidbaren Teilen dieser
Umwelt und zu unterscheidbaren Dingen in dieser Um-

---

[1] Acht Vorlesungen über theoretische Physik, S. 44.

welt gelangen. Wohl aber vermöchte uns die Härte
dazu zu führen, auch wenn alle Dinge der Umwelt an
die gleiche Stelle der Härteskala zu stehen kämen, sofern sie — man erlaube uns einmal diese seltsame Abstraktion, die keineswegs abstrakter ist als die zuerst
gemachte optische oder thermische — nur nicht absolut hart wären und in der Härteskala eine so niedere
Stufe einnähmen, daß wir den Härtewiderstand durch
mechanische Arbeit unserer Muskeln zu überwinden
vermöchten. Diese seltsame Abstraktion würde freilich zu einem ebenso seltsamen Weltbilde führen.
Immerhin bezeichnet sie doch ein Moment, und zwar
das elementarste, von dem aus der Begriff der Zählbarkeit erwächst, und von dem aus wir in der elementarsten Weise an die Frage nach der Struktur der
materiellen Substanz herangeführt werden.

Es ist das Moment, von dem aus sich für jeden
die Teilbarkeit der Materie durch die tagtägliche Erfahrung ergibt, für den Holzhacker, wie für den Stein-
klopfer, für den Schmied, wie für den Töpfer. Aber
ob diese Teilbarkeit eine endliche Grenze habe oder
ins Unendliche fortgehe, bleibt dabei freilich noch
Frage. Diese war bereits auf den allerersten Anfängen
der Wissenschaft im Altertum aufgeworfen worden.
Und auch da schon war die Frage, ob die Teilbarkeit
eine endliche sei, bejaht worden. Leukipp wie Demokrit hatten geglaubt, bei letzten, endlichen, also nicht
weiter zerlegbaren Bestandteilen der Materie stehen
bleiben zu müssen, die sie Atome nannten. Freilich
unterschieden sich deren Atome von den Atomen der
modernen Wissenschaft gar himmelweit. Sie waren in
einer an sich freilich ungemein tragweiten Spekulation
gewonnen. Aber die exakte Begründung fehlte ihrer

Theorie. Diese hat erst die moderne Wissenschaft, historisch aber doch nicht etwa ganz unabhängig vom Altertum, leisten können. Sie hat eine ganze Anzahl gewichtiger Argumente für die atomistische Struktur der Materie erbracht, die Fechner in seinem Werke über „Die physikalische und philosophische Atomenlehre" zum größten Teile in stattlicher Reihe aufmarschieren läßt. Kompressibilität, Kohäsion, Diffusion, Absorption, Dispersion, prismatische Brechung des Lichts, Kristallisation, sie alle weisen auf die atomistische Struktur der Materie hin. Ihren stärksten Grund aber findet sie in den Verbindungsverhältnissen der chemischen Elemente, insbesondere also in den Gesetzen der konstanten einfachen Gewichtsverhältnisse und der multiplen Proportionen. Die Atome sind für die Wissenschaft etwas Wirkliches, ja die Bausteine aller Wirklichkeit. In ihnen liegt für die Etappe der Substanzanalysis, auf der wir uns hier befinden, die eigentliche, von der Relation auf das Subjekt unabhängige Substanz vor. So wahr die Dinge wirklich sind, so wahr sind es auch die Elemente, aus denen sich die Dinge aufbauen, und so wahr die Elemente als Bestandteile der Dinge wirklich sind, so wahr sind auch die Atome wirklich, die die Elemente konstituieren.[1] Mag im weiteren auch der Begriff der Wirklichkeit abermals und damit auch der Begriff des Atoms neue Leistungen übernehmen können, das Wirkliche

---

[1] Vgl. dazu die treffenden Ausführungen von Otto Freiherrn von der Pfordten, Vorfragen der Naturphilosophie, S. 25 ff. Diese Schrift darf auch das besondere Interesse desjenigen, der den erkenntnistheoretischen Standpunkt des Verfassers ebensowenig teilt wie ich, in Anspruch nehmen, weil sie die naturphilosophischen Fragen mehr, als das sonst in der philosophischen Literatur üblich ist, ganz besonders an der Chemie orientiert.

hört darum doch nicht auf wirklich zu sein, und das
wirkliche Atom hört deshalb ebenfalls nicht auf, wirklich und Atom zu sein.

Das Atom ist freilich ein ganz wunderlicher, pro-
teusartiger Gesell. Es ist immer dasselbe und doch
auch immer etwas anderes. Aber darin liegt gerade
seine unermeßliche Bedeutung für die Wissenschaft,
die es uns lieb und wert macht. Es scheint so arm und
ist doch so reich, daß man ganze Bücher über sein
Wesen schreiben kann. Vermochte das Fechner schon
zu seiner Zeit, um wieviel mehr könnte man das heute,
wo die wissenschaftliche Atomenlehre ihren Reichtum
in einer seit Fechners Tagen fast verdoppelten Mannigfaltigkeit vermehrt hat. Und das Atom ist ein Versucher, der den Chemiker, wie den Physiker, den
Mathematiker, wie den Philosophen zu einem solchen
Unternehmen schon reizen könnte. Daher fällt es sicher
keinem leicht, der Versuchung zu widerstehen, sobald
er sich erst einmal mit dem Versucher einlassen muß.
Einlassen müssen wir uns auch mit ihm für unseren
Zusammenhang, aber doch eben mit der Resignation,
die gerade dieser besondere Zusammenhang wiederum
gebietet.[1] Wenn wir die Eigenartigkeit des Atombegriffs damit bezeichneten, daß wir sagten, das Atom
sei immer dasselbe und doch auch immer etwas
anderes, so klingt das paradox. Aber diese Paradoxie
erhält sofort ihren guten Sinn, wenn wir hinzufügen:

---

[1] Wenn wir ohnehin schon dieser ersten Analysisstufe einen
im Verhältnis zum Ganzen wie der folgenden Etappen vielleicht
etwas breiten Raum konzedieren, so geschieht es, weil hier doch
die erste einschneidende Loslösung vom naiven Weltbilde und
damit zugleich die Vorbereitung für die folgenden Etappen erfolgt,
über die wir uns sodann wenigstens für unseren Zusammenhang
um so kürzer fassen können.

Es ist immer dasselbe, insofern es überhaupt Atom
ist, aber es ist zugleich auch immer etwas anderes
rücksichtlich der Beziehung, in welcher es Atom ist.
Denn das Atom ist nicht bloß schlechtweg Atom, sondern es ist Atom immer in gewisser Beziehung. Mit
dieser Bestimmung treten wir selbst in gewisser Weise
schon aus der Sphäre der hier in Frage stehenden
Etappe der Substanzanalysis heraus und weisen auf
die folgenden hin. Aber wir bedürfen logisch, wenigstens in aller Kürze, auch dieser Bestimmung bereits,
um auch nur die hier in Rede stehende Stufe der Analysis selbst bloß präzisieren zu können.

Wenn wir von der Form der Atomenlehre ausgehen, die uns die Chemie in erster Linie nahelegt,
so zeigt sich sofort, was v. d. Pfordten ebenso kurz
und bündig, wie zutreffend folgendermaßen ausdrückt:
„Die Chemie fragt in keiner Weise nach Teilbarkeit
in einem anderen Sinne, als zur Erklärung ihrer Syn-
thesen nötig ist."[1] Weil die Chemie sich nicht bloß

---

[1] A. a. O., ebenda. Zur Einführung in dieses Problemgebiet
sei auch besonders hingewiesen auf W. Ostwald, Schule der
Chemie, für unseren Zusammenhang besonders auf II, S. 18 ff. und
S. 39 ff., sowie auf dessen Einführung in die Chemie, S. 69 ff.
Dem Anfänger seien überdies schon hier, auch für das Folgende,
noch besonders empfohlen die allgemeinverständlich gehaltenen
und ungemein klaren Schriften von G. Mie, Moleküle, Atome, Welt-
äther, und F. Auerbach, Die Grundbegriffe der modernen Naturlehre. Den mit den mathematischen Methoden Vertrauten mache
ich für diesen und den folgenden Zusammenhang vor allem aufmerksam auf Plancks dritte seiner „Acht Vorlesungen über theo-
tische Physik" und auf Thomson, „Die Korpuskulartheorie der
Materie" und „Elektrizität und Materie"; weiter auch auf Righi,
„Die moderne Theorie der physikalischen Erscheinungen" und „Die
Struktur der Materie". Endlich sei auch auf die leichter faßlichen
und klaren Darlegungen von Himstedt über „Elektronen und die
Konstitution der Materie", sowie „Radioaktivität und die Konstitution der Materie" für das Folgende hier schon hingewiesen.

auf theoretische Erwägung stützt, sondern von konkreten Beobachtungen ausgeht, so ist auch ihre Zerlegung keine bloß theoretische, sondern eine reale.
Ebendarum ist auch ihre atomistische Unzerlegbarkeit
keine absolute; sie ist vielmehr eine ganz bestimmte
reale, nämlich gerade mit Rücksicht auf die chemische
Beschaffenheit der Elemente gedachte. Wenn daher
der eigentümliche Charakter des Elements darin liegt,
daß es durchaus gleichartig ist, so muß auch der eigentümliche Charakter der es konstituierenden Atome
darin liegen, daß sie alle gleichartig sind, mag im
übrigen das Element ein- oder mehratomig in seiner
Molekularstruktur sein. Nun setzt aber die Chemie die
Elemente selbst als gegeneinander qualitativ verschieden an. Damit ist aber auch die Gleichartigkeit
jedes Elements für sich genommen ebenso, wie die
Gleichartigkeit der ihm entsprechenden Atome selbst
zunächst als qualitativ gedacht. Wir haben also im
Elementatom, wie wir der Kürze halber die Funktion
des Atombegriffs als chemisches Atom bezeichnen
können, die Qualitätsrelation als solche noch gar nicht
ausgeschaltet. Denn wenn wir auch die Elementatome
als solche und an und für sich genommen als un-
wahrnehmbar ansehen, so dürfen wir doch von der
Unwahrnehmbarkeit noch nicht auf sinnliche Qualitätslosigkeit schließen, obwohl wir umgekehrt von der
sinnlichen Qualitätslosigkeit auf Unwahrnehmbarkeit
schließen dürften. Rein theoretisch bestehen darum
verschiedene Möglichkeiten, sich den Aufbau des Elements aus seinen Atomen zu denken. Es wäre rein
theoretisch zunächst möglich, daß im Elementatom
selbst alle Qualitäten des Elements wiederzufinden
wären. Man könnte sich nach Fechners Vorgang etwa

Wesen ausdenken, für die das für uns unwahrnehmbare
Atom wahrnehmbar würde, Wesen, die etwa mit allen
unseren spezifischen Sinnesenergien, aber hinsichtlich
jeder Modalität mit einer unvergleichlich größeren In-
tensitätsfähigkeit[1] ausgestattet, etwa ein Eisenatom in
seiner ganzen Winzigkeit oder so wahrnehmen würden,
wie wir einen Klumpen Eisen; oder denen sich, wenn
sie selbst genügend klein, ihre Sinnesschärfe genügend
groß wäre, ein solches Atom als eine ganze Welt darstellen könnte. Zweitens wäre es rein theoretisch möglich, daß eine derartige qualitative Elementbestimmt-
heit erst im Molekel begönne, d. h. erst dessen Eigenschaft in der Wirkung der Qualitätsbestimmtheit läge.
Da dieses aber seinerseits erst wieder bedingt ist
durch die Anzahl und Lagerung seiner Atome, deren
Atomgewicht und Bewegung, brauchten die Atome
selbst gar nicht mit jenen qualitativen Momenten be-
haftet, d. h. an und für sich nicht so beschaffen zu
sein, daß sie in der Wahrnehmungsrelation schon die
spezifischen Qualitätsmomente auslösten und anders
als durch Raumwiderstand sich bemerklich machten,
da diese Qualitätsmomente ja erst aus jenen Molekular-
bedingungen zu resultieren brauchten, obwohl die
Atome für jedes Element selbst gleichartig sein müßten.
Wir hätten in den Atomen als solchen selbst Komponenten für die Qualitätsrelation, und zwar die Funda-
mentalkomponenten, aber jene könnten doch erst resul-

---

[1] Das wäre möglich, weil wir neben Modalität und Qualität
auch noch Intensität der Empfindung unterscheiden können, so
daß für uns unwahrnehmbare Reize für Wesen von größerer In-
tensitätsunterschiedsempfindlichkeit wahrnehmbar würden und im
übrigen sich ihre Empfindungen in unseren Modal- und Qualitäts-
sphären halten könnten. Vgl. dazu auch Liebmann, Analysis der
Wirklichkeit, S. 311.

tieren aus der Bedingung auch jener anderen schon
erwähnten Komponenten, wie Anzahl, Lagerung etc.
Also eigentlich erst im Molekel könnte dann infolge
des in ihm vorliegenden Atomzusammenhanges nun
auch im Wahrnehmungszusammenhange die Qualitätsbestimmtheit resultieren. Und wegen der Bewegung der
Molekeln in der Konstitution des Elementes wäre sodann in dieser selbst die weitere Bestimmtheit zu
suchen, wie es uns die Tatsachen nahelegen. Ein Hinweis auf die „kinetische Theorie der Gase" mag genügen, um das zu illustrieren. In einem durch feste
Wände eingeschlossenen Gase, das also als Ganzes
zwar ruht, befinden sich doch die Molekeln beständig
in Bewegung und schwirren nach allen möglichen Richtungen durcheinander, so daß man sie in der Physik
und Chemie geradezu einem „Mückenschwarm" zu vergleichen pflegt.

Wir bleiben aber in der Wissenschaft nicht im
Reiche bloßer Möglichkeiten stehen. Wir fragen vielmehr nach der Möglichkeit des Tatsächlichen, d. h.
nach den Möglichkeitsgrundlagen der Tatsachen.
Darum scheidet jene erste Möglichkeit aus; sie war
ja von vornherein nur fiktiv gefaßt, ist keine Möglichkeit des Tatsächlichen. Dieses aber legt uns die zweite
nahe. Die Tatsachen führen uns zu der Annahme,
daß die Eigenschaften bedingt sind durch die Anzahl
und gegenseitige Stellung der Atome in ihrer Verbindung. So bestehen bekanntlich, um eben an ein
ganz bekanntes Beispiel anzuknüpfen, Diamant wie
Kohle in letzter Linie aus Kohlenstoffatomen. Nur sind
diese in beiden Fällen (der Graphit würde einen dritten
Fall bezeichnen) in verschiedener Anzahl und Grup-
pierung zu den verschiedenen Molekeln verbunden, die

ihrerseits die verschiedenen Eigenschaften des Diamanten und der Kohle ergeben. Nichtsdestoweniger
behalten aber die Atome, soweit sie mit Rücksicht
auf die Gleichartigkeit der Elemente bestimmt sind,
selbst ihre Gleichartigkeit. Kohlenstoffatome bleiben
Kohlenstoffatome, ob sie Diamanten oder Kohle aufbauen. Die totale Diskontinuität der Dinge, trotz der
universellen Kontinuität der Naturgesetzlichkeit[1], liefert
aber gerade auch von seiten der exakten Wissenschaft

---

[1] Die Gegenüberstellung von totaler Diskontinuität der Dinge
und universellgesetzlicher Kontinuität könnte ganz allgemein für
die Theorie der naturwissenschaftlichen Begriffsbildung von Bedeutung werden, insofern eben jene Diskontinuität dinglich, diese
Kontinuität gesetzlich ist. Mit dieser Unterscheidung könnte die
in der philosophischen Literatur der Gegenwart recht zwiespältig
geführte Diskussion über die naturwissenschaftliche Begriffsbildung
nach einer bestimmten Richtung wenigstens zu etwas einheit-
licherem Ausgleich gebracht werden. Sie vermag zu zeigen, daß
die Gesetzesbegriffe sich in der Tat, je fundamentaler sie sind,
um so weiter von den Dingen entfernen, wie das vor allem Rickert
in seinen „Grenzen der naturwissenschaftlichen Begriffsbildung"
besonders S. 47 ff., 61 ff., 75 ff., 228 ff. gezeigt hat, und worin sich
ihm nicht nur zum großen Teil seine Schüler im engeren Sinne,
sondern unter rein naturwissenschaftlichem Gesichtspunkte auch
andere, z. B. jetzt von der Pfordten, a. a. O., S. 30 ff., angeschlossen
haben, daß darum aber doch das Allgemeingesetzliche eben gesetzlich für das Besondere und dieses seine Funktion ist, wie
Lotze, Logik, S. 47 ff., Liebmann, Anal. d. Wirkl., S. 332 ff., Ged.
u. Tats. I, S. 160 und an vielen anderen Stellen, neuerdings
Cassirer, Substanzbegriff und Funktionsbegriff, S. 23 ff., 148 ff., betont haben. Ebendarum trifft aber Cassirers Kritik, die er a. a. O.,
S. 294 ff. an Rickert übt, diesen nicht, zumal es nicht angeht,
Rickert einfach auf die von Cassirer im übrigen selbst nicht in
Anspruch genommene scholastische Alternative: hie Nominalismus
— hie Realismus einzuspannen. An ihr ist der kritische Idealismus
in keiner Form zu messen. Dagegen würde alles, was Cassirer
kritisch ausführt, auf einen aristotelisch-scholastischen Biologen,
wie Driesch, zutreffen, der von seiner aristotelischen Biologie aus
(vgl. Kant-Studien XIV, S. 22 ff.) seinen Individualitätsbegriff zu
entwickeln sucht.

den logischen Rechtsgrund, die primären Qualitäten
den sekundären gegenüberzustellen und in dieser
Gegenüberstellung die erste grundlegende Etappe der
Substanzanalysis zu erkennen. Und so wenig gerade
diese qualitative Einteilung für diese Etappe (ebensowenig wie für die Chemie) als absolut gesetzt sein
kann, so hat sie doch zur Diskontinuität geführt.
Wenn in letzter Linie aber die qualitativen Bestimmt-
heiten in Relationen, die Eigenschaften in Wirkungs-
fähigkeiten der Dinge aufgelöst sind, so kann ohne
Rücksicht auf die Relationen die „absolute" Gleichartigkeit jeweiliger Elementatome und ihr Unterschied
gegeneinander nach den verschiedenen Elementen nur
noch im „Quantum der Materie", als welche aber auf
dieser Etappe des Denkens die „Masse" definiert wird,
liegen, wie wir sie danach ja auch im relativen Atomgewicht aufeinander beziehen. Die quantitativ gleich-
bleibenden Massenverhältnisse wären in ihren Wirkungsweisen aufeinander die Bedingungen dessen,
was man qualitative Veränderungen nennt. Auf dem
Mechanismus würde sich der Chemismus gründen, der,
wie wir schon früher sagten, seinerseits wieder die
Grundlage des Organismus wäre und damit auch der
Qualitäten der Dinge für die Sinnesorgane.

Wenn man auf dieser Stufe des Denkens zum
Unterschiede von den Elementatomen nun von reinen
„Massenatomen" redete, so wäre es noch gar nicht
nötig, dabei an ein Zerfällen der Elementatome zu
denken, obwohl dieses der neuen Funktion des Atombegriffs zu Hilfe käme. Aber von aller qualitativen
Bestimmtheit abgesehen würden sich auch die Elementatome selbst als Massenatome ansehen lassen, insofern
ihre jeweilige Gleichartigkeit und Unterschiedenheit

gegeneinander nun lediglich in Gleichheiten und Un-
gleichheiten des „Quantums der Masse" gedacht
werden könnte. Freilich würden für die Bestimmung
des Momentes der Dichte, das ja für die eigentlich
materielle Substanz das Hauptcharakteristikum sein
soll, schon gewisse Schwierigkeiten erwachsen. Denn
die Art, wie wir die Dichte in der Wissenschaft als die
Masse der in der räumlichen Maßeinheit enthaltenen
Molekeln zu definieren pflegen, würde hier unanwend-
bar. Kann schon vom Molekel als Teilmoment des
Atoms deswegen nicht die Rede sein, weil umgekehrt
dieses als Teilmoment von jenem zu denken ist, so
müßte, wenn wir überhaupt Teilmomente des Atoms
ansetzen, doch die Atomstruktur selbst diskontinuier-
lich sein. Damit kämen wir aber zu Atomen, die ihrerseits wieder in Atome zerfielen, was sich schließlich
in infinitum wiederholen müßte.[1] Oder aber wir kämen
zu „Uratomen", die für diese Stufe der Analyse aber
immer noch materiell zu denken wären. Ohne deren
Annahme müßten wir die Massenatome aber selbst
homogen denken und in ihrer Gleichartigkeit lediglich
durch ihr Quantum nach der Größe des erfüllten und
zwar homogen erfüllten Raumes, weil Materie als
„Raumerfüllung" gedacht wird, unterscheiden. Würden
wir aber materielle Uratome annehmen, so müßten,
sollten wir nicht in einen progressus in infinitum geraten, nun diese ihrerseits ebenso homogen gedacht
werden. Damit aber wären wir zu absolut harten
Atomen geführt, deren Annahme, wie die Elastizitäts-
losigkeit überhaupt, zu Schwierigkeiten mit dem Energieprinzip führen müßten.[2]

---

[1] Vgl. dazu besonders Liebmann, Anal. d. Wirkl., S. 311 ff.
[2] Vgl. dazu die Auseinandersetzungen Cassirers, a. a. O,

Wir können die Wirklichkeit in der Tat als ein
System von Massenbewegungen denken. Darauf beruht die Mechanik, und darin liegt ihr guter logischer
Grund und ihr gutes logisches Recht. Bleiben wir
aber in der Analysis hier stehen und setzen die als
solche durchaus richtig konstant gedachte Masse als
absolut im Sinne eines festen materialistischen Standpunktes, für den die Masse selbst ein absolut starres
„Quantum der Materie" darstellt, und für den diese
raumerfüllende Materie ebenso absolut gesetzt wird,
wie der Raum absolut gesetzt wird, dann gelangen wir,
wie immer wir uns wenden, in Schwierigkeiten, die
nur durch weitere Analyse des hier für absolut Gehaltenen aufgelöst werden können.

III. Der Dynamismus als Forschungsprinzip und
die energetische Metaphysik.

Den Sinnesqualitäten gegenüber war die materielle Substanz als das Objektive und Konstante
stehen geblieben. Wenn Boyle und Locke nun die
zunächst als objektive Momente übrig gelassenen Faktoren der Substanz als primäre Qualitäten bezeichnet
hatten, so scheint diese Bezeichnung fürs erste deswegen anstößig zu sein, weil wir unter Qualitäten eben
das verstehen, was sie sekundäre Qualitäten nennen.
Nichtsdestoweniger liegt in der Bezeichnung, wie in
der Gegenüberstellung ein bleibender Wert. Die Bezeichnung drückt aus, daß alles Sein auch immer ein
„So-Sein" (ποιότης hatte schon Platon gesagt) ist, und
daß wir, auch wenn wir die sekundären Eigenschaften

S. 208f., mit Secchi und die hier herangezogenen Darlegungen bei
Stallo, Die Begriffe und Theorien der modernen Physik, und
Buek, Die Atomistik und Faradays Begriff der Materie.

in Wahrnehmungsrelationen auflösen, zunächst immer
noch fragen können, „wie" denn die Dinge sind, die
in dieser oder jener Relation wirken. Die Gegenüberstellung aber bezeichnet, daß die Körper in ihrer
raumerfüllenden Körperlichkeit immer noch bestehen
bleiben, selbst wenn wir ihre sekundären Qualitäten
mit Demokrit, Galilei, Descartes, Locke, Helmholtz usf.
als „Fähigkeiten zu wirken" auffassen. Denn so wahr
die Raumerfüllung als solche etwas anderes ist als
die in der Empfindung und Wahrnehmung gegebenen
Qualitäten und diese sich auf quantitative Bestimmungen eines Systems von Massenbewegungen zurück-
führen lassen, so wahr muß auch der materiellen Substanz, der Materie, dem „Stoff", wie auch der Materialismus sich ausdrückt, eine logische Sonderstellung
angewiesen werden. Das ist das gute logische Recht
der mechanischen Methode. Wird diese methodische
Sonderstellunng aber absolut gesetzt, wie es in der
materialistischen Metaphysik geschieht, dann werden
wir auf die Schwierigkeiten geführt, die wir zum Schluß
des vorigen Absatzes berührten.

Die methodische Sonderstellung der Materie bleibt
gewahrt, ihre absolute Bedeutung aber wird aufgehoben
durch die weitere logische Substanzanalyse in der
Philosophie, wie in der exakten Forschung. Nicht in
vager Spekulation, sondern durch wissenschaftliche
Analyse hat bereits Kant über die vorige Etappe des
Substanzproblems hinausgeführt. Zwar hatte auch er
die Materie als das Raumerfüllende, genauer als „das
Bewegliche, sofern es einen Raum erfüllt", definiert.
Aber die Materie erfüllt nach Kant den Raum nicht
mehr, indem sie überhaupt bloß existiert, oder, wie
Kant sagt, „durch ihre bloße Existenz", sondern indem

sie wirkt; und sie existiert nur, insofern sie wirkt. Und zwar wirkt sie durch „bewegende Kraft", insofern sie nämlich als Bewegungswiderstand das „Eindringen in einen Raum" hindert, das von einer Bewegung ausgehen müßte, und insofern einer Bewegung immer nur durch eine andere Bewegung Widerstand geleistet werden kann, die jene erste Bewegung entweder aufhebt oder vermindert. Denn es „kann mit keiner Bewegung etwas verbunden werden, was sie vermindert oder aufhebt, als eine andere Bewegung ebendesselben Beweglichen in entgegengesetzter Richtung. Also ist der Widerstand, den eine Materie in dem Raume, den sie erfüllt, allem Eindringen anderer leistet, eine Ursache der Bewegung der letzteren in entgegengesetzter Richtung. Die Ursache einer Bewegung heißt aber bewegende Kraft. Also erfüllt die Materie ihren Raum durch bewegende Kraft und nicht durch ihre bloße Existenz."[1] Das aber ist nun gerade das Bedeutsame bei Kant, daß er, obwohl er immer am „Mechanismus der Natur", selbst für die Biologie, festgehalten hat, doch den Mechanismus nicht für absolut gehalten, sondern ihn, wie immer man sich auch zum Einzelnen dieses Versuchs stellen mag, im Prinzip auf den Dynamismus überzuführen gesucht hat.

Wurde nun auf der vorigen Etappe der Substanzkritik das eigentlich Objektive der Dinge, von dem die also auch subjektiv bedingten Wahrnehmungsrelationen abstrahiert wurden, zum bloßen „Quantum der Materie", und wurde dieses als Masse definiert, so zeigt sich, sobald wir in der Wissenschaft über diese vage Bestimmung hinausgehen, jenes „Quantum der Materie" einer exakten Bestimmung unterwerfen und die

---

[1] Metaphysische Anfangsgründe der Naturwissenschaft, S. 496 f.

Masse selbst exakt zu definieren suchen, daß wir dann
zu dynamischen Bestimmungen geführt werden. Auch
Maxwell kann schon die Materie nicht ohne den Begriff der Kraft definieren, wenn er sie auch anders,
wie Kant, nämlich als „das, was durch die Einwirkung
von Kraft seine Bewegung ändert", definiert.[1] Daß
diese Definition sich aber von der Kantischen nicht
sehr weit entfernt, zeigt sich sofort bei näherem Zusehen. Denn „was durch Einwirkung von Kraft seine
Bewegung ändert", ist doch eben im Kantischen Sinne
„das Bewegliche im Raume". Da aber seine Bewegung,
schon nach dem dritten Newtonischen Gesetze (man
könnte hier sogar alle drei sogenannten Newtonischen
Grundsätze heranziehen), von seinem Bewegungswider-
stande abhängt, muß sich hier auch Kants Widerstands-
begriff geltend machen. In der Tat zeigt sich das auch
bei Maxwell, wenn er nun im Anschluß an seinen Begriff der Materie zunächst „die gleichen Massen zweier
Körper" so definiert, daß „zwei Körper dann gleiche
Massen haben, wenn gleiche Kräfte, die auf beide Körper wirken, in gleichen Zeiten gleiche Veränderungen
der Geschwindigkeit (velocity) hervorbringen"[2], und
wenn Maxwell sodann sagt, „daß Massen nie weder
im Handel, noch in der Wissenschaft, auf andere Art
als durch Vergleichung ihrer Gewichte verglichen

---

[1] Maxwell, Matter and Motion, S. 40. Matter is considered
under no other aspect than as that which can have its motion
changed by the application of force. Ich halte mich in meinen
Formulierungen oben im Text hinsichtlich Maxwells aus Gründen
möglichster Objektivität an die deutsche Übersetzung von Dr. Ernst
von Fleischl; für die zitierten Stellen besonders S. 38 f.

[2] A. a. O., ebenda. Hence any two bodies are of equal mass
if equal forces applied to these bodies produce, in equal times,
equal changes of velocity.

werden"[1], und er nur den speziellen und mehr kon-
ventionellen Fall absoluter Maßbestimmung an verschiedenen Punkten der Erdoberfläche ausnimmt. Und
je strenger wir sodann in der Wissenschaft noch Geschwindigkeit und Beschleunigung unterscheiden, um
so deutlicher wird der dynamische Charakter der
Masse, da sie ja dann, wie es schon in jedem elementaren Lehrbuch der Physik geschieht, allein durch das
Verhältnis von Kraft zu Beschleunigung als „Beschleu-
nigungswiderstand" definiert wird.

Bedenken wir nun weiter, daß die Masse weder
vom Volumen als solchem noch von der Gestalt, die
Locke noch als primäre Qualitäten übrig gelassen
hatte, abhängt, so wird ihr Wesen noch deutlicher.
Der Dynamismus als Forschungsprinzip bedarf dabei
gar nicht solcher spiritus mystici, wie sie die energetische Metaphysik an dieser Stelle etwa in Gestalt
der „Formenergie" und ähnlichem einführt; worauf es
zunächst für die streng wissenschaftliche und methodische Fassung des Massenbegriffs ankommt, wenn
wir die Masse als von Volumen und Gestalt unabhängig denken, läßt sich leicht an einem einfachen
Beispiele deutlich machen. Ein Kubikmeter Eisen und
ein Kubikmeter Aluminium haben das gleiche Volumen,
aber nicht die gleiche Masse; und ein Kubikmeter
Eisen, wie ein Kubikmeter Aluminium können in Gestalt einer Kugel, eines Zylinders, eines Kegels, eines
Würfels etc. wie in jeder irregulären Figur gegeben
sein. Die Masse ist darum, wie wir schon einmal im
Anschluß an Liebmann gesagt haben, ein „rein inten-

---

[1] Ebenda. .... that no other mode of comparing masses
than that of comparing their weights is ever made use of, either
in commerce or in science .....

sives Merkmal"[1] und, wie wir hier mit Leibniz, Newton und Kant hinzufügen können, als intensive Größe
das Fundament der extensiven Größe raumerfüllender
Gebilde.

Nur im absolut starren Atom würden Masse und
Volumen in gegenseitiger Abhängigkeitsfunktion stehen,
indem wir nun entweder die Elementatome absolut
homogen und für jedes Element zwar von gleicher,
aber starrer, hinsichtlich der verschiedenen Elemente
von zwar verschiedener, aber ebenfalls starrer Masse,
oder indem wir absolut materielle Uratome von starrer
Masse denken müßten. Nun hebt aber gerade der dynamische und intensive Charakter der Masse zwar
nicht das Atom, aber doch die absolute Starrheit des
Atoms auf, und an deren Stelle hätte als neue Funktion
des Atombegriffs die intensive Maßbestimmung als
Dynamatom zu treten, das als solches zunächst
lediglich das Instrument der Integrierung infinitesimaler
intensiver Massenmomente bedeutete und Atom nur
in Rücksicht auf extensive Teilung heißen dürfte, weil
es ja im Intensiven einen schlechthin kleinsten endlichen Grad nicht geben, das Dynamatom also als
Intensitätsdifferential nicht ein endliches reelles dynamisches Atom, sondern, wie gleich noch deutlicher
werden wird, bloß den logischen Ort für ein solches
bezeichnen könnte. Es bedeutet also nicht ein endliches und wirkliches dynamisches Atom, sondern
lediglich die unendliche Möglichkeit von dessen end-
licher Setzung, so daß die Wissenschaft den rein
logischen Ort im Realen an jeder Stelle zu besetzen
die Möglichkeit hat. Daß auch, wenn die Materie noch
absolut und der Raum durch ihre bloße absolute Exi-

---

[1] Ged. u. Thats. I, S. 66.

stenz erfüllend gedacht wird, der Materialismus doch
nicht auch schon bei den Elementatomen stehen zu
bleiben braucht, haben wir bereits gesehen. Denn
wenn alle Dinge und auch alle Unterschiede der Dinge
voneinander rein und absolut materieller Art sein
sollen, so müssen auch die objektiven Unterschiede
der verschiedenen Elementatome, die allein für jedes
Element gleichartig sind, rein materieller Art sein.
Von hier aus könnte man aber selbst zu einer
rein materiellen Zusammensetzung der Elemente aus
selbst materiellen „Uratomen" gelangen. Wie dasselbe
Element sich in verschiedenen Stoffen darstellen und
also in diesen verschiedene Eigenschaften haben
kann, obwohl es stets aus den gleichen Atomen konstituiert wird (ich erinnere an das Beispiel von Kohle
und Diamant), je nach der Stellung der Atome zueinander und den damit zusammenhängenden Energie-
funktionen — also auch hier kommen doch schon Inten-
sitätsmomente in Frage! —, so wäre der Aufbau der
Elementatome in ähnlicher Weise als durch Lagerung,
Anzahl etc. von „Uratomen" bestimmt zu denken.
Wenn aber nun die Masse selbst nicht als extensiv
starres, sondern als intensives Moment verstanden
wird, so müßten in letzter Linie auch die zunächst
starr materiell gedachten Atome, gleichviel ob materielle „Uratome", ob materielle Elementatome, in
ihrer Gleichartigkeit, wie Verschiedenartigkeit durch
Intensitätsgleichheiten und Intensitätsunterschiede verstanden werden, die um mathematisch-physikalisch
darstellbar zu sein, eine reelle Intensitätsbasis erfor-
derten, wodurch jene Starrheit beseitigt würde. Wir
würden gleichsam zu einer dynamischen Atomistik
oder besser: atomistischen Dynamik, auf dynamische

Zentren zur Konstitution der Massenatome im früheren
Sinne geführt, wie sie ungefähr Boskowichs, Ampères,
Webers u. a. punktuellen Atomen entsprechen würden.
Aber sie dürften als punktuell eben doch nicht im
eigentlichen Sinne materiell gedacht werden. Weil
unabhängig von Volumen und Gestalt wären sie ausschließlich Intensitätszentren, Dynamatome in dem
vorhin bezeichneten nicht-extensiven Sinne. Freilich
bezeichnet dieser Begriff, wie jetzt vollkommen deutlich wird, nichts anderes als den logischen Ort, den
die Wissenschaft erst im Realen zu besetzen hat, und
von dem aus sie die Mechanik selbst in die Dynamik
überführt. Aber sie hat ihn in der Tat besetzt mit
dem Elektron, so daß Mechanik und Elektrodynamik
sich selbst in einer allgemeinen Dynamik[1], die auch
als Dynamatomistik angesprochen werden dürfte,
vereinigen können. Indes braucht diese Besetzung
wegen der Stetigkeit der Intensitätsgrade nicht die
einzige zu sein. Auf jeden Fall ist sie aber diejenige,
zu der eine wissenschaftliche Analyse der Erscheinungen geführt hat.

   Ich kann selbstverständlich die Elektronen-
theorie im speziellen hier nicht in extenso entwickeln.
Das ist ebenso unmöglich, wie es im vorigen Abschnitt
unmöglich war, etwa ein System der mechanischen
Atomistik zu entwickeln. Wie uns aber dort dieses
zur Präzision der vorigen Etappe diente, so kann uns
auch hier der Elektronbegriff zur Präzision dieser
Etappe dienen, und so sei wenigstens mit einigen
Worten auf ihn eingegangen. Was sich für die vorige
Etappe als bloße Möglichkeit darstellte, das erweist

---

[1] Vgl. dazu die Bemerkungen im ersten Abschnitt.

sich für diese als Wirklichkeit, nämlich daß die Elemente selbst nicht unwandelbare Stoffe, sondern der
Umwandlung fähig sind, was sich bei den sogenannten
radioaktiven Elementen gezeigt hat. Damit sind die
Elementatome in der Tat nicht die letzten Bausteine
der Natur. Vielmehr bauen sie sich aus den Elemen-
targrößen der Elektrizität auf, um ihrerseits erst die
materiellen Dinge der Wirklichkeit aufzubauen. Die
„elektrischen Atome" bilden als solche die vorläufig
letzten Bestandteile der Natur. Was aber für unseren
Zusammenhang das Bedeutsame ist, das ist der Umstand, daß die Elektronen nicht im Sinne starrer Materie massig zu denken sind. Berechnungen führen dazu, sie nicht im Sinne extensiver Masse zu setzen,
sondern an ihnen gerade den intensiven Massenbegriff
realisiert anzunehmen. Im extensiven Sinne wären
sie also masselos, und was uns in der Anschauung[1] als
bloß extensive Masse erscheinen mag, das stellt sich
uns in der Rechnung, d. i. im Begriff, wie Auerbach
sagt, dar als „die lebendige Kraft der Teilchen"[2], also
als intensive Größe.

Ohne, wie durch die Annahme starrer Massenatome, mit dem Energieprinzip in Kollision zu geraten,
wird dieses gerade hier gewahrt, ebenso aber das Prinzip der Konstanz der Masse, das ja zum Prinzip der
Konstanz der Energie erweitert und in dieses einbe-
zogen ist; und auch der Atombegriff behält seine volle

---

[1] Wir brauchen diesen Begriff hier im weitesten Sinne; also
nicht, als ob uns das Elektron je als solches anschaulich gegeben
werden könne, sondern als Inbegriff der Anschauungsgesetzlich-
keit und Bedingungen überhaupt, unter denen wir auf den Elektronbegriff geführt werden.
[2] A. a. O., S. 119. Auf die ungemein klaren Ausführungen
möchte ich hier ganz besonders hinweisen.

wissenschaftliche Bedeutung. Nur entfaltet er jetzt
neue Leistungen, insofern auch die Intensitätsstruktur
der Elektrizität selbst atomistisch ist. Und die chemischen Atome bleiben in chemischer Hinsicht Atome,
wenn sie auch keine absoluten Atome sind, hatte doch
von vornherein das Problem der Zerlegung einen eben
chemischen Sinn, und hatte die Chemie ihre Atome
ja von vornherein gar nicht absolut gesetzt. Und gerade weil die Elektronen die Bausteine der chemischen
Atome sind, und diese die Bausteine der Elemente,
Verbindungen und materiellen Gebilde sind, so daß
sich chemische Atome, Elemente und materielle Gebilde selbst als Etappen und Phasen dynamischer Bestimmung darstellen, wird der Einheitszusammenhang
der Wissenschaft durch die Fundierung in der Dynamik
gewahrt.[1]

Was auf der vorigen Etappe der Analyse noch
eine primäre Wirklichkeit besaß, das wird dadurch,
aber ohne daß der Unterschied als solcher verwischt
würde, doch hinsichtlich des Wirklichkeitsgrades mit
den Momenten sekundärer Wirklichkeit auf eine Stufe
gestellt. Sie lassen sich beide als Momente dynamischer
Bestimmungen ansprechen. Wird aber die Masse des
elektrischen Elementarquantums ausdrücklich auf die
intensive Bestimmung der „lebendigen Kraft" übergeführt, so wird die spezielle Elektrodynamik ebenso
wie die Mechanik vom Begriffe der Masse aus im allgemeinen nun auf eine allgemeine Dynamik übergeführt, so wie es Planck deutlich bezeichnet hat. Tritt
aber das Energieprinzip aus der ihm bereits von Robert

---

[1] Vgl. dazu außer den erwähnten naturwissenschaftlichen
Werken jetzt auch philosophischerseits besonders Cassirer, a. a. O.,
S. 292.

Mayer[1] gewiesenen rein wissenschaftlichen Funktion
eines Einheitsprinzips dynamischer Relationen heraus,
d. h. bleibt man bei der Einheit dieser Relationen als
einer letzthin absoluten Substanz stehen, so wird das
Forschungsprinzip des Dynamismus zu einer energetischen Metaphysik. Ein solcher Metaphysiker der
Energie ist in unserer Zeit W. Ostwald. Er dürfte vielleicht über einen solchen Vorwurf selber am meisten
überrascht sein, hält er sich doch gewiß für einen
guten „substanzsicheren" Positivisten. Das ist er freilich auch, nämlich in erkenntnistheoretischer Beziehung, wie er in metaphysischer Beziehung Energetiker oder in energetischer Beziehung Metaphysiker
ist; genau ebenso wie man Schopenhauer in erkenntnistheoretischer Beziehung einen Spiritualisten, dem
die Welt „seine Vorstellung" ist, in metaphysischer
Beziehung einen Energetiker nennen könnte, dem die
Welt „Wille" ist, weil eben dieser Wille ein gänzlich
„blinder" Wille ist, der nach Schopenhauer sich keineswegs bloß in unserem Begehren, sondern genau ebenso im Falle des Steines zur Erde, wie im Andrang
eines Körpers gegen den unserigen, in der Bewegung
der Planeten, kurz in allem Naturgeschehen sich ob-
jektiviert, und als Gesamtheit der Natur sich lediglich
in seinen veränderlichen Formen darstellt. Wir haben
ja schon betont, daß die hier zu besprechenden
logischen Etappen der Substanzanalysis keineswegs
auch historische Etappen sind, die sich in der Geschichte rein darstellen, so daß man danach etwa die

---

[1] Vgl. dazu besonders A. Riehl, Robert Mayers Entdeckung
des Energieprinzips (Sigwart-Festschrift, S. 161 ff.), und E. v. Lipp-
mann, Robert Mayer und das Gesetz von der Erhaltung der Kraft,
in Abhandlungen und Vorträgen, S. 527 ff.

Geschichte der Substanzkritik konstruieren dürfte.
Vielmehr können historische Repräsentanten der
Problementwicklung an verschiedenen Etappen der
logischen Problementwicklung zugleich beteiligt sein.
Wie das von Schopenhauer hinsichtlich eines ins Metaphysische, d. h. zur energetischen Metaphysik gewendeten Dynamismus trotz seines erkenntnistheoretischen phänomenalistischen Spiritualismus zutrifft, so
trifft das auch hinsichtlich Ostwalds energetischer Metaphysik zu.[1] Ihm werden nun alle Qualitäten zu Wirksamkeiten, zu Funktionen der Energie, und das nicht
bloß im logisch erkenntnistheoretischen Sinne, in dem
das sein erkenntnistheoretischer Positivismus nicht zulassen würde, sondern im metaphysischen Sinne, in
dem ihm die Energie ebenso zur Substanz aller Dinge
wird, wie Schopenhauer sein blinder Wille. Ausdrücklich sagt Ostwald: „Was wir sehen, ist nichts als die
strahlende Energie, welche auf der Netzhaut unseres
Auges chemische Arbeiten bewirkt, die als Licht empfunden werden. Wenn wir einen festen Körper tasten,
so empfinden wir die mechanische Arbeit, die bei
der Zusammendrückung unserer Fingerspitzen und
gegebenenfalls auch des getasteten Körpers verbraucht
wird. Riechen und Schmecken beruhen auf chemischen
Arbeitsleistungen, die in den Organen der Nase und

---

[1] Daher stellt sich denn auch bei jedem streng wissenschaftlichen Vertreter des Energieprinzips und des Dynamismus die
Stellung zum Energieprinzip ganz anders dar als bei Ostwald, wie
es außer in der schon genannten Literatur auch in Plancks Schrift
über „das Prinzip der Erhaltung der Energie" deutlich wird, so daß
Planck, trotz seiner Dynamik zu der Ostwaldschen Energetik, sich
mit echt wissenschaftlichem Bewußtsein recht ablehnend verhält
(Wiedemanns Annalen der Physik, 57), wodurch wohl am besten
deutlich wird, daß Dynamismus als Forschungsprinzip und Energetik
als Metaphysik deutlich voneinander zu unterscheiden sind.

des Mundes stattfinden. Überall sind es Energien oder
Arbeiten, deren Betätigung uns davon Kunde gibt, wie
die Außenwelt geordnet ist, und welche Eigenschaften
sie hat, und die Gesamtheit der Natur erscheint
uns unter diesem Gesichtspunkte als eine Aus-
teilung räumlich und zeitlich veränderlicher
Energien in Raum und Zeit, von der wir in dem
Maße Kenntnis erhalten, als diese Energien auf unseren
Körper, insbesondere auf die für den Empfang bestimmter Energien ausgebildeten Sinnesorgane übergehen."[1] Dadurch ist, wie Cassirer[2] zu dieser Stelle
durchaus zutreffend bemerkt, zwar „das «Ding» als ein
passives und gleichgültiges Substrat der Eigenschaften
somit beseitigt". Und in der Tat läßt Ostwald in seiner
„Schule der Chemie" seinen Lehrer den Schüler auf
die von jenem selbst gestellte Frage, was denn übrig
bleibe, wenn wir von einem Ding, etwa „von einem
Stück Zucker, alle seine Eigenschaften . . . fortdenken",
folgendermaßen belehren: „Es bleibt nichts übrig.
Denn nur durch die Eigenschaften kann ich erkennen,
daß etwas da ist; sind keine Eigenschaften da, so ist
auch nichts da, worüber ich etwas aussagen kann. Du
mußt dich also von der Vorstellung frei machen, als
gäbe es außer den Eigenschaften eines Dinges noch
irgend etwas darunter befindliches, was höher oder
wesenhafter wäre als die Eigenschaften. Früher, als
die Wissenschaften noch wenig fortgeschritten waren,
hat man so etwas geglaubt, und davon sind noch Reste
in der Sprache übrig geblieben, so daß man durch den
Gebrauch der Ausdrücke unwillkürlich auf diese An-

---

[1] Ostwald, Vorlesungen über Naturphilosophie, S. 159 f. (Die
Sperrung der bezeichnenden Worte ist von mir.)
[2] A. a. O., S. 250.

sicht hingedrängt wird. Aber wenn man diesen Fehler erkannt hat, kann man ihn auch vermeiden."[1] So sehr nun das gegen die grobe Dingauffassung gelten mag, so grob ist doch Ostwalds Energievorstellung selbst. Denn bei ihm tritt einfach an die Stelle des Dinges die Energie, nicht im Sinne einer Substanzkategorie, sondern der Substanz selbst und sie ist ihm auch etwas darunter befindliches. Ist ihm, wie wir schon sahen, die Gesamtheit der Natur Energie, so wird ihm, worauf v. d. Pfordten in seiner im übrigen wohl etwas zu scharfen und der methodologischen Bedeutung des Energieprinzips zu wenig Rechnung tragenden Polemik gegen Ostwalds energetische Metaphysik hinweist, die Energie nun zur vorhandenen, also existierenden Substanz. Das kommt deutlich zum Ausdruck in dem durch v. d. Pfordten[2] mit Geschick herangezogenen Worten Ostwalds: „Die Energie ist die allgemeinste Substanz, denn sie ist das Vorhandene in Zeit und Raum, und sie ist das allgemeinste Akzidenz, denn sie ist das Unterschiedliche in Raum und Zeit." Die Begriffsverwirrung von Substanz und Akzidenz illustriert die metaphysisch-dogmatische Verschwommenheit ja auf das evidenteste. v. d. Pfordten hat darum freilich recht, wenn er die wissenschaftliche Fassung des Energieprinzips bei Helm gegen Ostwalds seltsame Vermengung realistischer Metaphysik mit phänomenalistischem Relativismus und Positivismus ausspielt[3], eine Formulierung, wie sie korrekt in Helms Worten zum Ausdruck gelangt: „Der Energiebegriff . . ., ein Begriff, der den Tatsachen gerecht wird und doch so

---

[1] Schule der Chemie I, S. 5.
[2] A. a. O., S. 70. — [3] Ebenda.

hoch über ihnen steht, daß er die Gefahr einer neuen Substanziierung ausschließt. Wer sich also die Energie als Substanz denkt, müßte wohl bis zum Geisterspuk zurückkehren." Freilich ist das durchaus richtig, sobald auch der Substanzbegriff eben als Begriff erkannt ist. Auf der metaphysischen Etappe, die den Dynamismus selbst nicht rein methodologisch so faßt, als der er sich in der Wissenschaft darstellt, ist aber die Energie so lange Substanz, als Raum und Zeit nicht aus der Sphäre absoluter Realität, die sie für den methodologischen Dynamismus nicht zu haben brauchen, da sie für ihn phänomenologisch sein können[1], befreit sind. Dann aber sind wir auch noch lange nicht beim Geisterspuk, sondern wenn wir nun einmal überhaupt von Spuk reden wollen, höchstens beim Gespensterspuk, in dem von Geist sehr wenig zu spüren ist, obgleich ihn Schopenhauer mit seinem wissenschaftlichen Bewußtsein für vereinbar hielt und er seinen blinden Willen ohne Geist auch in Gespenstern spuken zu sehen glaubte.

IV. Seele und Geist: die Psychologie als Wissenschaft und der spiritualistische Idealismus als Metaphysik.

Unsere bisherige Untersuchung scheint sich in einer eigentümlichen Paradoxie bewegt zu haben. Ursprünglich in die Unabhängigkeit von unserer Willkür gesetzt, ward im Fortgang der Analyse das Ob-

---

[1] Wenn manche Vertreter der Energetik ausgesprochenermaßen im Dynamismus ohne weiteres eine Verbindung von Metaphysik und Naturwissenschaft begeistert proklamieren, so wird das logische Wesen des Dynamismus verkannt und er eben von vornherein als energetische Metaphysik gefaßt.

jektive in die Unabhängigkeit von unserer subjektiven
Organisation verlegt. Zunächst wurde in den spezifischen Sinnesqualitäten der Grund dafür gesetzt, daß
wir der materiellen Substanz eine primäre Objektivität
beilegen konnten. Also gerade dafür, daß wir die
qualitativen Bestimmungen als Relationen fassen
konnten, war eine selbst qualitativ bestimmte Organisation des Bewußtseins vorausgesetzt. Also gerade dafür, daß der Materialismus die qualitativen Wahrnehmungsrelationen und damit auch die Organisation
des Bewußtseins auf materielle Grundlagen eben
gründen konnte, waren qualitativ und spezifisch bestimmte Bewußtseinsmomente schon die Voraussetzung.
Und wenn in der weiteren Analyse die Bewußtseins-
organisation dynamisch oder energetisch fundiert wird,
so setzt auch diese Fundierung, sofern sie ja selbst
im Bewußtsein erfolgt, doch dieses ebenfalls schon
wieder voraus. Nun hebt sich ja gewiß die Paradoxie
sogleich durch eine einfache Unterscheidung. Man kann
analog der Aristotelischen Unterscheidung zwischen
dem πρότερον τῆι φύσει und dem πρότερον πρὸς ἡμᾶς sagen:
Realiter und an sich selbst sind die materiellen oder
energetischen Grundlagen bereits die Voraussetzung
für die Realität des Bewußtseins, nur für die Reflexion
auf diesen realen Zusammenhang ist das Bewußtsein
vorausgesetzt. Aber gerade durch diese Unterscheidung, die sich ja selbst im Bewußtsein vollzieht,
dieses abermals also voraussetzt, tritt es in die Sphäre
einer ganz bestimmten Eigenbedeutung ein: Um das
Objektive zu erkennen, mußten wir auf den bisherigen
Etappen der Analyse vom Subjektiven abstrahieren, sobald einmal Subjekt und Objekt in der Wissenschaft
auseinandergetreten waren. Aber diese Abstraktion

hört nicht auf, eben Abstraktion zu sein, und zweitens ist sie als Abstraktion selbst Funktion des Bewußtseins. Und wie immer nun in dieser Abstraktion dessen Grundlagen im Realen gedacht werden mögen, daß sie überhaupt irgendwie gedacht werden, das setzt das Bewußtsein im ganzen Umfange der zum Bewußtsein gelangenden Inhalte voraus, man mag sich die Entstehung des Bewußtseins aus welchen Grundlagen auch immer denken, wie man will. Indem man sie überhaupt denkt, werden sie selbst zum Inhalte des Bewußtseins, und die Inhalte des Bewußtseins unabhängig vom Bewußtsein denken, heißt über seinen eigenen Kopf hinwegspringen wollen. Mag man das Bewußtsein als Funktion realer materieller Dinge, mag man es als Funktion dynamischer oder energetischer Beziehungen denken, das Denken materieller Dinge und dynamischer oder energetischer Beziehungen hört darum nicht auf, Funktion des Bewußtseins zu sein. Und so wertvoll jedes in methodologischer Hinsicht sein und bleiben mag, seiner metaphysischen Bedeutung erwachsen schon von hier aus Zweifel. Und möchte selbst metaphysisch das Bewußtsein aus materiellen oder energetischen Verhältnissen resultieren, ist es einmal auch nur als eine solche resultierende Wirklichkeit da, so hört es doch auch als solche nicht auf, eben ein ganz bestimmtes Gebiet der Wirklichkeit zu bezeichnen, das ebenso zum Gegenstande eigener Wissenschaft gemacht werden kann, wie die stofflichen Verbindungen und Gebilde. Darauf beruht die prinzipielle Eigenbedeutung der Wissenschaft, die von den tatsächlichen und wirklichen Faktoren des Bewußtseins in seinem ganzen Umfange handelt, d. h. der Psychologie. Und ihr Eigenrecht und ihre Eigenbedeutung erhellen um so schärfer und bestimmter, als diese Wirklichkeit nicht ein beziehungsloses Nebeneinander von Einzelinhalten ist, die alle untereinander unvergleichbar wären, sondern zum mindesten eben darin miteinander übereinkommen, daß sie Bewußtseinsinhalte sind, mag es sich um die Vorstellung eines Steines oder einer Sitte, mag es sich um das Gefühl der Freude, um das Verlangen nach Erkenntnis oder nach Reichtum handeln. Und alle diese Inhalte können in bezug auf Verwandtschaft, Ähnlichkeit und Verschiedenheit verglichen werden und bilden einen eigenen Zusammenhang von Beziehungen. So wirklich dieser Beziehungszusammenhang ist, so wirklich ist die „Seele", und so wahr er sich wissenschaftlich erforschen läßt, so wahr ist die Psychologie Wissenschaft und zwar Wissenschaft von eigener und selbständiger Bedeutung, mag sie sich nun in dieser Eigenbedeutung, wie auch immer, ausgestalten, ob als Assoziationspsychologie, als Apperzeptionspsychologie, oder wie auch immer sonst. Nur auf Grund der Voraussetzung eines solchen Zusammenhanges vermögen wir ja im Bewußtsein auch zu jenen Inhalten fortzuschreiten, die wir zunächst als seine Grundlagen angesehen haben und in methodologischer Hinsicht auch weiter ansehen können, in metaphysischer und absoluter Hinsicht mag es damit bestellt sein, wie es will.

Die Psychologie kann als Wissenschaft genau so, wie wir es Helmholtz von der Physik haben bestimmen sehen, vom Besonderen zum Allgemeinen fortschreiten, um das Besondere aus dem Allgemeinen zu begreifen. Aber ihre Aufgabe liegt in der Totalität und Fülle des Erlebbaren überhaupt, während die übrigen Erfahrungswissenschaften, wie Felix Krueger des näheren ausführt, aus dieser Totalität des Erlebens immer nur einen durch Abstraktion reduzierten Ausschnitt darstellen. Erlebt im psychologischen Bewußtsein werden ja auch die Inhalte der Physik, Chemie, Zoologie, Botanik etc. Aber während diese Wissensgebiete nun gerade „von dem konkreten Zusammenhange abstrahieren, der die Erscheinungen, nacheinander und gleichzeitig, im erlebenden Bewußtsein verbindet", erwächst der Psychologie gerade aus diesem spezifischen Gesamtzusammenhange ihre besondere Aufgabe und damit ihre eigene Bedeutung.[1]

Wenn nun jene methodologischen Grundlagen aufhören, absolute, d. h. metaphysisch letzte und als solche für sich selbst unbedingte Wirklichkeitsbedingungen zu sein, so erlangt das von der Psychologie umfaßte Wirklichkeitsgebiet ganz besondere Eigenbedeutung, ohne daß diese, soweit es sich um die Psychologie als Wissenschaft handelt, selbst zu einer absoluten und metaphysischen zu werden braucht. So unzweifelhaft es ist, daß der Mechanismus wie der Dynamismus als Erklärungsprinzipien der Naturerscheinungen eine bleibende Bedeutung behalten, die hinsichtlich ihrer Funktion des Begreifens der Naturerscheinungen als logisch-methodologisch sich darstellt und die, weil das Begreifen sich auf die Naturerscheinungen richtet, sich als phänomenologisch charakterisiert, ebenso unzweifelhaft ist es, daß die materialistische wie die energetische Metaphysik sofort ihre absolute Bedeutung verlieren, sobald auch nur

---

[1] Vgl. dazu ausführlicher Felix Krueger, besonders die „Methodologischen Vorträge" in seiner „Theorie der Konsonanz" in den „Psychologischen Studien", 1906, I, S. 305ff., in erster Linie S. 313ff.

die eine ihrer Grundlagen, nämlich der Raum, der absoluten Realität entkleidet wird, wie es, was wir ja
früher schon gesehen haben[1], ja durch Erkenntnistheorie und Mathematik geschehen ist. Die phäno-
menologisch-logische Bedeutung also sowohl des Mechanismus wie des Dynamismus wird dadurch in keiner
Weise angetastet, die absolute Bedeutung materia-
listischer wie energetischer Metaphysik dagegen wird
zerstört, sobald der Glaube an die absolute Realität
des Raumes aufgehoben wird. Das Seelische bleibt
als selbst unräumlich davon gänzlich unberührt.

Die Wirklichkeit der Dinge und Prozesse im Raume
hört auch jetzt nicht auf, überhaupt wirklich zu
sein, nur hört sie auf, absolute Wirklichkeit zu
sein, und der Begriff der Wirklichkeit erlangt abermals
eine neue Bedeutung. Es ist besonders das Problem
der Empfindung, das hier wieder seine Valenz entfaltet. Als Abbild äußerer Objektivität war sie ja schon
längst nicht gefaßt worden. Aber als ein Hinweis auf
solche, sei es nun auf materielle, sei es auf energetische
Beziehungen, war sie gedacht worden. Mochte nun
aber schon Descartes sie auch nur als „Zeichen" angesehen haben, so hatte er sie doch gleichzeitig auch
bereits selbst als modus cogitandi[2], also da er die
cogitatio nicht bloß im Sinne der pura intellectio als
reines Erkennen, sondern ganz allgemein als Bewußtsein faßte, als eine Form dieses Bewußtseins bestimmt.
Als „Zeichen", als „Anzeige" der Wirklichkeit war
die Empfindung immerhin gedacht. Fallen nun absolut äußere Realitäten fort, so muß auch die Wirk-

---

[1] Vgl. oben das III. Kapitel.
[2] A. a. O., S. 53 und an vielen anderen Stellen.

lichkeit, die angezeigt wird, zwar nicht wegfallen, aber doch eine andere Bedeutung erlangen. Was wir durch jene Zeichen angezeigt glauben, ist also nichts ohne diese Zeichen selbst, es baut sich vielmehr erst aus diesen auf. Wozu die Energetik schon führte, das kommt auch hier, nur in anderer Bedeutung, zum Durchbruch. Was Ostwald an dem Beispiele eines Stückes Zuckers erläuterte, das hatte schon Berkeley an dem Beispiele einer Kirsche erläutert. Nur muß bei Berkeley, da es für ihn keine „allgemeinste Substanz" als „das Vorhandene im Raume" geben kann, das Vorhanden-Sein und damit die Substanz selbst eine andere Bedeutung erlangen. Ihm ist auch die Kirsche nichts ohne ihre Eigenschaften, wie für Ostwald ganz richtig das Stück Zucker nichts ist ohne seine Eigenschaften. Nur sind ihm diese nicht Funktion der Energie als der „allgemeinsten Substanz", als des im Raume wie in der Zeit Vorhandenen, sondern ihr Sein liegt im Wahrgenommen-Sein als solchem beschlossen. Das Sein besteht selbst im Wahrgenommen-Werden (esse = percipi).[1] Es ist recht interessant, zu bemerken, wie Berkeley gerade dadurch dem Illusionismus zu entgehen und auch mit der Ansicht des gewöhnlichen Lebens übereinzukommen glaubt. Denn zum Schein, meint er, wird die Erkenntnis nur dann, wenn man in ihr irgend etwas Absolutes dem Erkenntnisinhalt gegenüberstellt, der jenes eben nur anzeigen und gleichsam ein schlechtes Bild eines Originals sein sollte. Wird

---

[1] Mit Ostwalds Erkenntnistheorie stimmt ja auch das wieder zusammen. Nur geht in erkenntnistheoretischer Hinsicht Ostwald über Berkeleys Spiritualismus ebenso hinaus zum Positivismus, wie er in metaphysischer Hinsicht hinter dessen Spiritualismus in der energetischen Metaphysik zurückbleibt.

dagegen das Sein selbst zum Bewußtseinsinhalt, so
verliert die Frage nach vollkommener oder unvoll-
kommener Repräsentation des Objektiven im Subjektiven allen Sinn. Wir besitzen in diesen zugleich jenes
und umgekehrt.

Wahrnehmende bewußte Wesen müssen freilich
vorausgesetzt werden, da Perzeptionen doch nicht ohne
perzipierende Wesen sein können. Nur in Seelen oder
Geistern können sie mit ihren Zusammenhangsbe-
ziehungen stattfinden. Aber hier ergibt sich sofort für
Berkeley die Schwierigkeit, wie wir, wenn alles Sein
Bewußtsein ist, Wahrheit und Irrtum voneinander
unterscheiden können, die ja beide sind, und zwar
Bewußtseinsweisen sind. Die Schwierigkeit sucht
Berkeley zu lösen durch die Annahme eines allumfassenden Geistes, der die Beziehungen des Seins
im Bewußtsein regelt und ordnet. Das ist der göttliche Geist, den Berkeley von theologischen Vorstellungen aus, er war Bischof, sowohl als Schöpfer
aller Dinge, wie als Persönlichkeit denkt. Wenn der
endliche individuelle Geist seine Bewußtseinsinhalte
nach der Notwendigkeit der Regel und Ordnung des
unendlichen Geistes oder Gottes verknüpft, erkennt er,
wie er durch Verstöße gegen die göttliche Seins- und
Bewußtseins-Ordnung irrt. Das Sein ist, wie wir es
denken, und wir denken es, wie es ist, wenn wir es
denken, wie es notwendig im absoluten Geiste Gottes
ist, dessen Inhalt es ist. Weil alles Sein, auch das
vermeintlich absolut materielle, dessen Absolutheit ja
aufgehoben ist, bedingt ist durch den absoluten Geist
Gottes, ist dieser auch die eigentliche Substanz aller
Dinge. Diese sind nur Arten und Weisen, besondere
Formen und besondere Inhalte des Seins des absoluten

Bewußtseins, weil alles Sein nur Form dieses Bewußtseins ist. Der Spiritualismus der Gegenwart ist dem
Berkeleyschen Spiritualismus eng verwandt, im Prinzip
sogar mit ihm identisch. Am deutlichsten kommt das
vielleicht bei Ludwig Busse zum Ausdruck, dessen
Philosophie in kurzer, aber so vortrefflicher Weise von
F. Erhardt charakterisiert worden ist, daß ich, um eine
reine Objektivität walten zu lassen, hier einfach Er-
hardts Charakteristik folge. Er bezeichnet Busses
Standpunkt zunächst allgemein als einen „strengen
Dogmatismus und Spiritualismus"[1], der genau wie
Berkeley zur erkenntnistheoretischen Grundthese hat:
„Was sich uns nämlich subjektiv als denknotwendig
darstellt, so argumentiert er, muß auch objektiv und
an sich so sein, wie wir es denken, denn es wäre ein
Widerspruch, die Denknotwendigkeit eines Satzes zu
behaupten und doch zugleich die unbedingte Gültig-
keit seines Inhalts zu bezweifeln."[2] Und Busses metaphysisch-dogmatische Grundposition gibt Erhardt
folgendermaßen an: „Das Absolute ist als die eine
Weltsubstanz zu denken, der alle Dinge als bloße Modi
inhärieren, ohne doch deshalb ihre individuelle Selb-
ständigkeit einzubüßen. Genauer ist der Begriff des
Absoluten als der eines allumfassenden Geistes zu bestimmen, der zugleich aus praktischen Gründen im
Sinne der theistischen Anschauung als bewußte sitt-
liche Persönlichkeit gedacht werden muß. Alles
Seiende ist seiner Natur nach bewußtes Sein; ein un-
bewußtes Sein erklärt B. geradezu für eine contradictio
in adjecto. Daher liegt auch der materiellen Welt an

---

[1] Fr. Erhardt, Ludwig Busse, Biogr. Jahrbuch und deutscher
Nekrolog, Bd. XIII, S. 362.
[2] A. a. O., S. 363.

sich ein Reich bewußt-geistiger Wesen zugrunde, deren
Beziehungen untereinander auch nicht mehr als räumlich angesehen werden können, da dem Raume die
Realität außer unserer Vorstellung abgesprochen
werden muß."[1]

V. Der Positivismus als Anfang des Wissens und als Ende der Wissenschaft.

Sobald mit Berkeleys Gleichsetzung von Sein und
Wahrgenommen-Werden vollkommener Ernst gemacht
wird, sobald seine Gleichung: esse = percipi in ihre
Konsequenzen verfolgt wird, wird auch die spiritualistische Etappe über sich selbst hinausgedrängt, ohne
daß aber der Psychologie als methodischer Wissenschaft dadurch Eintrag geschähe. Sie scheint im Gegenteil die Sphäre ihrer Bedeutung nur zu erweitern. Ist
alles Sein im Wahrgenommen-Sein, in Perzeptionen
beschlossen, dann kann gerade der absolute Geist des
Spiritualismus ebensowenig sein wie die individuellen
Geister. Denn weder jene noch diese sind in der Wahrnehmung je gegeben. Diese Konsequenz hat historisch
Hume gerade von dem Berkeleyschen Ausgangspunkte
aus vollkommen scharf gezogen. In ihm liegt der
logische Fortgang der Substanzkritik einmal auch
historisch vor, wenigstens Berkeley gegenüber. In gewisser Weise freilich war die Humesche Position im
Altertum bereits durch Protagoras und manche seiner
Anhänger historisch vorbereitet gewesen, wie sie, um
neben Großem auch Kleines zu nennen, in der Gegenwart etwa durch Mach repräsentiert wird. Der große

---

[1] A. a. O., S. 364.

Unterschied zwischen diesen Vertretern des Positivismus ist nur der, daß in Protagoras wie in Hume die originale Kraft machtvollen Denkens lebt, in Mach der kraftlose Verzicht unwissenschaftlicher Gedankenschwäche sich darstellt. Protagoras bleibt bei der Position des Positivismus zwar stehen, aber er hat den Mut und die Kraft der Erkenntnis, einzusehen, daß diese Position zugleich die Negation aller Wissenschaft ist. Darum verneint er die Wissenschaft. Hume bringt den Positivismus auf seinen präzisesten Ausdruck und erkennt, daß er kein positiver Standpunkt, sondern höchstens methodischer Durchgangspunkt sein kann, daß sich in ihm das Wissen selber aufhebt, sobald es bei ihm verharrt, bei ihm aber ohne petitio principii und Widerspruch nicht verharren kann, also über ihn hinausführen muß, um als Wissenschaft möglich zu sein. Mach dagegen verharrt, ohne die Kraft seiner Vorgänger, bei der positivistischen Position und glaubt naiv genug, von ihr aus Wissenschaft treiben, ja sogar sie selbst wissenschaftlich begründen zu können. Man kann sagen, daß in der Geschichte des menschlichen Denkens der Positivismus rein durchgeführt ist, allein bei Protagoras und einigen seiner Nachfolger, für Hume ist die Geschichte von Protagoras bis zu ihm selbst nicht vergeblich gewesen. Er vollendet zwar den Positivismus, aber er überwindet ihn zugleich. Er geht daher über Protagoras ebenso hinaus, wie etwa Mach hinter Protagoras zurückbleibt und ihn nicht einmal erreicht. Hume ist ein dem Protagoras ebenbürtiger Denker. Für ihn ist der Positivismus aber deswegen nur Durchgangspunkt, eben weil die historische Entwicklung seit Protagoras für ihn nicht umsonst gearbeitet hat. Mach dagegen hat nicht die Energie des

Protagoreischen Denkens; er erreicht nicht einmal
dessen energische Skepsis, sondern schwankt schwäch-
lich zwischen Skeptizismus und naivem Dogmatismus
hin und her. Was an Mach von Bedeutung ist, das
ist die bloße Kopierung seiner beiden Vorgänger, die
beide wirkliche Größen des Gedankens sind. Von
ihnen übernimmt Mach einfach seine Argumente. Und
was er ihnen von sich selbst aus hinzuzufügen sucht,
das ist der Widersinn, seinen eigenen Schatten über-
springen zu wollen, wovor seine beiden Vorgänger die
Kraft des Gedankens bewahrte. Denn Machs Positivismus ist ein Verzicht auf Denken und doch ein
Versuch zu argumentieren.

Von Hume aus verstehen wir in der Tat am besten
auch die logische Fortbildung der Substanzkritik Berkeley gegenüber. Substanzielle äußere Gegenstände
stehen auch für Hume nicht hinter den Empfindungen.
Was wir empfinden, sind nicht Dinge, sondern Farben,
Töne, Geschmäcke, Gerüche etc. Diese machen erst die
Dinge aus, nicht die Dinge sie. Unabhängig von der
Empfindung gibt es also auch für Hume, genau wie für
Berkeley, kein Sein. Das Sein wird nicht geleugnet,
es wird nur als Empfunden-Sein angesehen. Bis hierher geht Hume mit Berkeley zusammen. Aber dessen
metaphysischer Spiritualismus wird aufgehoben, die
geistige Substanz einer weiteren Analysis und Kritik
unterzogen. Bewußte Wesen, Geister oder Seelen, anzunehmen, gestattet gerade die spiritualistische Gleichsetzung von Sein und Bewußtsein nicht. Die Bewußtseinsinhalte als solche bleiben aber von der Aufhebung
bewußter Wesen unberührt und danach bleibt auch die
Aufgabe der Psychologie, die historisch gerade Hume
besondere Förderung verdankt, bestehen. Denn die

Beziehungen zwischen den Bewußtseinsinhalten im weitesten Sinne des Wortes lassen sich erforschen, auch wenn wir sie nicht zu Bewußtseinsinhalten bewußter Wesen machen. Bewußte Wesen, nennen wir sie nun Geister oder Seelen, sind uns in der Perzeption nie gegeben; gegeben sind uns nur die Perzeptionen als solche.

Die Absolutheit einer beharrlichen geistigen Substanz fällt überdies auch fort, weil die Zeit, wie auf der vorigen Etappe der Raum, der absoluten Realität entkleidet wird. Raum und Zeit sind uns selbst nur in der Perzeption gegeben, was wir absoluten Raum und absolute Zeit nennen, sind eben nichts als Namen, bloße Abstraktion aus unseren Raum- und Zeitempfindungen. Und wenn wir die absolute Realität wenigstens aus dem, wie wir glauben, in der Zeit stattfindenden Wechsel der Empfindungen herleiten zu können meinen, so ist doch dieser Wechsel der Empfindungen eben selbst bloß in der Empfindung gegeben und nichts außer ihr.

Wenn nun der Wechsel der Empfindungen auf der vorigen Etappe der Substanzkritik für die Erkenntnis in der Art fruchtbar gemacht werden sollte, daß die von einem absoluten Geist bewirkte Ordnung und Regel es sein sollte, die Zusammenhänge der Empfindungen in den endlichen Geistern und Ordnung bewirkte, so war damit auch noch eine Absolutheit des Wirkens vorausgesetzt. Aber auch diese Voraussetzung widerspricht der Grundposition, daß Sein und Wahrgenommen-Werden identisch sind. Denn was wir wahrnehmen, ist nie ein Bewirkt-Werden, sondern immer nur ein Aufeinander-Folgen der Wahrnehmungen, kein Propter hoc, sondern ein Post hoc,

wie Hume sagt.[1] Es ist lediglich die Gewohnheit, die
uns veranlaßt, aus der mehrmaligen Beobachtung des
gleichen Abfolgens gleicher Eindrücke ein Bewirkt-
werden zu machen, wie sie uns veranlaßt, aus dem
Beisammensein von Eindrücken die Substanzvorstellung zu bilden. Wie die Kausalität, so ist auch
die Substanzialität für den Positivismus nichts als eine
anthropologisch-psychologische Perzeptionsbeziehung.
Wie wir immer nur wahrnehmen, daß, aber nicht
warum, oder daß notwendig etwas auf etwas
folgt, so nehmen wir auch weder äußere wahrgenommene Dinge, noch wahrnehmende Wesen, Seelen
oder Geister wahr, sondern lediglich ein Beisammensein von Perzeptionen. Das eine Mal kausalisieren wir
die Abfolge, das andere Mal substanziieren wir aus
Gewohnheit die Eindrücke. Aber an sich haben weder
Kausalität noch Substanzialität eine objektiv reale Bedeutung, sie sind nichts als psychologische Perzep-
tionsbeziehungen. Jene ist die Funktion der lediglich
als psychologische Funktion zu fassende Kausalasso-
ziation, diese eine solche der Berührungsassoziation.
Auf die lediglich psychologische Berührungsassoziation,
wie Hume sie genannt (contiguity as principle of con-

---

[1] Für Hume ist das freilich auch schon der Punkt, an dem
er den Positivismus fernerhin überwindet. Denn er begreift:
Mag auch die Vorstellung der Kausalität aus Gewohnheit psychologisch erklärt werden mögen, so setzt diese Erklärung doch selbst
das Gesetz der Kausalität voraus, das von der Vorstellung der
Kausalität scharf zu unterscheiden ist. Und das Gesetz der Kausalität aus Gewohnheit und Assoziation erklären, heißt eine petitio
principii, einen circulus vitiosus begehen. Ausdrücklich sagt Hume
von einer solchen Auffassung: „To say it is experimental, is beg-
ging the question", a. a. O., S. 37. Vgl. dazu meine Geschichte
der neueren Philosophie bis Kant, S. 149 f.

nexion or association of ideas)[1] hat, wird also die
Substanz zurückgeführt.

Fällt also mit der absoluten Realität der Zeit das
absolute Wirken dahin, so fallen erst recht eine absolute wirkende geistige Substanz und die endlichen
substanziellen Geister dahin, die im absoluten Geiste
ebenso ihren Ursprung haben sollen, wie die in ihnen
bewirkte Ordnung ihrer Bewußtseinsinhalte. Was wir
Seele nennen, wird ebenso — um den Humeschen Ausdruck anzuwenden — zu einem Bündel von Perzeptionen, wie der vermeintlich äußere Gegenstand. Beide
sind nur praktisch und methodisch — Methode und
praktische Bedeutung fürs Leben setzt auch schon
Hume zuweilen gleich — nicht aber als absolute
Realitäten voneinander zu unterscheiden. Und die
eigentlichen Elemente, sowohl der vermeintlich
äußeren Welt, wie des sogenannten Seelenlebens,
sind die Empfindungen.

Man kann ganz allgemein vom Positivismus sagen,
was Planck vom Machschen Positivismus sagt, nämlich, daß ihm das Verdienst gebührt, „den einzig legi-
timen Ausgangspunkt aller Naturforschung in den
Sinnesempfindungen wiedergefunden zu haben". Nur
möchte ich in dem folgenden Satz Plancks eine kleine
Veränderung anbringen. Planck fährt nämlich fort:
„Aber er schießt über das Ziel hinaus, indem er mit
dem mechanischen Weltbild zugleich das physikalische
Weltbild überhaupt degradiert."[2] Daß durch den Positivismus das physikalische Weltbild überhaupt degradiert wird, daran kann in der Tat kein Zweifel
sein. Ja, die Wissenschaft wird durch ihn überhaupt

---

[1] Vgl. a. a. O., besonders S. 23 f.
[2] Die Einheit des physikalischen Weltbildes, S. 35.

degradiert und unmöglich gemacht, wenn er nur wirklich konsequent ist. Darum schießt der Positivismus
nicht nur über das Ziel hinaus. Er muß vielmehr die
Wissenschaft als Ziel selber aufgeben. In der Empfindung hat er zwar den Ausgangspunkt des Wissens
bezeichnet, aber soll in der Empfindung das Wissen
selber liegen, so bezeichnet er zugleich das Ende aller
Wissenschaft.

Ohne daß wir hier, da wir ja keine historische
Untersuchung anstreben, auf Mach[1] ausführlich eingehen können, wird sich von Mach doch soviel sagen
lassen, daß er der inkonsequenteste aller Positivisten
ist. Mit Hume wird ihm zwar auch die Empfindung
zum eigentlichen Seinselement, aber er kommt eben
nicht, wie Hume es vermag, über das bloße Element
hinaus. Mit dem Wechsel der Empfindung ist ihm
alles Beharrliche aufgelöst, wie bei Protagoras. Wie
im vorläufigen Standpunkt für Hume wird auch von
Mach die Kausalität als eine Sache der Gewohnheit
von Verknüpfungen gefaßt, ohne die Einsicht Humes
freilich in die Vorläufigkeit dieser Position und ohne
dessen Erkenntnis des Unterschiedes von Kausalgesetz und Kausalvorstellung, von denen auch diese, um
auch nur als solche bezeichnet zu werden, die Kausalität selbst schon voraussetzt. Die Substanz wird ihm,
wie für Hume, zur Funktion der Berührungsassoziation,
sowohl hinsichtlich der seelischen wie der äußeren
Substanz. Obwohl er wie Protagoras alles Beharrliche leugnet, glaubt er dennoch Wissenschaft treiben
zu können, ja er sucht die Substanzvorstellung wie die

---

[1] Die ausführlichste und beste Kritik und Darstellung speziell
des Machschen Positivismus hat R. Hönigswald in seinen verschiedenen, darauf bezüglichen Publikationen gegeben.

Wissenschaft überhaupt mit Hilfe der Biologie als denkökonomische Funktion darzustellen, als ob nicht die Biologie selbst schon Wissenschaft wäre, und als ob je ein Biologe glauben könnte, es bloß mit Empfindungskomplexen und nicht mit Begriffen von Lebewesen zu tun zu haben, mag es sich nun um den Begriff des ἄνθρωπος oder um den des Rhizopods handeln, und als ob nicht Machs anthropologische Denkökonomie selbst schon immer die anthropologische vom Begriffe des Menschen umfaßte Gesetzlichkeit, nicht aber bloß etwa einen Empfindungskomplex voraussetzte und als ob nicht tatsächlich auch Mach, um die anthropomorphe Substanziierung aus Gewohnheit, Übung, Anpassung verstehen zu können, immer schon den Menschen als ein sich gewöhnendes, sich übendes und sich anpassendes Lebewesen voraussetzte. Zwar ist nach seiner anthropomorph-denkökonomischen Position auch ihm der Mensch das Maß aller Dinge wie bei Protagoras. Aber der anthropomorphe Relativismus ist für Protagoras selbst nur Ausgangspunkt. Zwar löst auch Mach, wie Protagoras, die beharrliche Substanz in den Fluß der Empfindungen auf. Und die Positionen des Protagoras, daß alles in einem substratlosen Wechsel (μεταβάλλειν, ῥέειν)[1] der Empfindung bestehe und in ihn die Substanz sich selbst auflöse (τὴν ὕλην ῥευστὴν εἶναι)[2], sind zugleich auch Machs Positionen und wie für Protagoras mit dem Satze: οὐκ ἄλλο τί ἐστιν ἐπιστήμη ἢ αἴσθησις[3], so ist auch für Mach die Empfindung dem Wissen gleichgesetzt.

---

[1] Platon, Theaet. 182 d. Vgl. mein „Substanzproblem", S. 117 bis 125.

[2] Sext. Emp. Pyrrh. Hypoth. I, 217.

[3] Platon, Theaet. 151 e.

Aber indem Protagoras mit dem Satze: „μηδὲν εἶναι παρὰ τὰς αἰσθήσεις"[1], daß es neben den Empfindungen nichts gebe, wirklich vollen Ernst macht, führt er nicht nur über seinen anfänglichen Anthropomorphismus hinaus, indem ja auch der Mensch als solcher nichts mehr sein kann, sondern gelangt in der Tat zur restlosen Preisgabe aller Erkenntnis. Denn das kann ja allein der Sinn und die Konsequenz der Behauptung, daß es neben den Empfindungen nichts Beharrliches gebe, sein, daß auch sie sich noch aufheben muß. Denn indem wir auch nur von den Empfindungen sagen, daß sie sind und wenn auch nur im Wechsel sind, wird doch das Sein selbst als beharrlich schon vorausgesetzt, um es auch den Empfindungen und zwar der einen wie der anderen beilegen zu können. Es muß also von den Empfindungen schon unterschieden werden, damit wir von der einen Empfindung sagen können, daß sie ist, von der anderen, daß sie nicht ist. Es wird vorausgesetzt, um die Empfindungen eben auch als solche nur bezeichnen und sagen zu können, daß sie eben Empfindungen und keine Dinge sind. Ohne ein beharrliches Sein unabhängig von dem Wechsel der Empfindungen ließe sich weder vom Empfindung-Sein noch vom Sein ihres Wechsels reden, da der Wechsel ja selber ist, aber als Wechsel doch nicht zugleich beharrliches Sein, sondern gerade nur beharrlich seiender Wechsel ist. Wenn wir aber vollends die Empfindungen hinsichtlich ihrer spezifischen Unterschiede[2], was, um von

---

[1] Diog. Laert. XI, 61.
[2] Platon, Theaet. 185a, hat das Gesetz der spezifischen Sinnesenergien bereits in ziemlich exakter Fassung, wenn auch nicht in exakter Begründung formuliert.

ihrem Wechsel reden zu können, nötig ist, bezeichnen,
so denken und urteilen wir ja schon immer über die
Empfindungen nach beharrlichen, bleibenden Richt-
punkten. Eine Farbe und einen Ton können wir freilich nur empfinden. Aber um auch nur zu unterscheiden, daß die Farbe nicht der Ton und der Ton
nicht die Farbe ist, schon dazu ist, wie Platon sehr
deutlich bemerkt hat, mehr vorausgesetzt als beide
Empfindungen selbst. Es ist eben erstens vorausgesetzt, sagt Platon[1], daß beide sind, zweitens, daß jede
etwas anderes als die andere, darum auch, daß sie mit
sich selbst identisch; daß beide zwei, daß jede von
ihnen aber eine, jede der anderen als einem anderen
Sinnesgebiete angehörig unähnlich ist. Der Ton und
die Farbe werden zwar empfunden. Aber das Sein
und Nicht-Sein, die Identität und Verschiedenheit, die
Einheit und die Zweiheit und jede mathematische Bestimmung sonst kann selbst nicht empfunden werden,
sondern sie alle sind bereits die Voraussetzungen dafür, daß eine Empfindung ist oder nicht ist, mit sich
identisch und von der andern verschieden in sich eines,
mit der andern zusammen zwei ist usw. Je schärfer also
der Positivismus seine Grundposition wahrt, daß kein
Sein außer der Empfindung (μηδὲν εἶναι παρὰ τὰς αἰσθήσεις) möglich ist, um so mehr wird er zu der Konsequenz gedrängt, daß auch die Empfindung nicht sein
und, wie Platon sagt, von sich aus nicht zum Sein
gelangen könne. Gerade das Verharren bei der Empfindung ist eine Selbstaufhebung der Empfindung, und
insofern Empfindung und Erkenntnis überhaupt gleichgesetzt werden, hebt das Verharren bei der Empfindung, die als methodischer Ausganspunkt der Erkennt-

---

[1] Vgl. dazu meine zuletzt erwähnte Schrift, S. 156.

nis sehr wohl dienen kann, das Ziel der Erkenntnis, das die Wissenschaft ist, auf, und es kann die Empfindung vom Wissen von der Empfindung nicht unterscheiden. Es gibt überhaupt kein Sein und es gibt überhaupt keine Erkenntnis, — das ist die einzige Konsequenz des Positivismus, die dieser notwendig ziehen muß, wenn er sich einmal in das Empfindung-Sein eingeschlossen hat. Aber rein gezogen wurde sie eben nur im Altertum, in der Protagoreischen Schule, so besonders klipp und klar mit einfachen schlichten Worten von dem Protagoreer Gorgias.[1] Die Empfindung als methodischen Ausgangspunkt, wie Planck sagt, der Erkenntnis bezeichnet zu haben, das bleibt ebenso die Bedeutung des Positivismus wie die Aufhebung der Transzendenz. Diese Aufhebung hebt aber nicht den Unterschied des Ausgangspunktes der Erkenntnis von der Erkenntnis selbst und darum nicht den Unterschied des Seins vom Empfindung-Sein, auch wenn das Sein nicht transzendent gefaßt wird, auf. Darum führt im Selbstwiderspruch der Positivismus auch über sich selbst hinaus.

VI. Der Kritizismus und die Aufhebung der Metaphysik. — Die Substanz als Begriff und als Grundsatz.

Der logische Wert des Positivismus besteht darin, daß er, wie soeben gesagt, nicht nur alle Transzendenz vom Seinsbegriffe ausgeschaltet hat, sondern auch diese Ausschaltung nur erreicht, indem er in der Empfindung den methodischen Ausgangspunkt der Erkennt-

---

[1] Vgl. Aristoteles (Ps.) de Xenophane, Zenone et Gorgia V, 979 a, und Sext. Emp. adv. math. VII, 65.

nis fixiert hat. Endlich aber kann man es als drittes
Wertmoment des Positivismus bezeichnen, daß er, ohne
es freilich zu wollen und zu wissen, erst in konse-
quenter Durchführung beweist, daß ein Verharren und
Stehenbleiben beim Ausgangspunkte unmöglich ist,
weil dieses zugleich das Ende aller Wissenschaft bedeuten, nicht nur die Transzendenz des Seins, sondern
das Sein selber aufheben würde. Ganz davon abgesehen, daß er schon zu einem wissenschaftlichen Begriffe des Subjekts und des Objekts der Erkenntnis
von der Empfindung allein aus nicht gelangen kann
und es schon eine Inkonsequenz wäre, wenn er diese
Bestimmungen anthropologisch zu begründen sucht,
weil die Anthropologie ja selbst Wissenschaft ist,
könnte er auch mit Hilfe dieser Inkonsequenz, durch
die allein er sich auch nur den Begriff des Subjektiven
erobern könnte, nur zu einem gänzlich subjektiven
Relativismus der Erkenntnis gelangen, wonach, wie
schon Protagoras eingesehen hat, es Wahrheit immer
nur für dieses oder jenes menschliche Individuum
geben könne, d. h. daß alles nur wäre, wie es mir oder
dir erscheint; aber eine allgemeingültige und objektive
Wahrheit wäre eine Illusion. Daß dieser Satz sich
selbst aufhebt, da er ja selber allgemeingültig sein
will, hat Platon schon mit aller Deutlichkeit gesehen;
und er wäre auch dadurch nicht zu retten, daß man
zugibt: damit wäre der relativistische Positivismus in
der Tat nicht einwandsfrei formuliert. Man müßte
seinen Standpunkt dahin zum Ausdruck bringen, daß
man sagte: es gäbe nur einen allgemeingültigen Satz,
nämlich den, daß es außer dem Satze, es gäbe keine
allgemeingültigen Sätze, in der Tat keine gibt. Denn
dann wäre die allgemeingültige Wahrheit nicht allein

in tausendfältiger Form vorausgesetzt, sondern geradezu in einer unendlichen Mannigfaltigkeit. Man müßte
nicht etwa nur wissen, was allgemeingültig, was das
Sein dieser Allgemeingültigkeit, was die Negation von
beiden, was ein Satz, was das Kriterium der Gültig-
keit und Ungültigkeit ist usw., sondern man müßte,
bei einem solchen Skeptizismus, wie Descartes hervorgehoben hat, auch alle überhaupt möglichen Sätze
kennen, die sich aber in allen Bibliotheken der Erde,
worauf der Mathematiker Kummer gelegentlich hingewiesen hat, nicht unterbringen ließen, so daß
der positivistische Skeptizismus mit mathematischer
Stringenz ad absurdum geführt ist. Hält sich der Positivismus auch nur selbst für richtig, dann ist er schon
falsch und hebt sich auf, da es Richtigkeit für ihn
nicht geben kann. Hält er sich aber selbst nicht für
richtig, dann scheidet er auch selber aus der Diskussion
aus. Ja, er darf sich selbst auch nicht für unrichtig
erklären, da dann diese Erklärung selber wieder richtig
sein sollte. Es darf für ihn weder Richtigkeit noch
Unrichtigkeit geben. Wie immer er sich wendet, so
hebt er sich auf, und er darf sich auch nicht einmal
so oder so wenden. In Fragen der Erkenntnis und
Wissenschaft hätte er konsequenterweise stumm zu
sein wie ein Fisch, und er brauchte es auch nicht zu
sein, da er Konsequenz nicht kennen kann. Daher
gibt es für ihn weder „ja" noch „nein", und es gibt
sie beide wieder. Sinn wird Unsinn, Unsinn wird Sinn,
was alles selber Unsinn ist.

Wenn er seine Grundthese, die eben immer eine
These ist und bleibt, auf den steten Wechsel der Empfindungen stützt, so ist ihm dieser Wechsel ohne
weiteres zuzugeben. Aber damit wird auch dieser

Wechsel doch schon als Wechsel erkannt, und er ließe sich auch als Wechsel nicht erkennen, wenn die einzelnen Empfindungen nicht voneinander unterschieden würden. Unterschieden können sie aber wiederum nicht werden, wenn sie nicht schon in einer bestimmten Beschaffenheit erkannt werden. Ποιότης hatte schon Platon gesagt, und eben dafür im Sein, in der Identität, Verschiedenheit, Zahlenmäßigkeit bleibende Grundlagen der Erkenntnis erkannt.[1] Logische Grundlagen setzt also auch der Positivismus gegen sein Wissen und gegen seinen Willen voraus, und wenn er die logischen Gesetze, wie es der neuere Positivismus tut, als biologische Denkökonomien erklärt, so sind doch für die Biologie als Wissenschaft die logischen Gesetzmäßigkeiten ebenfalls schon vorausgesetzt, und der Positivismus verwechselt bestenfalls das empirisch-psychologische Bewußtsein von den logischen Gesetzmäßigkeiten mit diesen logischen Gesetzmäßigkeiten selbst. Er macht, wie schon hinlänglich oft gegen ihn bemerkt worden, in letzter Linie aus den Empfindungen, nachdem er glücklich die absoluten Dinge ausgeschaltet hat, wieder solche Dinge. Aber um sie auch nur in ihrer Bestimmtheit fassen und voneinander bei allem ihren Wechsel unterscheiden zu können, setzt er nicht zwar ihr bestimmtes „So-Sein", das als solches allerdings immer nur in der Empfindung als solcher vorliegt, aber doch das „So-Sein" überhaupt und als bleibendes Gesetz voraus, ohne das wir eben nicht sagen könnten, daß diese Empfindung so, jene so ist.

Nur auf Grund dieser Voraussetzung aber ist es auch möglich, ein bestimmtes „So-Sein" auf ein anderes

---

[1] Theaet., 185 ff.

„So-Sein", das jenes erste nicht ist, und darum auch
eine Mannigfaltigkeit von Empfindungen aufeinander
zu beziehen und einen Gegenstand der Erkenntnis, der
selbst immer die einheitliche Mannigfaltigkeit eines
„So-Seins" ist, zu konstituieren. Das ist ja die einfachste Funktion des Urteils, des wissenschaftlichen,
wie des vorwissenschaftlichen Urteils, wie wir es im
praktischen Leben üben, daß etwas zunächst gerade
als das seiend gesetzt wird, was es als an und für
sich nicht seiend gesetzt ist. Ob ich den Strauch als
grün oder den Menschen als Wirbeltier bezeichne, das
Strauch-Sein ist nicht das Grün-Sein, und das Grün-
Sein ist nicht das Strauch-Sein, wie das Mensch-Sein
nicht das Wirbeltier-Sein und das Wirbeltier-Sein nicht
das Mensch-Sein ist. Und wenn im Strauch-Sein selbst
eine Mannigfaltigkeit, wie das Grün-Sein, Hart-Sein,
Riechend-Sein usw., aufeinander bezogen ist, so ist
doch das Grün nicht hart, nicht riechend, das Hart nicht
grün, nicht riechend usw. Ohne dieses Grundgesetz
der synthetischen Beziehung, wonach etwas erst das
sein kann, was es für sich selbst nicht ist, nicht nur
kein Gegenstand der Erkenntnis, sondern auch nicht
einmal eine Empfindung, die auch nur als Empfindung
könnte bezeichnet werden. Ich schmecke die Süßig-
keit des Zuckers. Aber das Süß-Sein ist weder Empfindung-Sein noch Zucker-Sein. Um meine Empfindung
als Geschmacksempfindung und speziell die Geschmacksempfindung von etwas Süßem und den Zucker
als süß bestimmen zu können, muß etwas das sein,
was es für sich selbst nicht ist, ohne das es aber auch
selbst nicht wäre. Es wird das eine das, was es für
sich selbst nicht ist, durch die Beziehung des einen
auf das andere. Das ist das Grundgesetz der Beziehung,

das als solches nicht selbst Beziehung sein kann, oder,
wie Kant diese gesetzliche Bestimmung charakterisiert,
die Bedingung aller Verhältnisse, die darum selbst
kein Verhältnis sein kann: die Substanz als Kategorie, und zwar als erste Kategorie der Relation.

Die Substanz ist also kein Ding oder Gegenstand,
sondern die logische Bedingung des Gegenstandes, insofern sie die Synthesis eines als solchen wechselnden
Mannigfaltigen zur Einheit des Gegenstandes bedingt.
Damit ist der Gegenstand kein absolutes Ding. Denn
Ding-Sein heißt nunmehr gerade nie absolut-sein, sondern immer bedingt-sein. Das Ding ist nicht ohne seine
Eigenschaften. Diese Bestimmung des Positivismus
bleibt vollkommen bestehen. Aber trotzdem ist das Ding
doch mehr als das bloße Beisammen und das Aggregat
seiner Eigenschaften. Denn es ist das System oder
die Einheit, die systematische, d. i. logische Einheit
seiner Eigenschaften. Nur ist diese Einheit nicht
wieder ein Ding hinter oder unter oder in dem Dinge,
dessen Einheit sie ist. Vielmehr ist sie logisches Gesetz der Beziehung seiner Eigenschaften. Das Ding
ist der zur gegenständlichen Einheit und einheitlichen
Gegenständlichkeit gefaßte Inbegriff seiner Eigenschaften. Wenn also auch, wie der Positivismus annimmt, das Ding nichts neben einem Mannigfaltigen
von Empfindungsmaterialien ist, so ist es doch nicht
bloß das Empfindungsmannigfaltige als solches. Denn
die Empfindungen als solche sind zunächst ohne jede
Beziehung aufeinander. Jede ist eben bloß das, was
die andere nicht ist. Daß das eine Mannigfaltige als
ein bestimmtes Haus, das andere als dieser oder jener
Mensch, wieder ein anderes als dieses Stück Zucker,
ein viertes als dieser Apfel usw. sich darstellen kann,

erfordert eine synthetische Einheit des Mannigfaltigen, so daß die Qualitäten in der Einheit des Gegenstandes zugleich die Bedeutung der Eigenschaften des Dinges erlangen. Das Ding ist nichts anderes als eine logisch bedingte Gegenstandsform der Erkenntnis und der Gegenstand ist, wie Kant es gezeigt hat, Funktion des Gesetzes der Synthesis. Ohne dieses Gesetz verblieben auch die Empfindungen in gänzlicher Isolation. Es ließe sich nur die Negation bestimmen, daß jede die andere nicht ist, ohne daß sich auch nur eine als Empfindung ansprechen und sich ihr ein bestimmter Inhalt zuweisen ließe, was ja alles schon synthetische Beziehungen wären.

Wenn der Gegenstand damit aufhört, etwas Absolutes und von der Erkenntnis Unabhängiges zu sein, so hört er aber darum doch nicht auf, Gegenstand und gegenständlich zu sein. Er ist nicht unabhängig von der Erkenntnis bedeutet nicht, daß er zu einer subjektiven Funktion der Erkenntnis im psychologischen Sinne würde. Das würde wiederum zum Selbstwiderspruch des Positivismus führen. Als von der Erkenntnis bedingt kann er nur bedingt sein von der Erkenntnis im logischen Sinne als Inbegriff allgemeingültiger objektiver Erkenntnisgesetzlichkeit überhaupt, in der er sich als Form logischer Einheit darstellt. Er ist im logischen Inbegriff der Erkenntnis gesetzt als Einheitsgesetz der Gegenständlichkeit überhaupt. Und das Subjekt ist ebenso im logischen Inbegriff der Erkenntnis gesetzt und bedingt wie das Objekt. Denn weil jede Erkenntnis die Erkenntnis eines zu erkennenden Objekts durch ein erkennendes Subjekt ist, so sind Subjekt und Objekt in gleicher Weise Glieder logischer Korrelation und in dieser zur Einheit gesetzt[1]: das

---

[1] Vgl. dazu meine Schrift „Immanuel Kant", S. 64 ff.

eine als logische Einheit überhaupt, das andere als
logische Gegenstandseinheit.

Wenn also der Gegenstand nicht noch ein besonderes Wesen hinter seinen Qualitäten ist, sondern
lediglich die gesetzlich konstituierte Einheit seiner
Eigenschaften, so ist er uns gegeben immer nur in
seinen Qualitäten durch die Empfindung. Diese „Gegebenheit" bezeichnet also nicht die Unabhängigkeit
von der logischen Gesetzlichkeit überhaupt, sondern
nur die Unabhängigkeit vom empirischen Subjekte.
Daß der Gegenstand gegeben sei, ist für sich selbst
schon logisches Gesetz, das in der logischen Korrelation
von Subjekt und Objekt der Erkenntnis zum Ausdruck
gelangt. Die Gegebenheit ist also nicht eine metaphysische Wirkung eines absolut bestehenden Objektes
auf ein ebenso absolut bestehendes Subjekt, sondern
die logisch gesetzliche Einheitsbeziehung von Subjekt
und Objekt selbst. Gegebenes und Gesetz sind selbst
in logische Einheit gesetzt. Bei Kant hatte zunächst
freilich die Unabhängigkeit des Gegebenen vom empirischen Subjekte und damit die Notwendigkeit, die
synthetische Verknüpfung der subjektiven Sphäre zu
entrücken, zur Annahme seines ominösen „Dinges an
sich" geführt. Denn daß gerade dieses Mannigfaltige
zu diesem, jenes Mannigfaltige zu jenem Gegenstande
der Erkenntnis synthetisch vereint würde, dafür mußte
ein besonderer Grund angenommen werden. So wurde
für Kant zunächst der Gegenstand der Erkenntnis zur
Erscheinung eines Gegenstandes an sich, eines Dinges
an sich. Gegenstand der Erkenntnis einerseits und
Gegenstand an sich andererseits, „Erscheinung" einerseits und „Ding an sich" andererseits traten auseinander. Aber diese Spaltung ist, wie der Begriff

des Dinges an sich, nur Durchgangspunkt für den Kritizismus. Denn daß die besondere Synthesis des besonderen Mannigfaltigen einen besonderen Einheits-grund haben müsse, ist ja selbst logisches Gesetz der Erkenntnis. Wäre nämlich das nicht logisches Gesetz der Erkenntnis, so wäre ja der besondere Einheits-grund gar nicht zu setzen. Darum ward der für das empirische Subjekt zunächst gesetzte objektive Grund in die logische Gesetzlichkeit der Gegebenheit selbst aufgenommen. Nicht steht er dieser als eine transzen-dente Realität gegenüber, sondern ist in ihr als eine immanente Form der logischen Gesetzlichkeit selbst bestimmt. Er ist zwar nicht die logische Einheit des Gegenstandes überhaupt, sondern die logische Ein-heit des bestimmten Gegenstandes, zu der sich jene in der lex continui selbst spezifiziert.[1] Der die Syn-thesis des Mannigfaltigen auch der bestimmten Er-scheinung bedingende Grund ist kein transzendentes reales Objekt hinter der Erscheinung, sondern ihr immanenter in der Gesetzlichkeit des „reinen Ver-standes" vom empirisch subjektiven Verstande aller-dings unabhängig gesetzter Einheitsgrund selbst, durch dessen bestimmte Setzung konkrete Gegebenheit und allgemeine Gesetzlichkeit selbst in einer höheren syste-matischen Einheit der Synthesis vereint sind.

Das Gesetz der Gegebenheit fordert aber Be-dingungen, unter denen das Gegebensein des Gegen-standes für das Subjekt möglich wird. Das sind die Bedingungen, unter denen er anschaulich synthetisch aufgebaut und als synthetisch aufgebauter Gegenstand nicht nur, wie unter dem Gesetze der Kategorie allein

---

[1] Vgl. dazu außer dem ersten Abschnitt dieser Arbeit auch „Immanuel Kant", S. 109 ff. und S. 205 ff.

gedacht, sondern auch erkannt werden kann, so
daß die kategoriale Einheit ihn selbst anschaulich gestaltet und der Anschauung des Gegenstandes Einheit
gibt, so daß, wozu die Mathematik seit der Begründung
der analytischen Geometrie und insbesondere derjenigen der Analysis des Unendlichen geführt hat, der
Begriff zugleich zum Einheitsgesetze der Anschauung
wird. Damit erweitert sich die Kategorie der Substanz zum Grundsatze der Beharrlichkeit der Substanz
als der Einheit der im Raum und Zeit wechselnden
Relationen. Damit wird nun aber nicht etwa wieder
eine absolute Realität von Raum und Zeit selbst eingeführt. Ebensowenig werden sie etwa zu bloß subjektiven Vorstellungsweisen. Der unsinnige Satz
Schopenhauers, daß der Raum bloß in meinem Kopfe
da sei, hat im philosophischen Kritizismus keine Stelle.
Für ihn ist mein Kopf im Gegenteil bloß im Raume
da, wie für jeden vernünftigen Menschen, sobald er
sich räumlich zu orientieren gelernt hat. Wenn man
Schopenhauers widersinnigen Satz nachspricht, so fehlt
bloß noch die Konsequenz, vielmehr sie fehlt bedauer-
licherweise nicht einmal, sondern ist in der an Unge-
reimtheiten ja leider nicht gerade armen philosophischen Literatur schon ausgesprochen worden, daß
man seinen eigenen Kopf zu einer unendlichen Weltkugel macht. Eine Vorstellung, die so widerspruchs-
voll und widersinnig ist, daß der Kopf, in dem sie
auftaucht, wenn man ihn etwas kritisch besieht, sich
als alles andere eher, denn als „unendliche Weltkugel" herausstellt. Er ist weder etwas so Widersinniges, wie eine unendliche Kugel, sondern höchst
beschränkt, noch eine Weltkugel, sondern eher eine
Hohlkugel. Mit einer solchen beschränkten Hohlkugel-

philosophie eines unendlichen Weltkugelkopfes hat die
kritische Raum- und Zeit-Auffassung nichts zu tun.
Daß wir etwa zur Raumvorstellung immer nur empirisch
durch die Wirksamkeit der Empfindungen, insbesondere
der Tast- und Gesichts-Empfindungen, vor allem auch
der motorischen Funktionen des Auges gelangen, das
hat auch Kant schon deutlich genug eingesehen, die
Psychologie und die Physiologie haben es bestätigt,
und ausdrücklich noch das Mißverständnis abzuwehren,
als habe Kant den Raum, wie die Zeit für angeborene
Vorstellungen erklärt, darauf ist hier weder Raum noch
Zeit zu verwenden.[1] Darüber können wir uns also
auch wieder mit dem Positivismus verständigen. Freilich machen wir darum nicht wie dieser den Raum
und die Zeit zur bloßen Raum- und Zeitempfindung
oder gar zu bloßen Abstraktionen aus diesen und zu
bloßen Raum- und Zeit-Allgemeinvorstellungen. Wenn
er die Raumvorstellung z. B. insbesondere aus motorischen Funktionen des Auges ableitet, so hat er,
wie bereits unzählige Male von seiten der kritischen
Philosophie hervorgehoben worden ist, mit dem
Begriffe des Auges ebenso schon den Raum, denn
das Auge ist selbst im Raume, wie im Begriffe der Bewegung sowohl den Raum als auch die Zeit, denn
beide sind schon Bedingungen der Bewegung, objektiv
vorausgesetzt. Wir unterscheiden also Raum und Zeit
selbst ebenso von der Raum- und Zeit-Vorstellung, wie
vom Vorstellungs-Raum und von der Vorstellungs-Zeit.
Raum und Zeit selbst werden freilich nicht mehr zu
absoluten Realitäten oder Dingen. Sie sind unding-
lich im eigentlichsten und strengsten Sinne. Ihre ob-

---

[1] Darüber und zum Folgenden vergleiche man „Immanuel
Kant", S. 69 ff.

ektive Bedeutung liegt in ihrer Gesetzlichkeit. Sie sind,
wie Kant gezeigt hat, Systeme von synthetischen Be-
ziehungsgesetzen mathematischer Art. Darum also ist
nicht der Raum bloß in meinem Kopfe da, sondern
mein Kopf ist im Raume da, d. h. damit ein Mannig-
altiges als mein Kopf anschaubar wird, muß es in
räumlicher Gesetzlichkeit aufeinander bezogen werden,
um zugleich kategorial als Gegenstand zur Einheit gesetzt zu werden.

Werden Raum und Zeit als mathematische Be-
ziehungsgesetzlichkeiten gefaßt, dann kann die Substanz selbst, ohne daß nun auch sie zu einem absoluten
Ding oder Wesen gestempelt wird, mit Kant als „Grundsatz der Beharrlichkeit" gefaßt werden. Also wohlgemerkt: die Substanz ist jetzt „Grundsatz", nicht Ding
oder Wesen. Und als Grundsatz besagt sie: „Bei allem
Wechsel der Erscheinungen beharrt die Substanz, und
das Quantum derselben wird in der Natur weder vermehrt noch vermindert".[1] Denn jeder Wechsel setzt
die Zeit voraus, die also selbst „bleibt und nicht
wechselt". Da sie aber für sich selbst als Zeit nicht
wahrgenommen werden kann, weil sie ja auch die
Voraussetzung des Wahrnehmens ist, muß den Gegenständen der Wahrnehmung selbst ein beharrliches Substrat zugrunde liegen, „an dem aller Wechsel oder
Zugleichsein durch das Verhältnis der Erscheinungen
zu demselben . . . . wahrgenommen werden kann".
Und da die Substanz für allen Wechsel bereits vorausgesetzt ist, darum also „im Dasein nicht wechseln
kann, so kann ihr Quantum in der Natur auch weder
vermehrt noch vermindert werden".[2] So wenig Raum

---

[1] Kr. d. r. V., S. 162 (Reclam-Ausgabe, S. 174).
[2] Ebenda.

und Zeit absolute Realitäten sind, so wenig ist freilich
auch die Substanz in Raum und Zeit eine absolute
Realität. Sie ist, wie jene, logisches Gesetz, und zwar
als Kategorie das Gesetz der Einheit des Gegenstandes im Mannigfaltigen seiner wechselnden Eigenschaften und als Grundsatz das Gesetz des Beharrlichen im Wechsel der Relationen, das Gesetz der Bedingung aller Verhältnisse der Anschauung und darum
„selbst kein Verhältnis".

Von hier aus, d. h. von dem Begriffe des Zu-
gleichseins, wie des Wechsels ergibt sich abermals
der im zweiten Kapitel gleichsam in umgekehrter Richtung schon aufgewiesene logische Zusammenhang, den
die Gesetze der Relation überhaupt miteinander haben,
d. h. es ergibt sich, daß logisch im Substanzgesetze
zugleich das Kausalgesetz, wie das Wechselwirkungsgesetz mitgesetzt sind. Ich habe von diesen beiden
letzten Gesetzen bereits im ersten Abschnitt dieser
Untersuchungen gehandelt und brauche hier nicht noch
einmal ausführlich auf sie zurückzukommen. Nur soviel sei bemerkt, daß der im Substanzgesetze gesetzte
Wechsel der Relationen auch für sich gesetzlich bestimmt sein muß, soll Wissenschaft möglich sein, da
wir sonst lediglich auf eine Abfolge von Wahrnehmungen angewiesen wären, ohne aber jemals mehr
als verschiedene Wahrnehmungen in ihrer Einmalig-
keit konstatieren zu können. Sollen wir aber nicht
auf eine gleichsam nur historische Verzeichnung von
Wahrnehmungen, die aber eben auch bloß pseudo-
historisch, weil ohne allen Wert wäre, beschränkt sein,
so müssen wir, einerseits um die Abfolge, andererseits
um das Zugleichsein der Wahrnehmungen objektiv
fassen zu können, für den ersten Fall das allgemeine

Kausalgesetz, für den zweiten Fall das allgemeine
Wechselwirkungsgesetz als im Substanzgesetze selbst
verbundene Formen der Relation voraussetzen. Sie
sind in der Wahrnehmung nie gegeben, auch darin
stimmen wir mit dem Positivismus überein, aber sie
sind, und das übersieht der Positivismus, als logische
Gesetze immer schon vorausgesetzt, soll die Wahrnehmung einen wissenschaftlichen Sinn erhalten
können.[1] Sie sind ebensowenig wie die Substanz und
wie Raum und Zeit absolute Realitäten oder transzen-
dente Mächte oder Kräfte, sondern logische Grundlagen
der Möglichkeit der Wissenschaft und also selbst
logische Gesetzmäßigkeiten.

Nicht als ob nun die Begriffe der Naturwissenschaft a priori konstruiert werden sollten, weisen sie
damit für ihre Grundlegung doch in allgemeingültige
und objektive, in diesem Sinne also apriorische Erkenntnisgesetze. Die Darstellung des Mannigfaltigkeits-
unterschiedes der damit ausgezeichneten Stellen des
Raumes führt zum Begriffe der Masse, wie die der
raumzeitlichen Kausalbeziehungen zum Begriffe der
Energie.[2] Nicht als metaphysische Momente absoluter
Realität, sondern als logische Momente wissenschaftlicher Bestimmung behalten sie ihre Bedeutung. Als
räumlich-zeitlich-mathematisch darstellbares System
von Massenbewegungen behält der Mechanismus seine
phänomenologische Bedeutung, wie er sich auf den
Dynamismus überführen läßt, der als System dynamischer Relationen ebenso seine phänomenologische
Bedeutung behauptet. Absolut genommen, das hat

---

[1] Vgl. ausführlicher dazu oben S. 56 ff.
[2] Vgl. K. Laßwitz Die moderne Energetik in ihrer Bedeutung
für die Erkenntniskritik. (Phil. Monatshefte XXIX, S. 10 ff.)

auch Kant schon gesehen, führen sie zu sich widersprechenden metaphysischen Systemen, als logisch-begriffliche Momente der Erkenntnis genommen, können sich beide ebenso ihre phänomenologische Bedeutung sichern, wie zwar die spiritualistische Metaphysik des Geistes und die Unterscheidung von Leib und Seele als, wie Kant sagt, „zween Arten von Substanzen" im absoluten Sinne aufgehoben und damit sowohl die metaphysischen Standpunkte des influxus physicus, der prästabilierten dynamischen Harmonie, der übernatürlichen Assistenz beseitigt sind und ersetzt werden durch die logische Beziehung des selbst logisch, nicht metaphysisch-psychologisch, gefaßten inneren und äußeren Sinnes.

Weil sich vom Substanzproblem her alles Sein als zwar vom empirischen Subjekte unabhängig, aber nicht als von der logischen Gesetzlichkeit des Erkennens unabhängig, sondern selbst als objektives Gesetz im logischen Sinne erweist, darum können im Kritizismus nicht nur seine logischen Vorstufen als solche aufbewahrt werden, er vermag auch dem Standpunkte des täglichen Lebens Gerechtigkeit widerfahren zu lassen, indem er alles, was dieser als seiend ansieht, selbst als seiend anerkennt. Nur hat sich die Auffassung vom Sein, nicht das Sein als solches geändert, indem es als Begriff erkannt worden ist. Das Sein ist eine Form des Bewußtseins, so wird die Position des Kritizismus zuweilen formuliert. Wenn man den Begriff des Bewußtseins selbst richtig faßt, so wird nichts gegen diese Formulierung einzuwenden sein. Nicht nämlich darf es gefaßt werden als ein psychologisch existierendes Bewußtsein, im Sinne eines metaphysischen Geistes, da ja dann der Begriff des Seins selbst schon vorausgesetzt wäre. Es kann allein den Inbegriff logischer Gesetzlichkeit selbst bedeuten, das Gesetz der logisch-synthetischen Einheit überhaupt, als das es Kant bezeichnet hat, dessen „Arten"[1] die Kategorien und die ihnen entsprechenden Grundsätze sind, und damit auch die Substanz ist.

---

[1] Kant, „Über die Fortschritte der Metaphysik" usw. (Rosen-kranz, Schubertsche Ausgabe), S. 502.

Namenregister.

Carl Winter's Universitätsbuchhandlung in Heidelberg.

Die Psychologie in Einzeldarstellungen

herausgegeben von

H. Ebbinghaus † und E. Meumann

Weiland Professor an der Universität Halle   o. ö. Professor an der Universität Leipzig

Erschienen sind:

Band 1: **Grundzüge der Ethik** von Dr. E. Dürr, o. ö. Professor an der Universität Bern. 8⁰. geh. 4 M., geb. 5 M.

Band 2: **Psychologie der Raumwahrnehmung des Auges** von Dr. Stephan Witasek, o. ö. Professor an der Universität Graz. 8⁰. geh. 6 M., geb. 7 M.

Band 3: **Die Psychologie der Frauen** von Dr. G. Heymans, Professor an der Universität Groningen. 8⁰. geh. 4 M., geb. 5 M.

Band 4: **Abriß einer Geschichte der Psychologie** von Max Dessoir, Berlin. 8⁰. geh. ca. 4 M., geb. 5 M.

Band 5: **Gehirn und Seele** von Dr. Erich Becher, o. ö. Professor an der Universität Münster. 8⁰. geh. ca. 5 M., geb. 6 M.

Ferner übernahmen und bereiten vor:

Herr Dr. V. Benussi, Graz: Psychologie der Zeit und Rhythmik.
Herr Prof. Claparède, Genf: Tier-Psychologie.
Herr Prof. Dr. G. Deuchler, Tübingen: Psychologie d. Aufmerksamkeit.
Herr Prof. Jodl, Wien: Psychologie der Phantasie.
Herr Prof. Kiesow, Turin: Psychologie des Geschmacks.
Herr Prof. Dr. Felix Krueger, Halle: Psychologie des Gehörsinns.
Herr Prof. Külpe, Psychologie des ästhetischen Verhaltens.
Herr Prof. Martinak, Prag: Psychologie der Sprache.
Herr Prof. Meumann, Leipzig: Psychologie des Willens.
Herr Prof. Michotte, Löwen: Psychologie des Gedächtnisses.
Herr Prof. Nagel, Rostock: Psychologie der Farbenblindheit.
Herr Prof. Störring, Zürich: Psychologie des Denkens.
—,— Psychologie des Gefühls.
Herr Prof. Tröltsch, Heidelberg: Psychologie der Religion.
Herr Prof. Vierkandt, Berlin: Psychologie der Naturvölker.
Herr Prof. Zwaardemaker, Utrecht: Psychologie der niederen Sinne.

Andere Gegenstände sind noch nicht fest vereinbart. In Aussicht genommen ist noch:

Psychologie des Schlafes, des Traumes und der Hypnose.
Psychologie des Aberglaubens.
Kinderpsychologie.
Psychologie der Massen.
Psychologie des Individuums (der individuellen Differenzen).

Die Philosophie des jungen Leibniz. Untersuchungen zur Entwicklungsgeschichte seines Systems von Dr. **Willy Kabitz,** Privatdozent an der Universität Breslau. Gr. 8⁰. Geheftet 4 M. 20.

Los vom Materialismus! Bekenntnisse eines alten Naturwissenschaftlers von Prof. Dr. **Adolf Mayer.** Gr. 8⁰. Kartoniert 5 M.

Prinzipien der Metaphysik von Professor **Branislav Petronievics.** I. Band. 1. Abteilung: Allgemeine Ontologie und die formalen Kategorien. Mit einem Anhang: Elemente der neuen Geometrie und 3 Tafeln mit 56 geometrischen Figuren. Lex.-8⁰. Geheftet 15 M.

Vorfragen der Naturphilosophie. Von Otto **Freiherr von der Pfordten,** Privatdozent an der Universität Straßburg. Gr. 8⁰. Geheftet 3 M. 80.

Versuch einer Theorie vom Urteil und Begriff von Otto **Freiherr von der Pfordten.** 2 M.

Konformismus. Eine Philosophie der normativen Werte von Otto **Freiherr von der Pfordten.** I. Teil: Theoretische Grundlegung. 4 M.

Die Epochen der Schellingschen Philosophie von 1795 bis 1802. Ein problemgeschichtlicher Versuch von **Wilhelm Metzger.** Geheftet 3 M. 40.

Carl Winter's Universitätsbuchhandlung in Heidelberg.

Geschichte der neuern Philosophie

von

Kuno Fischer.

Jubiläumsausgabe in 10 Bänden.

I. Band: Descartes' Leben, Werke und Lehre. Erscheint im Laufe des Jahres 1911 neu.

II. Band: Spinozas Leben, Werke und Lehre. 5. neu bearbeitete Auflage. gr. 8⁰. geh. 16 M., Halbfranzband 18 M. 50.

III. Band: Leibniz' Leben, Werke und Lehre. 4. Auflage. gr. 8⁰. geh. 18. M., Halbfranzband 20 M.

IV. Band: Immanuel Kant und seine Lehre. 1. Teil. Entstehung und Grundlegung der kritischen Philosophie. 5. neu bearbeitete Auflage. gr. 8⁰. geh. 17 M. 50, Halbfranzband 20 M.

V. Band: Immanuel Kant und seine Lehre. 2. Teil. Das Vernunftsystem auf der Grundlage der Vernunftkritik. 5. neu bearbeitete Auflage. gr. 8⁰. geh. 16 M. 50, Halbfranzband 19 M.

VI. Band: Fichtes Leben, Werke und Lehre. 3. durchgesehene Auflage. gr. 8⁰. geh. 18 M., Halbfranzband 20 M.

VII. Band: Schellings Leben, Werke und Lehre. 3. durchgesehene und vermehrte Auflage. gr. 8⁰. geh. 22 M., Halbfranzband 24 M.

VIII. Band: Hegels Leben, Werke und Lehre. 2 Teile. gr. 8⁰. geheftet 32 M. 60, in 2 Halbfranzbänden 37 M. 60.

IX. Band: Schopenhauers Leben, Werke und Lehre. 3. neu bearbeitete und vermehrte Auflage. gr. 8⁰. geh. 14 M., Halbfranzband 16 M. 50.

X. Band: Francis Bacon und seine Schule. 3. Auflage. gr. 8⁰. geh. 14 M., Halbfranzband 16 M.

Philosophische Schriften.

1. Einleitung in die Geschichte der neuern Philosophie. 6. Auflage. gr. 8⁰. geh. 4 M., in Leinwand 5 M. (Sonderabdruck aus der Geschichte der neuern Philosophie, Band 1.)

2. Kritik der Kantischen Philosophie. 2. Auflage. gr. 8⁰. geh. 3 M.

3. Die hundertjährige Gedächtnisfeier der Kantischen Kritik der reinen Vernunft. Johann Gottlieb Fichtes Leben und Lehre. Spinozas Leben und Charakter. 2. Auflage. gr. 8⁰. geh. 2 M. 40.

4. Kants Leben und die Grundlage seiner Lehre. Drei Vorträge. 2. Auflage. gr. 8⁰. geh. 3 M. 60.

1—4 sind auch zusammen in Halbfranzband gebunden für 15 M. erhältlich.

5. Über David Friedrich Strauß. Gesammelte Aufsätze mit Einleitung von Dr. H. Falkenheim. gr. 8⁰. geh. 3 M. 60.

6. System der Logik und Metaphysik oder Wissenschaftslehre. 3. Auflage. gr. 8⁰. geh. 12 M. 40, in Halbfranzband 15 M.

C. F. Wintersche Buchdruckerei.